DIE
EUROPÄISCHEN
MEISTERKÖCHE

ACADEMIE INTERNATIONALE
DE LA GASTRONOMIE

DIE EUROPÄISCHEN MEISTERKÖCHE

51 berühmte Küchenchefs
verraten ihre besten Menüs

Fotos von Michael Boys

Christian Verlag

Abbildung Schutzumschlag-Vorderseite:
Huîtres à la gelée d'eau de mer (Austern in Meerwassergelee)
Rezept s. S. 28

Abbildung Schutzumschlag-Rückseite:
Das Restaurant *L'Espérance* von Marc Meneau

Aus dem Englischen übertragen
von Elke vom Scheidt
Redaktion: Florentine Schwabbauer
Korrekturen und Register: Irmgard Perkounigg
Herstellung: Dieter Lidl
Umschlaggestaltung: Ludwig Kaiser
Satz: Fotosatz Völkl, Germering

Druck und Bindearbeiten: New Interlitho S.p.A., Trezzano
Printed in Italy

ISBN 3-88472-156-9

Inhalt

Einführung von

Raymond Blanc

In den letzten fünfzehn Jahren hat sich die feine Küche stark vom Klassizismus losgesagt, dessen festgelegte Regeln jegliche Kreativität erstickten und die Küche starr und unbeweglich machten.

Die unmittelbaren Folgen dieser Richtungsänderung waren eher ungünstig. Die Zuwendung zum Neuen führte zu einer völligen Ablehnung des Alten und zum Verleugnen der Tradition. Was sich daraus ergab, war eine ungezügelt »modische« und verworrene Bewegung. Die wesentlichen Bestandteile eines Rezepts wurden zur reinen Kosmetik degradiert, man wollte »Neues um jeden Preis«, und nur allzuoft fehlte es diesen kühnen experimentellen Gerichten am wichtigsten Ingredienz: der Ehrlichkeit.

Wenn man einem Baum die Wurzel abschneidet, dann treibt er keine neuen Zweige und trägt keine Früchte. Statt einer völligen Beseitigung des Alten sollte vielmehr ein Prozeß der Erneuerung, des Aufbaus und der Verfeinerung stattfinden, damit wir die Wurzeln des Baumes cuisine lebendig erhalten und die gesunden Äste wundervolle Früchte tragen können.

Wir dringen so zum Kern der notwendigen Erneuerung der Kochkunst vor und beginnen, alle oberflächlichen Affektiertheiten abzulegen. Daher kann die Küche von heute die Tradition von morgen werden. Die nouvelle cuisine (oder, wenn Sie so wollen, die heutige Küche) war noch nie so lebendig und erfolgreich wie jetzt; sie genießt ihre neu gewonnene Freiheit. Sie benutzt alle Repertoires: die regionale Küche, die familiäre Küche, die bürgerliche Küche und die haute cuisine, um eine cuisine sans frontière zu schaffen, die Einflüsse aus dem Fernen Osten, den tropischen Ländern und allen Kontinenten aufnimmt; das führt zu einer aufregenden Kombination von Ideen, Aromen und Ingredienzien.

Die Regisseure dieser Bewegung finden Sie in diesem Buch. Sie alle sind Teil dieser großen Veränderung, die stets vorangetrieben wird von ihrer ungeheuren Kraft und Überzeugung. In ihrem ständigen Streben nach hervorragenden Leistungen sind sie sich dessen bewußt, daß sie in der Erinnerung ihrer Gäste einzigartige und magische Augenblicke schaffen.

Jeder der Küchenchefs hat seine eigenen Ansichten und seine eigene Philosophie. Das Kochen ist die Sprache der Küchenchefs; durch unsere Gerichte drücken wir unser Ideal von Harmonie aus.

Die Rezepte sind inspiriert und inspirierend, für den Kochkünstler, den Amateurkoch oder den interessierten Leser.

Vorwort von

Michel Genin

Das Ziel der Académie Internationale de la Gastronomie ist es, »sowohl allgemein als auch bei den einzelnen Verbrauchern eine bessere Kenntnis der Gastronomie zu fördern und zu entwickeln«. In diesem Geiste habe ich als Vorsitzender beschlossen, ein Buch mit Menüs und Rezepten zu veröffentlichen, die von einigen der besten Küchenchefs Europas stammen. Ich wollte, daß dieses Buch ein Führer sein sollte, der die Neugier der Reisenden weckt und sie veranlaßt, die Restaurants in diesem Buch kennenzulernen, und es sollte auch eine Sammlung von Rezepten bieten, die zu Hause nachgekocht werden können, damit jeder Gelegenheit hat, das Beste der ausländischen Küche auszuprobieren.

Der zweifellos schwierigste Teil unserer Aufgabe war die Auswahl derer, die in das Buch aufgenommen werden sollten. Es gibt viele Küchenchefs in Europa, die auf hohem Niveau arbeiten, und die fünfzig allerbesten auszuwählen, schien ein unlösbares Problem zu sein. Schließlich gelang es uns, eine objektive Auswahl zu treffen, und das verdanken wir der ernsthaften, harten Arbeit verschiedener nationaler Akademien, deren Mitglieder die feine Küche lieben und in ihren Urteilen kundig, unabhängig und unvoreingenommen sind.

Die angelegten Kriterien waren streng. Entsprechend den Prinzipien der Académie Internationale wurde die Auswahl anhand der Authentizität der dargebotenen Küche getroffen. Damit meinen wir die Verwendung von erstklassigen Zutaten, deren Geschmack zum Tragen kommt durch die Zubereitungsmethode, die regionale oder nationale Eigenart der Küche und die Art und Weise, wie der jeweilige Küchenchef die kulinarischen Traditionen seines Landes interpretiert. Das bedeutet, daß dieses Buch nicht nur die wirklich berühmten Küchenchefs porträtiert, sondern auch eine Reihe von Köchen, die weniger bekannt sind, deren Küche jedoch höchsten Qualitätsansprüchen genügt und die äußerst vielversprechend sind.

Erwähnt werden muß auch das große Interesse, das die in diesem Buch vorgestellten Köche unserem Projekt entgegenbrachten. Sie wirkten an der Herstellung dieses Buches mit Ernsthaftigkeit und Liebenswürdigkeit mit und zeigten auch ein intuitives Verständnis für das Ziel des Buches.

Ich möchte auch allen meinen Freunden in den verschiedenen Ländern für ihre geschätzte Mitarbeit danken, insbesondere Egon Ronay, dem Präsidenten der British Gastronomic Academy, ohne dessen ständige Hilfe das Buch nicht hätte fertiggestellt werden können. Mein Dank gilt Eckart Witzigmann in Deutschland, Klaus Lukas in Österreich, Graf Louis de Meeus d'Argenteuil für die Beneluxländer, Don Rafael Anson aus Spanien, Jean Ferniot und Maurice Letulle in Frankreich, Graf Giovanni Nuvoletti aus Italien, Charles Florman in Schweden und Pierre Sciclounoff für die Schweiz. Unser Dank gilt auch General Henri Broussaud und Francine Toy-Riont, die die umfangreiche Aufgabe übernahmen, alle Informationen aus den beteiligten Ländern zusammenzutragen.

Vorwort von

EGON RONAY

Eine Woge der Gleichförmigkeit in Europas Restaurantküchen überschwemmt uns. Rationalisierung, Effizienz, die Priorität von Profit über Qualität, Massentourismus und sich breitmachende Restaurantketten summieren sich zu einer gefährlichen Bedrohung. Dem Gastronomen fällt es zunehmend schwerer, finanziell wettbewerbsfähig zu bleiben, seine Phantasie einzubringen, seinen eigenen Weg zu gehen und seine bewährten Fähigkeiten auf höchstem Niveau umzusetzen. Schlimmer noch: ein Großteil der Öffentlichkeit neigt leider zur Konformität, und wir, die Minderheit, stehen unter dem Druck eines Klimas, das im Namen der Demokratie unserem elitären Anspruch immer intoleranter gegenübersteht; dabei wird übersehen, daß ein elitärer Anspruch in der Gastronomie eine Conditio sine qua non *ist. Die Bedrohung individueller Höchstleistung durch einförmige Mittelmäßigkeit ist nie größer gewesen. Darum plädieren wir in der Académie Internationale de la Gastronomie mit solcher Überzeugung für die Bewahrung der Individualität, sei diese national, regional oder persönlich. Sie ist unsere* raison d'être. Bouillabaisse, pasta faggiolo, bread and butter pudding, Apfelstrudel, gravad lax, waterzoi *oder jeder einzelne der vielen tausend Sorten von Bauernkäse mögen in einem breiteren internationalen Kontext unwichtig erscheinen, doch gerade solche Dinge des Alltagslebens sind es, die nationale Besonderheiten widerspiegeln. Gäbe man sie auf, wer könnte leugnen, daß der wunderbare Unterschied zwischen einer Nation und einer anderen geringer würde? Genauer ausgedrückt, die Aushöhlung der regionalen Gastronomie hat oft soziale und ökonomische Konsequenzen, die über die kulinarischen Erwägungen hinausgehen. Regionale Produkte und Gerichte sind ebensosehr Teil des kulturellen Erbes eines jeden Landes wie seine Geschichte oder Kunst.*

Alle diese Überlegungen haben dieses einzigartige Buch hervorgebracht. Einzigartig deshalb, weil unsere Académie Internationale durch ihre nationalen Mitgliedsakademien sorgfältig die 51 angesehensten und anerkanntesten Meisterköche Europas ausgewählt und eingeladen hat, um die Unterschiede sichtbar zu machen, für deren Erhaltung wir kämpfen. Fast alle Küchenchefs sind Eigentümer der Stätten, an denen sie wirken – ein wichtiger Umstand: Sie haben mit ihrem Werdegang ihre fachliche Güte bewiesen, nur gestützt auf ihr eigenes Talent und Können. Dies zeugt von mehr Idealismus, als es den Anschein haben mag, denn die meisten der Restaurants, die heute am höchsten bewertet werden, halten ein so hohes Niveau, daß entgegen der herrschenden Meinung kein Raum für allzu großen Profit bleibt. Und wir selbst, die Académie Internationale, lassen uns nicht von Gewinnerwartungen leiten.

Wir sind den 51 herausragenden Küchenchefs dankbar dafür, daß sie gezeigt haben, wie wichtig es ist, anders und einmalig zu sein, und wir sind zuversichtlich, daß die Leser und Benutzer dieser außergewöhnlichen Sammlung Freude daran haben werden, in die Fußstapfen der größten Meister Europas zu treten.

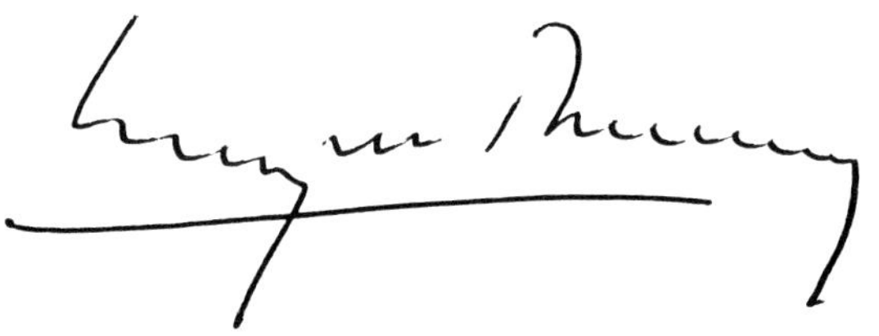

Frankreich

Alles endet so in Frankreich – alles.

Hochzeiten, Taufen, Duelle, Beerdigungen, Gaunereien, diplomatische Affären –

alles ist ein Vorwand für ein gutes Essen.

Michel Guérard

Les Prés d'Eugénie

40320 Eugénie-les-Bains, Telefon: 0033-58-51 19 01

Michel Guérard, kulinarischer Neuerer, Küchenchef, Pâtissier und Weinkenner, ist gewiß einer der begabtesten Köche seiner Generation. Als Sohn eines Fleischers aus Vétheuil nördlich von Paris, in der Heimat Claude Monets, absolvierte er eine Lehre auf dem wohl anspruchsvollsten Gebiet der Kochkunst, nämlich als Pâtissier. Schon als Eleve gewann er seinen ersten Preis. Nach weiterer Ausbildung in einer Reihe gefeierter Pariser Restaurants wurde er Chef-Pâtissier im Crillon, wo er 1958 den Preis »Meilleur Ouvrier de France« errang.

1965 beschloß er, ein eigenes Restaurant zu eröffnen, und kaufte ein bescheidenes Lokal in Asnières, einem Vorort von Paris. Im Le Pot au Feu begann er, eigene Ideen in die Tat umzusetzen, und lehnte sich gegen die Zwänge der klassischen französischen Tradition auf, ohne jedoch deren bewährte Tugenden aufzugeben. Dafür erhielt er seinen ersten Michelin-Stern.

Ein Wechsel des Ortes und der kulinarischen Richtung ergab sich 1972 infolge seiner Heirat mit Christine Barthélemy, deren Vater einige Mineralquellen und Bäder besaß. Zusammen eröffneten sie Les Prés d'Eugénie und Les Sources d'Eugénie in Südwestfrankreich. 1977 erhielt er für die Vollkommenheit seiner Küche drei Michelin-Sterne. Sein Kochstil in jenen Jahren entsprach der cuisine gourmande, *war also ganz anders als der Stil, für den das Hotel heute berühmt ist. Doch stellte er im Laufe der Zeit eine Verbindung zwischen gesundheitsbewußter und feinster Küche her und entwickelte die* grande cuisine minceur: *eine neue, gesundheitsbewußte Küche, die Leichtigkeit, Qualität und Wohlgeschmack miteinander verbindet und eine Revolution in der Welt der Küche auslöste.*

MENU

SALADE DE HOMARD AUX TOMATES CONFITES
Hummersalat mit Tomatenconfit

FEUILLANTINE D'AILES DE CAILLES
TRUFFEES DE CEPES
Pastete von Wachtelflügeln, mit Steinpilzen getrüffelt

SOUFFLE LEGER A LA PECHE DE CARAMAN
Leichtes Pfirsichsoufflé

Salade de Homard aux Tomates Confites

Hummersalat mit Tomatenconfit

Für zwei Personen

2 lebende Hummer von je 500–550 g,
vorzugsweise weibliche Tiere
2 l court bouillon (siehe unten)
¼ Knoblauchzehe, sehr fein gehackt
1 Zweig Thymian, Blätter zerrieben
Frische Basilikumblätter
200 g grüne Bohnen, in Salzwasser gegart
Einige Zweige Kerbel

Für das Tomatenconfit

4 sehr reife Tomaten von je ca. 100 g
100 ml Erdnußöl
Salz und frisch gemahlener weißer Pfeffer
1 TL Zucker
1 Zweig Thymian, Blätter zerrieben
1 ungeschälte Knoblauchzehe, zerdrückt

Für die rosa Mayonnaise

1 Eigelb
½ TL scharfer Senf
85 ml Olivenöl
1 TL Zitronensaft
1 EL Tomatenketchup
1 TL Armagnac
1 gehäufter TL gehackter Estragon und Kerbel

Zubereitung des Tomatenconfits

Die Tomaten in kochendem Wasser blanchieren, häuten, halbieren und entkernen. Mit einem Pinsel eine kleine feuerfeste Form mit einem Teil des Öls bestreichen. Die Tomaten mit der aufgeschnittenen Seite nach unten hineinlegen, das restliche Öl mit Salz, Pfeffer und Zucker (der den Tomaten etwas von ihrer Säure nimmt) vermischen und darüberträufeln. Mit Thymianblättern und Knoblauch bestreuen.
Bei 120°C (Gas Stufe ½) 1½ Stunden im Ofen garen, abkühlen lassen.

Zubereitung der Hummer

Die *court bouillon* kräftig aufkochen lassen, die Hummer mit dem Kopf voran hineinwerfen. 10 Minuten kochen lassen, dann herausnehmen, abtropfen und auf dem Rücken liegend abkühlen lassen.
Wenn es sich um weibliche Hummer handelt, das Corail entfernen, das sich zwischen dem Schwanzstück und dem hinteren Beinpaar befindet, und zum Anrichten beiseite stellen.
Mit einer großen Schere die Hummer von der Unterseite zwischen Brustpanzer und Schwanz aufschneiden. Das Schwanzfleisch in einem Stück herausnehmen. Das Fleisch jedes Hummers in sechs Medaillons schneiden. Zwei Scheren zerklopfen (die anderen werden für dieses Gericht nicht verwendet), die Schalen aber nicht entfernen. Die Hummerköpfe zur Garnitur aufheben.

Zubereitung der rosa Mayonnaise

Eigelb und Senf in eine Schüssel geben und das Öl unter ständigem Rühren tropfenweise angießen, um eine Mayonnaise herzustellen. Dann nach und nach Zitronensaft, Ketchup, Armagnac und die gehackten Kräuter unterrühren und abschmecken.

Anrichten

Das Tomatenconfit appetitlich in die Mitte des Tellers geben, mit Knoblauch und Thymian bestreuen. Die frischen Basilikumblätter darauf anrichten, eine Hummerschere in die Mitte legen. Die Medaillons ringsum verteilen. Mit Hilfe eines Löffels jedes Medaillon dünn mit rosa Mayonnaise überziehen und mit Kerbelblättchen garnieren. Wenn Sie Corail haben, die Eier darüberstreuen. Das Ganze mit zarten grünen Bohnen einrahmen. Als Garnitur einen Hummerkopf an den Rand jedes Tellers legen.

Mein Weinvorschlag: Clos Uroulat Jurançon 1986. Charles Hours in Monein (P. A.).

Anmerkung des Küchenchefs: Obwohl ich darin Schalentiere koche, benutze ich eine *court bouillon,* die ausschließlich aus Gemüsen besteht. Verdoppeln Sie die Menge – oder kochen Sie die Hummer nacheinander. Schneiden Sie die folgenden Gemüse in 2 mm dünne Scheiben (wegen der kürzeren Garzeit): 2 Karotten, das Weiße einer Lauchstange, 30 g Staudensellerie, 60 g Zwiebel und 2 Schalotten. Mit 1,25 l Wasser bedecken. 30 g grobes Salz, 5 Streifen Zitronenschale, 2 ungeschälte Knoblauchzehen, 25 grüne Pfefferkörner, 1 Nelke, 6 Petersilienstengel, ½ Lorbeerblatt, einen kleinen Zweig frischen Fenchel und einen Zweig Thymian zugeben. Offen 30 Minuten leise simmern lassen. Dann 250 ml trockenen Weißwein dazugießen und wieder zum Kochen bringen. Durchseihen.

Salade de homard aux tomates confites

Feuillantine d'ailes de cailles truffées de cèpes

Les Prés d'Eugénie

Feuillantine d'Ailes de Cailles Truffees de Cepes

Pastete von Wachtelflügeln, mit Steinpilzen getrüffelt

Für 4 Personen

2 Wachteln
350 g fertiger Blätterteig
80 g foie gras (Gänsestopfleber)
1 mit Salz verschlagenes Ei zum Überglänzen
500 g kleine Kartoffeln gleicher Größe
100 g Butter

Für die Marinade

100 ml Rotwein
60 ml Cognac
1 EL Olivenöl
1 gehackte Karotte
1 gehackte Schalotte
1 gehackte Knoblauchzehe
1 zerdrückte Wacholderbeere
1 kleines bouquet garni

Für die Pilzfüllung

120 g Geflügelleber
40 g Schweineschmalz
85 g Schalotten in dünnen Scheiben
120 g Steinpilze, fein gehackt
150 g Champignons, fein gehackt
Einige Tropfen Zitronensaft
150 ml Cognac
Salz und frisch gemahlener schwarzer Pfeffer
200 ml crème double

Für die Rotweinsauce

80 g Zwiebeln, grob gewürfelt
80 g Karotten, grob gewürfelt
200 g Butter
10 g schwarze Pfefferkörner
1 bouquet garni
100 ml Rotweinessig
60 ml Cognac
100 ml roter Tursanwein

Marinieren der Wachteln

Die Beine und die Wachtelbrüste mit Flügeln abtrennen. Die Flügel so ausbeinen, daß das Fleisch vorn an den Brüsten hängt. Die Zutaten für die Marinade verrühren und die Brüste und die entbeinten Keulen 12 Stunden marinieren.

Zubereitung der Pilzfüllung

Die Geflügellebern in kleine Stücke schneiden und mit den Schalotten in einer Pfanne bei geringer Hitze in Schmalz braten. Steinpilze und Champignons hinzufügen und mit dem Zitronensaft beträufeln. Wenn sie golden sind, mit Cognac ablöschen, würzen und die *crème double* unterrühren. Abkühlen lassen.

Zubereitung der Pasteten

Den Blätterteig ausrollen und vier Kreise ausschneiden, jeder etwa 12 cm im Durchmesser und 3 mm dick. Einen Löffel Füllung in die Mitte geben, darauf eine Wachtelbrust mit einem entbeinten Schenkel geben – dieser soll leicht aus der Pastete herausschauen. 20 g *foie gras* und noch etwas Füllung darauf geben. Die Teigränder anfeuchten und übereinanderfalten (wie einen Umschlag). Die Ränder fest zusammendrücken. Die Teigreste ausrollen und Blätter ausschneiden. Diese mit verschlagenem Ei auf die Pasteten kleben, dann die Päckchen zum Überglänzen mit Ei bepinseln.

Zubereitung der Rotweinsauce

Die Zwiebeln und die Karotten in etwas Butter anbräunen. Die Pfefferkörner und das *bouquet garni* zugeben. Nach 5 Minuten Essig und Cognac angießen und umrühren, um den Satz vom Pfannenboden zu lösen; köcheln lassen und reduzieren, bis die Mischung fast trocken ist. Den Rotwein angießen und um ein Drittel einkochen lassen.
Die Sauce durch ein Sieb in einen kleinen Topf umgießen und dann nach und nach 100 g kalte Butter unterrühren, immer nur wenige Stückchen auf einmal, bis diese fast geschmolzen sind, damit die Sauce ihre Textur behält. Nach Geschmack würzen und ein paar Tropfen Essig zugeben.

Garen der Pasteten und der Kartoffeln

Die ungeschälten Kartoffeln in etwa 5 mm dicke Scheiben schneiden. 100 g Butter erhitzen, bis sie Farbe annimmt, und die Scheiben von jeder Seite 2 Minuten braten.
Inzwischen die Pasteten im Ofen bei 190–200°C, Gas Stufe 5–6, je nach Größe der Wachteln 8–10 Minuten backen.

Anrichten

Rotweinsauce auf je eine Seite von vier Tellern gießen, eine Pastete in die Mitte legen, die Kartoffeln auf die andere Seite geben und nach Wunsch garnieren.

Anmerkung: Tursan ist ein leichter, trockener Regionalwein (VDQS) aus dem Departement *Landes* (der Gegend Guérards). Ersatzweise können Sie einen anderen entsprechenden französischen Landwein verwenden, z. B. einen Bergerac.

Mein Weinvorschlag: Vieux Château Saint-André 1983, Montagne Saint Emilion, Weingut Jean Cl. Berrouet in Lussac.

SOUFFLE LEGER A LA PECHE DE CARAMAN

Leichtes Pfirsichsoufflé

Caraman ist ein Dorf in der Nähe von Les Sources d'Eugénie, in dem die köstlichsten Pfirsiche angebaut werden.

Für sechs Personen

5 schöne, reife Pfirsiche von je etwa 120 g
oder 500 g in Sirup eingelegte Pfirsiche
½ Zitrone
60 g Zucker
1½ EL Pfirsichschnaps
5 Eigelb
12 Eiweiß
Eine Prise Salz
2 EL Puderzucker

Für den Pfirsichsirup

1 l Wasser
100 g Zucker
1 Vanillestange, längs aufgeschlitzt

Für die Souffléformen

20 g weiche Butter
30 g Zucker

Zubereitung des Pfirsichpürees

Für den Sirup Wasser, Zucker und die Vanillestange in einen Topf geben und zum Kochen bringen. Die Pfirsiche schälen und vierteln, die Kerne entfernen, die Viertel mit der halben Zitrone einreiben, damit sie nicht anlaufen. In die Flüssigkeit geben, 15 Minuten kochen lassen und dann in ein Sieb geben.
Die abgetropften Pfirsiche mit 60 g Zucker, dem Pfirsichschnaps und den 5 Eigelb im Mixer sorgfältig pürieren. Die Mischung in eine große Schüssel umfüllen und abkühlen lassen.

Zubereitung der Soufflés

Vier 150 ml fassende Souffléformen leicht, aber gründlich mit der weichen Butter einfetten. Die gebutterten Förmchen mit Zucker bestreuen, dann auf den Kopf stellen und den Boden beklopfen, um überschüssigen Zucker zu entfernen.
Die Eiweiß und eine Prise Salz in eine große Schüssel geben und mit dem Schneebesen oder dem Rührgerät zu Schnee schlagen, der nicht zu fest sein darf. Gegen Ende der Rührzeit unter ständigem Schlagen den Puderzucker zugeben.
Ein Viertel des Eiweiß unter die Pfirsichmischung rühren. Dann nach und nach mit einem Holzspatel das restliche Eiweiß vorsichtig unterheben, damit die Mischung luftig bleibt.

Backen und Anrichten der Soufflés

Den Ofen auf 220°C, Gas Stufe 7, vorheizen. Die Soufléförmchen bis zum Rand füllen, die Oberfläche mit einem Palettmesser glattstreichen. Mit dem Daumen die Mischung vom Rand des Förmchens wegschieben, damit die Soufflés leichter aufgehen können.
10 Minuten backen und nach dem Herausnehmen sofort servieren.

Mein Weinvorschlag: Champagne rosé, weil er gut schmeckt und schön aussieht – probieren Sie den neuen Bollinger.

Tee im Garten des Les Prés d'Eugénie

Soufflé léger à la pêche de Caraman im Les Prés d'Eugénie

Alain Chapel

ALAIN CHAPEL

Mionnay, 01390 St-André de Corcy, Telefon: 0033-78-91 82 02

Alain Chapel wurde als Sohn eines Gastronomen in Lyon geboren, einer Stadt, die für ihre feine Küche berühmt ist. Nach dem Militärdienst zog es ihn nach Mionnay ins familieneigene Restaurant La Mère Charles, wo er bei seinem Vater in die Lehre ging. Bereits damals zeigte er etwas von der großen Hingabe und Zielstrebigkeit, die ihn später kennzeichnen sollten. Eine weitere Lehrzeit absolvierte er bei Jean Vignard, einem engen Freund und hochbegabten Kollegen von Fernand Point, dem Vater der nouvelle cuisine. *Unter Points Nachfolger lernte er im berühmten La Pyramide. Mit dreißig Jahren wurde er Chefkoch im La Mère Charles und konnte binnen eines Jahres einen zweiten Michelin-Stern für das Restaurant erringen. 1970, nach dem Tod seines Vaters, wurde er Eigentümer des Restaurants und machte es mit seiner Kochkunst zu einem der besten Restaurants in Frankreich, das jetzt auch seinen Namen trägt. Einen dritten Michelin-Stern erhielt er 1973, als er sechsunddreißig war.*

Alain Chapel ist vom Kochen besessen. Seine nouvelle cuisine *ist geprägt von dem Wunsch, die Traditionen der Region Bresse-Lyon zu fördern; so begleiten beispielsweise einfache lokale Gemüse seine Kreationen. Trotz des Ruhmes, den das Restaurant genießt, bemüht er sich stets um eine Weiterentwicklung und Verfeinerung der authentischen Küche seiner Heimat.*

*Er möchte, daß sein Restaurant etwas von einer Provinz-*Auberge *behält. Der Speisesaal ist, ungewöhnlich für ein Restaurant solchen Ranges, mit Steinplatten ausgelegt und schaut in die Küche. Chapels Frau Suzanne gibt einer Umgebung, die sonst vielleicht etwas herb wirken würde, einen Hauch von Komfort und Luxus.*

MENU

BOUILLON DE CHAMPIGNONS DE
PRINTEMPS COMME UN CAPUCCINO

Bouillon aus Frühlingschampignons nach Art eines »Capuccino«

ROGNONS DE VEAU ROTIS DANS LEUR
GRAISSE EN COCOTTE

Kalbsnieren, im eigenen Fett gebraten

POIRES WILLIAMS A LA FIGUE ET GLACE
AU LAIT CARAMELISE

Williamsbirnen mit Feigen und karamelisiertem Milcheis

Bouillon de Champignons de Printemps comme un Capuccino

Bouillon aus Frühlingschampignons nach Art eines »Capuccino«

Eine Schaumhaube krönt jede Schale der sahnigen Pilzsuppe und verbirgt auf diese Weise Krebsschwänze und Kerbel.

Für vier Personen

250 g junge Champignons
40 g Butter
1,2 l Wasser
Salz
Gemahlener weißer oder Cayennepfeffer
375 ml crème double

Für die Garnitur

12 Krebsschwänze
Etwa 750 ml Fischsud (Seite 161)
120 g wilde Pilze
20 g Butter
Salz
8 – 12 Kerbelzweige

Zubereitung der Pilzsuppe

Die jungen Champignons häuten und leicht in Butter anschwitzen, ohne daß sie Farbe annehmen. Das Wasser angießen, mit etwas Salz würzen und bei möglichst geringer Hitze köcheln, bis sich die Flüssigkeit auf 750 ml verringert hat. Durch ein Sieb in einen Topf gießen und die Sahne zufügen. 10 Minuten kochen, dann abschmecken und würzen.
Die Krebsschwänze in heißem Fischsud etwa 3 Minuten pochieren, dann schälen. Die wilden Pilze waschen, gut abtropfen lassen und in einem Topf in Butter sautieren. Mit Salz würzen. Krebsschwänze und Kerbel zugeben und kurz sautieren.

Anrichten

Die Mischung aus Pilzen und Krebsschwänzen auf vier angewärmte Suppentassen verteilen.
Die kochende Pilzbouillon in einem Mixer schaumig rühren (immer nur wenig auf einmal und vorsichtig); damit bekommt die sahnige Suppe eine capuccinoähnliche Schaumkrone; den Schaum auf die Suppentassen geben und servieren.

Mein Weinvorschlag: Chablis »Les Butteaux« 1984 Jean Marie Raveneau; er hat ein frisches, mildes Bouquet mit leichtem Pilzaroma.

Rognons de Veau Rotis dans leur Graisse en Cocotte

Kalbsnieren, im eigenen Fett gebraten

Für vier Personen

2 Kalbsnieren, so sauber wie möglich, im eigenen Fett, das weiß und bröcklig sein sollte
Salz und frisch gemahlener schwarzer Pfeffer
150 g Butter
20 ganze, geschälte Schalotten
4 EL Madeira
175 ml Fleischfond (S. 133)
Glatte Petersilie
Saft von 2 zerdrückten Knoblauchzehen

Garen der Nieren

Überschüssiges Fett von den Nieren abtrennen und diese mit Salz würzen. In einer kleinen gußeisernen Kasserolle die ganzen Nieren in ihrem eigenen Fett und 30 g Butter bei 230°C, Gas Stufe 7, im Ofen 15 Minuten lang bräunen, dabei häufig wenden.
Das ganze Fett abgießen und durch 60 g frische Butter ersetzen, die Schalotten zugeben. Schmoren, bis sie weich werden. Mit einer Gabel zu einem Püree zerdrücken. Der Zucker, den sie enthalten, wird den Saft der Nieren binden und leicht karamelisieren. Wenn die Nieren nicht mehr blutig sind und sich bei Druck fest anfühlen, nimmt man sie heraus und stellt sie in einem separaten Gefäß warm.

Zubereitung der Madeirasauce

Mit dem Madeira die Schalottenmischung ablöschen, dann nach und nach den Fleischsud zugeben. Einkochen lassen, bis eine sirupartige Flüssigkeit entstanden ist, dann durchseihen. Den Saft, den die Nieren abgegeben haben, unter die reduzierte Sauce geben und diese mit 30 g kalten Butterstückchen andicken.

Anrichten

Die Nieren mit dem Fett in dicke Scheiben schneiden. Auf einer Platte anrichten und mit ein paar Tropfen zerlassener Butter beträufeln, um ihnen ein marmorartiges Aussehen zu geben. Pfeffern und mit der Madeirasauce übergießen. Die Petersilie in kochendem Wasser blanchieren und mit einem Tuch trokkentupfen. 15 g Butter mit dem Knoblauchsaft schmelzen und die Petersilie hineingeben. Unter ständigem Rühren gerade eben knusprig werden lassen. Damit die Nieren garnieren.

Mein Weinvorschlag: Hermitage 1978 Gérard Chave; er hat den Körper eines großen Rotweins, ist dabei fein, weich und voll.

Poires Williams a la Figue et Glace au Lait Caramelise

Williamsbirnen mit Feigen und karamelisiertem Milcheis

4 kleine rote Williamsbirnen
8 kleine grüne Feigen
40 g Butter
4 reife rote Feigen

Für die karamelisierte Milch

200 g Zucker
1 TL flüssige Glukose
200 ml Milch
Eine Prise Natron

Für die Sauce

300 ml Milch
6 Eier
30 g Zucker
80 ml crème fraîche

Für den Sirup zum Pochieren

175 g Zucker
300 ml Wasser

Karamelisieren der Milch

Den Zucker mit der Glukose kochen, bis er leicht Farbe angenommen hat. Inzwischen die Milch mit Natron zum Kochen bringen. Vom Feuer nehmen, die Milch nach und nach auf die karamelisierte Zuckermischung gießen. Langsam wieder erhitzen und um die Hälfte reduzieren. Von Zeit zu Zeit den Schaum von der Oberfläche schöpfen. 3–4 EL karamelisierte Milch für das Püree aus roten Feigen beiseite stellen.

Zubereitung des Eises

Die karamelisierte Milch und die Milch für die Sauce zusammengießen. Eier und Zucker in einer Schüssel glatt verschlagen, dann die heiße Milch darübergießen. Wieder in den Topf geben und bei sehr milder Hitze unter ständigem Rühren andicken lassen. Die Sauce ist fertig, wenn ein Finger, der über den Rükken des Holzlöffels gezogen wird, eine deutliche Spur hinterläßt. Abkühlen lassen, dabei gelegentlich umrühren, dann die *crème fraîche* zugeben.
In einen Eisbereiter geben oder im Tiefkühlfach gefrieren lassen, dabei mehrmals rühren, ehe die Masse fest wird.

Zubereitung der Früchte

Das dicke Ende der Birnen glatt abschneiden, damit die Früchte stehen können, sie aber ganz und ungeschält lassen.
Zucker und Wasser für den Pochiersirup langsam zum Kochen bringen.
In einem Topf etwas Butter schmelzen, die Birnen hineinlegen und von allen Seiten anschwitzen. Nach und nach den Sirup zugeben und den Topf zudecken. Etwa 8 Minuten leicht köcheln lassen, bis die Birnen fast gar sind, dabei ständig mit Sirup begießen. Die grünen Feigen mit in den Topf geben. Sie werden aufrecht in die Zwischenräume zwischen den Birnen gestellt, da sie äußerst empfindlich sind. Weiter begießen. Wenn sie gar sind, Birnen und Feigen herausnehmen. Den Sirup abkühlen lassen, bis er etwas andickt, dann die gegarten Früchte damit glasieren.
Das Innere der roten Feigen mit einer Gabel zu einem weichen Brei zerdrücken und etwas karamelisierte Milch unterrühren.

Anrichten

Für das Dessert große Teller verwenden. An den linken oberen Rand jedes Tellers etwas rotes Feigenpüree löffeln. Je eine Birne aufrecht in die Mitte des Tellers stellen, rechts und links daneben eine grüne Feige. Etwas Kochsirup darüberlöffeln, wenn nötig verdünnt, um die Früchte zu befeuchten. Karamelisiertes Milcheis (oval) abstechen und auf die rote Feigensauce geben.

Mein Weinvorschlag: Banyuls »Solera Hors d'Age« von Dr. André Parcé; dieser Wein ist außerordentlich mild, hat ein würziges Bouquet und eine Mischung aus Aromen, unter denen man einen Hauch von frischen Feigen herausschmeckt.

Claude Peyrot

Le Vivarois

192 Avenue Victor Hugo, 75116 Paris, Telefon: 0033-1-45040431

Claude Peyrot, geboren in der rauhen, aber gastfreundlichen Ardèche-Region im Dorf Saint-Félicien, begann hier seine Kochkarriere im Gasthaus der Familie. Er entwickelte sich zu einem jener Küchenchefs, die so angesehen und renommiert sind, daß sie im Guide Michelin namentlich aufgenommen sind, und zum Inhaber zweier Michelin-Sterne.
Nach seiner Ausbildung in der Hotelfachschule in Grenoble nahm er eine Reihe von Stellen an, um seine Kenntnisse zu erweitern. Er arbeitete in den Küchen von Restaurants, deren Namen in aller Welt bekannt sind, so mit Fernand Point im La Pyramide in Vienne, mit Raymond Thuilier im L'Ousteau de Baumanière in der Provence, im Lucas Carton und im Ritz in Paris.
1966, als er einundvierzig war, eröffnete er sein eigenes Restaurant Le Vivarois in Paris, wo ihm sein außergewöhnlicher Kochstil schnell einen Michelin-Stern einbrachte. Das Restaurant wurde auch zu einer Stätte der Ausbildung für junge Köche. Seine Frau Jacqueline herrscht im Restaurant über ein Dekor aus dunkelgrauem Marmor. Die Küche beherbergt einen Künstler, der seine Arbeit sehr ernst, sich selbst aber nicht allzu ernst nimmt. Er sagt, in seinem Herzen sei er ein Provinzler geblieben, der die Berge liebt; außerdem ist er ein großer Jogger. Seine Küche ist auf subtile Weise verführerisch – traditionelles, auf modernen Stand gebrachtes Kochen ohne Firlefanz. Sie ist charakterisiert durch einen angeborenen kulinarischen Sinn für Perfektion.

MENU

HUITRES GRATINEES AU CURRY
Gratinierte Austern mit Curry

FOIE GRAS D'OIE EN POULARDE
Poulardengalantine mit Gänsestopfleber

TRANCHES D'ANANAS POELEES SUR GLACE VANILLE
Karamelisierte Ananasscheiben auf Vanilleeis

HUITRES GRATINEES AU CURRY

Gratinierte Austern mit Curry

Für sechs Personen

36 Austern
1 Knoblauchzehe
30 g Butter
600 g Spinat
Paprika

Für die Curry-Hollandaise-Sauce

6 Eigelb
Salz
Saft von 1 Zitrone
1 EL Wasser
200 g geklärte Butter, lauwarm (siehe Glossar)
Cayennepfeffer
3 TL Currypulver

Vorbereiten der Austern

Wählen Sie schöne, fette Austern, öffnen Sie sie mit einem Austernmesser vom Gelenk her, nehmen Sie die Austern heraus, und bewahren Sie die Flüssigkeit auf. Die Schalen sorgfältig säubern und zum Anrichten beiseite stellen.

Garen des Spinats

Den Spinat sehr gründlich waschen, putzen und alle beschädigten Blätter entfernen. Einen Topf mit der angeschnittenen Seite der Knoblauchzehe ausreiben, die Butter und dann den Spinat hineingeben. Bei geringer Hitze ein- oder zweimal wenden, dann würzen.
Den Spinat in den Austernschalen anrichten.

Zubereiten der Sauce Hollandaise

Die Eigelb in ein *bain-marie* geben, Salz, Zitronensaft und Wasser hinzufügen. Über geringer Hitze schlagen, bis die Eigelb anfangen, dick zu werden. Die lauwarme, flüssige Butter unterrühren; dabei mit wenigen Tropfen anfangen, wie Sie es bei einer Mayonnaise tun würden, und gut verrühren. Wenn die ersten Tropfen verarbeitet sind, weitere Butter untermischen; dabei darauf achten, daß die Sauce nie zu heiß wird, und die Butter bis auf einen kleinen Rest verbrauchen. Kosten und abschmecken; dabei statt schwarzem Pfeffer Cayennepfeffer verwenden.
In einem kleinen Topf die restliche Butter wärmen und das Currypulver unterrühren. Darauf achten, daß diese Mischung nicht zu heiß ist, wenn sie an die Hollandaise gegeben wird.

Pochieren und Servieren der Austern

Die Austern im eigenen Saft 30 Sekunden pochieren. In den Schalen auf den Spinatblättern anrichten und mit Curry-Hollandaise begießen. Mit Paprika bestreuen und rasch unter dem heißen Grill bräunen.

Mein Weinvorschlag: Condrieu 1986 von Georges Vernay – ein Wein mit grüngoldenem Schimmer und blumigem Bouquet.

Foie Gras d'Oie en Poularde

Poulardengalantine mit Gänsestopfleber

Für sechs Personen

Eine Poularde von 2,5 kg
600 g Gänsestopfleber (Vorbereitung siehe Glossar)
Getoastetes Landbrot zum Servieren

Für die Poulardenfüllung

150 g Geflügelfleisch (z. B. aus dem Schenkel)
1 EL crème double
½ Eiweiß
Salz und frisch gemahlener weißer Pfeffer

Für die Geleeglasur

60 ml roter Portwein
500 ml gut reduzierter Geflügelfond (Seite 96)
80 g Rindfleisch, klein gewürfelt
60 g Geflügelfleisch, klein gewürfelt
1 EL gehackter Lauch, weiß
1 EL gehackte Zwiebel
1 EL gehackte Karotte
2 Nelken
1 Eiweiß, leicht mit der Gabel verschlagen

Für die Garnitur

Wählen Sie je nach Jahreszeit unter:
Agen-Pflaumen, geschmort
grünen Oliven, mit pürierter Gänseleber gefüllt
Spargelspitzen, gedünstet
geviertelten Orangenscheiben, mit Gelee glasiert

Die Poularde durch die Halsöffnung entbeinen

Bitten Sie Ihren Fleischer, die Poularde durch die Halsöffnung zu entbeinen. Die Flügel am ersten Gelenk, die Unterschenkel und den Hals abschneiden (etwas Haut vom Hals stehenlassen). Den Vogel säubern und alle Knochen durch diese Öffnung entfernen. Durch das Ausbeinen von innen werden beide Schenkel und Flügel in das Innere der Poularde gezogen, und es entsteht eine gleichmäßige äußere Form. Entfernen Sie das Fett von der Innenseite der hinteren Öffnung.

Herstellung der Füllung

Das Geflügelfleisch im Mixer fein zerkleinern, die Sahne und das Eiweiß untermischen. Nach Geschmack würzen und durch ein Sieb drücken; die Füllung muß extrem leicht sein, da sie nur dazu dient, die Innenseite der Poularde auszukleiden, damit kein Hohlraum zwischen Gänseleber und Poularde entstehen kann.

Füllen und Braten der Poularde

Die Füllung auf der Innenseite der Poularde verstreichen, dann die beiden Lappen der Gänseleber zusammenklappen und in den Vogel legen. Hals- und hintere Öffnung verschließen, das Fleisch fest auf die Leber drücken und überschüssige Halshaut abschneiden. Die fertige Galantine einmal der Länge nach und mehrmals quer mit Küchengarn umwickeln, damit sie ihre Form behält. Die Haut pfeffern und salzen.
Die Poularde in einem ungefetteten Bräter bei 160–180°C, Gas Stufe 3–4, 1¾ Stunden braten, dabei regelmäßig mit den Bratsäften begießen, die aus dem Inneren austreten; jedoch auf keinen Fall Butter oder anderes Fett zugeben, weil sonst das einzigartige Fett verdorben würde, das die Gänseleber selbst abgibt. Die Galantine aus der Form nehmen und abkühlen lassen.

Herstellen und Klären des Gelees

Den Bräter bei geringer Hitze auf die Kochplatte stellen und die Bratsäfte mit dem Portwein ablöschen; um drei Viertel reduzieren. Den Geflügelfond zugeben. Alles in einen Krug gießen und erkalten lassen, dann das Fett abschöpfen. Das Gelee in einen Topf geben und klären: Das gehackte Rind- und Geflügelfleisch, Gemüse, Nelken und ein Eiweiß hineingeben und die Flüssigkeit langsam zum Kochen bringen. Diese Zugaben werden zusammenkleben und in Form einer Kruste nach oben steigen; 20 Minuten simmern lassen. Dann die Kruste vorsichtig auf eine Seite schieben, mit einer Schöpfkelle die Flüssigkeit darunter hervorholen und über die Kruste gießen, die als Sieb wirkt. Wenn die Flüssigkeit klar ist, durch ein mit einem Tuch ausgelegtes Sieb abseihen und abkühlen lassen.
Die gekochten Garnituren vorbereiten und abkühlen lassen.

Anrichten

Am folgenden Tag das Gelee schmelzen und eine Servierplatte leicht damit überziehen; im Kühlschrank erstarren lassen. Die Galantine in Scheiben schneiden und die Scheiben auf dem Gelee anrichten. Mit eben fest werdendem Gelee jede Scheibe überziehen, bis sie glänzt. Die gewählte Frucht- oder Gemüsegarnitur auf einem Gitter ebenfalls mit Gelee überziehen; das Gelee erstarren lassen, dann die Garnitur auf der Platte anrichten.
Mit getoastetem Landbrot servieren.

Mein Weinvorschlag: L'Œuil de Perdrix, Domaine de Dujac 1986; ein leichter roter Pinot, der fast rosé ist und einen Hauch von Erdbeeraroma hat.

TRANCHES D'ANANAS POELEES SUR GLACE VANILLE

Karamelisierte Ananasscheiben auf Vanilleeis

Für sechs Personen

1 große Ananas
120 g Butter
100 g Zucker

Für das Vanilleeis

500 ml Milch
1 Vanilleschote, der Länge nach aufgeschlitzt
6 Eigelb
100 g Zucker
250 ml Sahne

Herstellung des Vanilleeises

Die Milch mit der gespaltenen Vanilleschote zum Kochen bringen. In einer Schüssel die Eigelb mit dem Zucker verschlagen und dann unter ständigem Rühren die Milch durch ein Sieb zugießen. Alles in einen Topf geben, diesen ins Wasserbad stellen. Unter ständigem Rühren erhitzen, bis die Flüssigkeit den Rükken eines Holzlöffels überzieht. Unter gelegentlichem Umrühren erkalten lassen.
Die Sahne untermischen und in einen Eisbereiter geben oder im Gefrierfach einfrieren; dabei mehrmals umrühren, ehe das Eis fest wird.

Karamelisieren der Ananas

Die beiden Enden der Ananas abschneiden, dann ringsum senkrecht das Äußere abschneiden. Sauber in sechs Scheiben schneiden. In einer großen Bratpfanne die Butter erhitzen, den Zucker einrühren und karamelisieren lassen. Die Ananasscheiben hineinlegen und von beiden Seiten braten und wenden, bis sie mit der Karamelmasse überzogen sind.

Anrichten

Zum Servieren die heißen, karamelisierten Ananasscheiben auf Teller legen und jede mit einer Kugel Vanilleeis krönen.

Mein Weinvorschlag: Muscat de Rivesaltes »Taïchac«, ein leichter Wein mit dem Duft frischer Mandeln und einem Honigaroma.

Marc Meneau

L'ESPÉRANCE

Saint-Père-sous-Vézelay, 89450 Vézelay, Telefon: 0033-86-332045

Der Eigentümer eines der ganz großen Restaurants Frankreichs, Marc Meneau, wurde in Vézelay geboren, wo er noch heute lebt. Vézelay ist ein altes Dorf in Burgund; sein Vater war dort Sattler, seine Mutter betrieb eine Café-Bar mit angeschlossenem Krämerladen. Sein Kindheitstraum war es, in einem Beruf zu arbeiten, bei dem er einen weißen Kragen tragen konnte. Daher ging er auf die Hotelfachschule in Straßburg – um Manager zu werden. Das gab er auf, als er Françoise heiratete, eine begeisterte Köchin und die Tochter ortsansässiger Wirtsleute. Die Heirat veranlaßte ihn, den weißen Kragen mit der weißen Uniform des Kochs zu vertauschen, und 1970 wurde das Café mit dem Krämerladen in ein Restaurant verwandelt. Zwei Jahre später erhielt es einen Michelin-Stern. Da Meneau keine Ausbildung als Koch hatte, bezog er sein ganzes Wissen und alle Anregungen aus Büchern, doch er arbeitete mit großer Professionalität an sich und seiner Küche, beseelt von dem Wunsch, ein gutes Restaurant zu führen. 1975 wurde L'Espérance an seinen gegenwärtigen Standort verlegt, unterhalb des Hügels in Vézelay, und gewann seinen zweiten Michelin-Stern. Das hübsche Haus aus dem neunzehnten Jahrhundert steht zwischen hohen Bäumen, und ein kleiner Fluß – mit quakenden Enten – fließt durch das Grundstück. Den dritten Michelin-Stern errang Marc Meneau 1984, als er neununddreißig war.

Seine Begeisterung für die lokalen Erzeugnisse gilt ebenso den schlichten Dingen wie den ausgefallenen. Er legt seit jeher Wert auf die Verwendung einheimischer Produkte und Zubereitungsweisen. Bei jeder Speise achtet er auf den authentischen Geschmack, und der Erfolg seiner Gerichte beruht darauf, daß sie voll natürlicher Anmut sind.

MENU

HUITRES A LA GELEE D'EAU DE MER

Austern in Meerwassergelee

CANARD SAUCE AU SANG A LA PRESSE AVEC
GALETTE AUX DEUX POMMES

Ente im eigenen Saft mit Kartoffel-Apfel-Pfannkuchen

POIRE CARAMELISEE GLACE A LA REGLISSE

Karamelisierte Birnen mit Lakritzeis

Huîtres à la gelée d'eau de mer

HUITRES A LA GELEE D'EAU DE MER

Austern in Meerwassergelee

Für vier Personen

30 Austern Nr. 3
½ Bund Brunnenkresse, 250–300 g

Für die Austerncreme

30–40 g gehackte Schalotten
60 g Butter
150 ml Sahne
Saft von ¼ Zitrone
Salz und frisch gemahlener schwarzer Pfeffer

Für das Gelee

Flüssigkeit aus den Austern
½ Blatt Gelatine
Frisch gemahlener schwarzer Pfeffer

Die Austern öffnen und die Flüssigkeit auffangen. Das Austernfleisch auf ein Tuch legen.

Herstellung des Gelees

Die Austernflüssigkeit auf 40°C erhitzen. Die Gelatine in einem Eßlöffel kaltem Wasser weich werden lassen. Durch Rühren über heißem Wasser auflösen, dann wieder abkühlen lassen. Die aufgelöste Gelatine zu den Austernsäften geben und vorsichtig untermischen. Mit Pfeffer würzen und im Eisschrank kalt stellen, bis die Masse halb erstarrt ist.

Herstellung der Austerncreme

Sechs Austern mit einem Messer hacken. Die Schalotten in der geschmolzenen Butter anschwitzen, bis sie weich sind, dann abkühlen lassen. Die gehackten Austern, Schalotten, Sahne und Zitronensaft verrühren und würzen.

Anrichten

Alle Schalen waschen, bürsten und abtrocknen. In jede Schale einen Teelöffel von der Austerncreme geben und darauf eine Auster legen. Etwas Pfeffer darüberstreuen und mit gewaschenen und geputzten Brunnenkresseblättern bedecken.
Das Gelee aus dem Kühlschrank nehmen. Es sollte klebrige Konsistenz haben (wenn nötig, stellen Sie das Gefäß in eine Schüssel mit Eiswasser, um das Gelee fester werden zu lassen). Die Austernschalen mit Gelee auffüllen und sie an einen kühlen Platz stellen, bis das Gelee völlig erstarrt ist. Auf einem Bett aus zerstoßenem Eis servieren.

Mein Weinvorschlag: Chablis Montmains.

CANARD SAUCE AU SANG A LA PRESSE AVEC GALETTE AUX DEUX POMMES

Ente im eigenen Saft
mit Kartoffel-Apfel-Pfannkuchen

Für vier Personen

2 Challans-Enten, jede etwa 1,5 kg schwer
Salz und frisch gemahlener schwarzer Pfeffer
60 g Butter
2 Schalotten, gehackt
300 ml Rotwein

Vorbereiten und Braten der Enten

Die Enten innen und außen sorgfältig mit Pfeffer und Salz würzen.
Nehmen Sie 20 g Butter für jeden Vogel, und streichen Sie diese mit den Handflächen auf Brüste und Schenkel.
Die Enten im Ofen bei 190°C, Gas Stufe 5, unter häufigem Begießen 15 Minuten lang braten; noch besser ist es, sie am Spieß zu braten, falls Ihr Ofen einen solchen hat. Dann die Enten in Aluminiumfolie wickeln und 6–7 Minuten ruhen lassen, bis sich die Hitze im Inneren verteilt hat. Jetzt Brüste und Schenkel abtrennen.

Herstellung der Sauce

Die Karkassen mit einem Hackmesser zerkleinern und in ein Tuch geben. Dieses zusammenrollen und fest auspressen. Das austretende Blut sorgfältig auffangen. Im Restaurant benutzen wir dazu eine Entenpresse, und die Prozedur wird vor den Gästen vollzogen. Inzwischen die Schalotten in der restlichen Butter anschwitzen, dann in drei Etappen den Rotwein angießen; zwischendurch jedesmal die Sauce siruparting einkochen lassen.
Unmittelbar vor dem Servieren Brüste und Schenkel vorsichtig wieder erhitzen. Die Brüste in fünf oder sechs Scheiben schneiden.
Den Topf mit dem reduzierten Wein wieder aufs Feuer stellen, das Blut angießen und sehr vorsichtig erhitzen – nur auf etwa 66°C; die Sauce darf nicht gerinnen. Die Fertigstellung erfordert an diesem Punkt große Sorgfalt, wenn Sie keine klumpige Flüssigkeit bekommen wollen. Abschmecken, würzen und den beim Schneiden ausgetretenen Fleischsaft noch unterrühren.

Anrichten

Geben Sie etwas Sauce an die Seite des Tellers und arrangieren Sie die Brust darauf. In die Mitte des Tellers einen Schenkel legen und auf der anderen Seite die Kartoffel-Apfel-Küchlein anrichten.

Mein Weinvorschlag: Irancy Palotte.

Anmerkung: Challans-Enten gehören zu den feinsten in Frankreich. Sie werden in der Vendée gezüchtet und sind auch als Nantes-Enten bekannt – Nantes ist die Eisenbahnstation, von der aus sie versandt werden.
Erstickt werden die Enten deshalb, weil bei dieser Methode kein Blut vergossen wird; es bleibt im Fleisch und macht dieses sehr rot und saftig. Erstickte Enten müssen ganz frisch zubereitet werden.

Galette aux deux Pommes

Kartoffel-Apfel-Pfannkuchen

Für vier Personen

80 g Kartoffeln
20 g Mehl, gesiebt
2 ganze Eier
250 ml entrahmte Milch
Salz und frisch gemahlener schwarzer Pfeffer
Frisch gemahlene Muskatnuß
2 Granny Smith oder knackige Dessertäpfel
40 g Butter und Butter zum Braten der Pfannkuchen

Die Kartoffeln waschen, schälen und kochen. Dann die Kartoffeln pürieren und Mehl, Eier, Milch, Salz, Pfeffer und Muskat zufügen. Gut durchmischen und kühl stellen.
Inzwischen die Äpfel in 1 cm dicke Scheiben schneiden und in der Butter goldgelb braten.
Einige Minuten vor dem Servieren eine kleine Pfanne von 10 cm Durchmesser nehmen, etwas Butter darin zerlassen und 1½ EL Kartoffelteig hineingeben. Darauf vier Apfelschnitze legen und mit etwa der gleichen Menge Kartoffelteig bedecken. Von beiden Seiten braten und warm stellen, während Sie drei weitere Pfannkuchen bereiten. Zu der Ente servieren.

Poire Caramelisee Glace a la Reglisse

Karamelisierte Birnen mit Lakritzeis

Für vier Personen

4 reife Birnen
30 g Butter
60 g Zucker
150 ml Wassser

Für das Lakritzeis

40 g Süßholzwurzel
750 ml Milch
12 Eigelb
150 g Zucker

Herstellung des Lakritzeises

Die Süßholzwurzel fein hacken. Mit der Milch in einen Topf geben und bei starker Hitze zum Kochen bringen.
Die Eigelb und den Zucker in eine Schüssel geben und kräftig schlagen. Wenn die Milch kocht, diese unter ständigem Rühren zu der Eier-Zucker-Mischung geben. Dann alles in den Topf zurückgießen und sehr vorsichtig erhitzen; die Temperatur darf 90°C nicht übersteigen. Unter ständigem Rühren mit einem Holzlöffel die Mischung so fest werden lassen, daß sie den Rücken des Holzlöffels überzieht. Prüfen Sie das, indem Sie mit einem Finger über den Löffel fahren – der Finger muß eine deutliche Linie hinterlassen. Wenn die Mischung genügend angedickt ist, durch ein Sieb gießen und erkalten lassen. In einem Eisbereiter oder im Tiefkühlfach gefrieren. Mehrmals umrühren, ehe die Masse erstarrt.

Karamelisieren der Birnen

Die Birnen schälen und entkernen und der Länge nach in Scheiben schneiden. In einer Bratpfanne die Butter zerlassen und die Scheiben braten, bis sie goldgelb sind. Zucker und Wasser zugeben und 15 Minuten leise köcheln lassen. Dabei darauf achten, daß der Zucker nicht anbrennt.

Anrichten

Richten Sie die heißen Birnenscheiben fächerförmig auf vier hübschen Desserttellern an und setzen Sie je zwei Kugeln Lakritzeis daneben.

Mein Weinvorschlag: Marc de Bourgogne.

Canard sauce au sang à la presse avec galette aux deux pommes

L'Espérance

Poire caramelisée glace à la réglisse

Firmin Arrambide

LES PYRÉNÉES

Place du Général de Gaulle, 64220 Saint-Jean-Pied-de-Port, Telefon: 0033-59-37 01 01

Firmin Arrambide, geboren im französischen Baskenland in Saint-Jean-Pied-de-Port, ist unter Leuten aufgewachsen, die etwas von gutem Essen verstanden. »Meine Großmutter war Köchin, und mein Vater war Koch, und von frühester Jugend an konnte ich mir nie vorstellen, ein anderes métier *zu ergreifen als das eines Kochs.« Er absolvierte seine Lehre bei seinem Vater in der Küche des Gasthauses, das der Familie seit 1939 gehört.*

Es ist ein ehemaliges Kutschergasthaus am Fuße des Roncevalles-Passes auf der Hauptroute nach Spanien, das noch eine weitere Generation lang in der Familie bleiben wird, denn sein Sohn Philippe tritt bereits in die Fußstapfen des Vaters. In Sichtweite der Berge, vom grünen Baskenland umgeben, liegt das Hotel in einem der hübschesten Dörfer der Gegend. Der junge Firmin Arrambide absolvierte seine eigene »große Rundreise« durch die besten Restaurants Frankreichs und kehrte 1970 zurück, um die Küche des Les Pyrénées zu übernehmen und Anne-Marie zu heiraten. Er war einer der Vorreiter des neuen Selbstbewußtseins der französischen Küche: »Ich habe die Küche abgewandelt und auf den neuesten Stand gebracht, dabei aber gleichzeitig die klassische Tradition meines Vaters respektiert.«

Sein Kochstil ist »eine Synthese zwischen der Küche des Baskenlandes, die größtenteils Erzeugnisse der Region verwendet – und den Traditionen der Region folgt –, und dem modernen Kochstil«. Sein Ziel ist die Verbindung der Präzision der klassischen Küche mit einer ganz modernen Betonung der Präsentation und der Verwendung von Produkten der Jahreszeit. Er ist Maître Cuisinier de France, und sein Erfolg wurde bestätigt durch den ersten Michelin-Stern im Jahre 1975 und den zweiten im Jahre 1985.

MENU

POIVRONS FARCIS A LA MORUE
Paprikaschoten mit Stockfischfüllung

LAPIN FARCI AUX PETITS LEGUMES
Kaninchen, gefüllt mit kleinen Gemüsen

TERRINE DE FRUITS FRAIS A LA MOUSSE D'AMANDES
Terrine aus frischen Früchten mit Mandelschaum

Poivrons Farcis a la Morue

Paprikaschoten mit Stockfischfüllung

Für vier Personen

250 g Stockfisch
8 rote Paprikaschoten
150 ml Olivenöl
Salz und frisch gemahlener schwarzer Pfeffer
100 g Zwiebeln, in Scheiben geschnitten
3 Knoblauchzehen, gehackt
60 g Paniermehl (Semmelbrösel)
150 ml Sahne
Eine Prise Zucker
1 Ei
Mehl
3 Petersilienzweige, gehackt

Einweichen des Stockfischs

Den Stockfisch 36–48 Stunden lang in kaltem Wasser einweichen. Dabei das Wasser drei- bis viermal wechseln, um das Salz zu entfernen.

Zubereitung der Paprikaschoten

Jede Paprikaschote mit einer Gabel einstechen, über eine Gasflamme halten (oder unter den heißen Grill legen) und ständig wenden, bis die Haut anfängt, Blasen zu werfen und schwarz zu werden. In kaltem Wasser abspülen und häuten. Die Stengel entfernen und die Schoten durch die entstandene Öffnung mit einem Teelöffel entkernen.

Die Paprikaschoten nebeneinander auf eine feuerfeste Platte geben, mit 60 ml Olivenöl beträufeln, salzen und im Ofen bei 200°C, Gas Stufe 6, 15 Minuten lang garen. Dann herausnehmen und abkühlen lassen.

Inzwischen Zwiebeln und Knoblauch mit einem Eßlöffel Öl in einen Topf geben und bei milder Hitze unter häufigem Umrühren anschwitzen. Den Stockfisch trockentupfen, alle Häute entfernen, dann entgräten und in Stücke brechen. Die Fischstücke zu den weichen Zwiebeln geben, nicht länger als 1 Minute unterrühren und vom Feuer nehmen. Paniermehl zugeben und würzen. Die Paprikaschoten abtropfen lassen und vom offenen Ende eine etwa 2 cm breite Scheibe abschneiden, damit ein sauberer Rand entsteht. Die abgeschnittenen Ringe hacken und bei milder Hitze mit der Sahne garen. 15 Minuten simmern lassen, dann in einem Mixer pürieren und durch ein Spritzsieb drücken. Salz und Zucker an die so entstandene Sauce geben.

Braten der Paprikaschoten

Auf einem flachen Teller Eigelb und Eiweiß verschlagen. Auf einen anderen Teller etwas Mehl geben. Jede Schote mit der Stockfischmischung füllen. Das restliche Öl bei milder Hitze in einer Bratpfanne erwärmen. Jede Paprikaschote in Mehl wenden, überschüssiges Mehl abschütteln, dann in verschlagenem Ei wenden. Die Paprikaschoten unter wiederholtem Wenden braten, bis sie von allen Seiten goldbraun sind.

Anrichten

Zum Servieren den Boden einer vorgewärmten Servierplatte mit ein wenig sahniger Paprikasauce überziehen. Die Schoten darauf anrichten und mit gehackter Petersilie bestreuen. Die restliche Sauce in einer Sauciere dazu reichen.

Mein Weinvorschlag: Jurançon sec, Domaine de Cauhapé von M. Ramonteu in Monein, ein junger, trockener und fruchtiger Wein – oder ein Chablis.

Lapin Farci aux Petits Legumes

Kaninchen, gefüllt mit kleinen Gemüsen

Für vier Personen

Ein Zuchtkaninchen von 1,2 kg
4 kleine Artischocken, bis auf die Böden entblättert
280 g kleine, junge Karotten
100 g frischer Spinat, geputzt
1 Schweinenetz (Seite 165)
¼ TL roter Portwein
1 TL Sherryessig
Salz und frisch gemahlener schwarzer Pfeffer
Kerbel zum Garnieren

Für die Füllung

100 g Fleisch aus Hals und Schultern des Kaninchens
60 g Rückenfett vom Schwein, gehackt
20 g Paniermehl
100 ml Milch
1 Ei
1 Zweig Basilikum

Für den Gemüsefond

2 EL Olivenöl
3 Karotten, in feine Scheiben geschnitten
2 Schalotten, in feine Scheiben geschnitten
1 Zwiebel, in feine Scheiben geschnitten
250 ml trockener Weißwein, vorzugsweise Jurançon
3 Tomaten, blanchiert, enthäutet, entkernt und gehackt
1 Knoblauchzehe, zerdrückt
1 bouquet garni
1 Zweig Basilikum
1 Zweig Rosmarin
1 l brauner Geflügelfond (Seite 57)

Vorbereiten des Kaninchens und Herstellung der Füllung

Entfernen Sie Kopf und Füße und beinen Sie das Tier vollkommen aus. Leber, Nieren und Knochen aufbewahren. Das entbeinte Kaninchen flach ausbreiten und für die Füllung 100 g Fleisch vom Halsbereich abschneiden. Dieses Fleisch und das Schweinefett in einen Mixer geben, das Paniermehl (in Milch eingeweicht und ausgedrückt), Ei, Basilikum, Salz und Pfeffer zugeben. Zu einer feinen Masse pürieren, dann kalt stellen.

Vorbereitung der Gemüse

Die Artischocken in Salzwasser 18 Minuten kochen, abschrecken. Die Karotten 3–4 Minuten kochen. Den Spinat 30 Sekunden dämpfen, abschrecken und auf einem Tuch ausbreiten.

Herstellung des Gemüsefonds

In einer Kasserolle die Knochen des Kaninchens in Olivenöl bräunen. Dann die Gemüse 10 Minuten lang anschwitzen und gelegentlich umrühren. Mit dem Weißwein ablöschen und kochen lassen, bis die Mischung trocken wird. Dann das Tomatenfleisch, Knoblauch, *bouquet garni*, Basilikum und Rosmarin zugeben, den Geflügelfond angießen und würzen. Leise simmern lassen.

Füllen und Garen des Kaninchens

Das Schweinenetz ½ Stunde einweichen, dann trokkentupfen und auf einem großen Blatt Ölpapier ausbreiten. Das entbeinte Kaninchen auslegen. Die dikken Teile der Filets und der Schenkel in Scheiben abschneiden und damit dünnere Stellen auslegen, bis das Fleisch gleichmäßig dick ist. Mit Salz und Pfeffer würzen und mit einigen Tropfen Sherryessig und Portwein beträufeln. Die Leber säubern, die Galle (und alle dunklen Teile, die damit in Berührung gekommen sind) entfernen, die Leber in vier Teile schneiden. Diese und die Nieren würzen. Das Kaninchen mit einer dünnen, gleichmäßigen Schicht Füllung bestreichen. Darauf zwei Schichten Spinatblätter legen. Mit einer zweiten Schicht Füllung bedekken. Die Leberviertel und die Nieren in der Mitte arrangieren, vier Reihen kleiner Karotten und die halbierten Artischockenherzen darum herum anordnen. Mit einer weiteren Schicht Füllung bedecken.
Mit Hilfe des Ölpapiers das Kaninchen zusammenlegen und in das Schweinenetz wickeln. Überschüssiges Schweinenetz abschneiden. Das Kaninchen in das Papier wickeln und die Enden zusammenfalten wie bei einem großen Paket, zusammenbinden. Das Kaninchen auf das Gemüsebett legen und im Ofen bei 170°C, Gas Stufe 3, 1½ Stunden garen. Dabei häufig begießen und während der Garzeit einmal wenden.

Anrichten

Das Kaninchen aus der Kasserolle nehmen und das Papier entfernen. Das Schweinenetz unter dem Grill bräunen. Flüssigkeit und Gemüse aus der Kasserolle durch ein Sieb gießen, ½ TL Sherryessig zugeben und nach Geschmack würzen. Das gefüllte Kaninchen in Scheiben schneiden, auf Tellern anrichten und mit der Sauce überziehen. Mit Kerbel garnieren.

Mein Weinvorschlag: Château Haut-Marbuzet von M. Duboscq in St-Estèphe, ein fruchtiger Wein mit Substanz und viel Charme, oder ein Madiran, Château Montus von M. Brumont aus Maumusson.

Terrine de Fruits Frais a la Mousse d'Amandes

Terrine aus frischen Früchten mit Mandelschaum

Für vier Personen

200 ml Sahne
175 g Butter
150 g Puderzucker
100 g gemahlene Mandeln
2 EL Grand Marnier
500 g Erdbeeren
4 Kiwis
400 g gelbe Pfirsichhälften in Sirup
(oder frische Mangoscheiben)
60 g Zucker
½ Zitrone
20 Löffelbiskuits

Am Vorabend (oder spätestens 2 Stunden vor der Zubereitung des Gerichts) die Schlagsahne und eine Rührschüssel in den Kühlschrank stellen. Die Butter herausnehmen, damit sie sich auf Zimmertemperatur erwärmt.

Herstellung des Mandelschaums

Die Butter, gesiebten Puderzucker, gemahlene Mandeln und Grand Marnier in den Mixer geben. Mixen, bis die Masse weiß und glatt ist. Die gekühlte Sahne in die kalte Rührschüssel geben und schlagen, bis sie dick wird. Die Schlagsahne vorsichtig unter die Mandelmischung heben. Sofort kalt stellen.

Vorbereitung der Früchte

Die Erdbeeren waschen, dann die Stengel entfernen (niemals in umgekehrter Reihenfolge, weil sonst die Früchte etwas von dem Waschwasser aufsaugen würden). 250 g von den schönsten, heilen Früchten aussortieren, den Rest für die Sauce beiseite stellen. Die ausgewählten Beeren korkenförmig zurechtstutzen, indem Sie oberes und unteres Ende glatt abschneiden. Die abgeschnittenen Teile zu den Früchten für die Sauce geben. Die Kiwis schälen und der Länge nach vierteln. Die Pfirsichhälften in einem Sieb über einer Schüssel abtropfen lassen. Mit Küchenpapier trockentupfen und vierteln.

Herstellung des Erdbeerpürees

Die Beeren und Abschnitte mit dem Streuzucker und dem Saft einer Zitronenhälfte in den Mixer geben. Der Zitronensaft gibt den Erdbeeren einen leicht säuerlichen Geschmack und bewahrt gleichzeitig ihre attraktive Farbe. Pürieren und dann in den Kühlschrank stellen.

Herstellung der Fruchtterrine

Alle Früchte für die Terrine, die Löffelbiskuits und den Mandelschaum bereitstellen. Eine 850 ml fassende Terrine mit Aluminiumfolie so auslegen, daß die Folie an den Rändern übersteht. Die Löffelbiskuits kurz in Pfirsichsirup tauchen, dann den Boden und die Seiten der Terrine damit auslegen. Etwas Mandelschaum darauf geben, dann eine Schicht Früchte einfüllen. Darauf abwechselnd wieder Mandelschaum und Früchte, die Sie so anordnen sollten, daß sich ein attraktives Muster ergibt, wenn die Terrine aufgeschnitten wird. Zum Schluß mit einer Schicht Löffelbiskuits abdecken und über Nacht kalt stellen.

Anrichten

Unmittelbar vor dem Servieren die Terrine vorsichtig stürzen. Auf jeden Teller etwas Erdbeerpüree löffeln. Die Terrine mit einem scharfen Messer in Scheiben schneiden und eine Scheibe auf jeden Teller legen.

Mein Weinvorschlag: Ein süßer Jurançon, ein Clos Cancaillou von B. Barrère aus Lahourcade mit dem Aroma von reifen Früchten und Vanille oder ein guter Sauternes.

Bernard Pacaud

L'Ambroisie

9 Place des Vosges, 75004 Paris, Telefon: 0033-1-42785145

Bernard Pacaud verbrachte seine Jugend in Lyon, das manchmal als »der Magen Frankreichs« bezeichnet wird. Vielleicht erklärt das sein Interesse an Speisen, denn unter seinen bretonischen Vorfahren und Verwandten war niemals ein Koch. Er begann seine Ausbildung im Col de la Luère, einem Lokal von großer Tradition: Es war einmal das Restaurant der Mère Brazier, die dreißig Jahre zuvor einer der wenigen weiblichen Küchenchefs war, die die höchste Michelin-Wertung erhielten. Er wurde Assistent und dann stellvertretender Chefkoch in einer Reihe von Restaurants, die alle mit Michelin-Sternen ausgezeichnet sind. Auf das Lokal der Mère Brazier folgten das Tante Alice in Lyon und dann zehn Jahre in Paris, zu Anfang im La Coquille. 1976 begann er, für Claude Peyrot im Le Vivarois als Chef de Cuisine zu arbeiten. Dort fand er seine wahre Inspiration, und Claude Peyrot betrachtet er als seinen Mentor.

Nach fünf Jahren im Le Vivarois hatte er genug Selbstvertrauen, um ein eigenes Restaurant zu eröffnen, L'Ambroisie, damals auf dem Quai de la Tournelle. Es erhielt 1982 den ersten Michelin-Stern und 1983, als er fünfunddreißig war, den zweiten.

1986 wurde das Restaurant in einem ehemaligen Privathaus an der Place des Vosges untergebracht, einem der schönsten Plätze von Paris. In dieser Umgebung, die Bernard Pacaud als »elegant, aber diskret« bezeichnet – Marmorböden und -türen, Tapisserien und Bilder aus dem siebzehnten Jahrhundert –, serviert er Speisen von ebensolcher Qualität. Wie charakterisiert er seinen eigenen Stil? Er war nie ein Anhänger der nouvelle cuisine; *seine Küche basiert »im wesentlichen auf den verwendeten Zutaten – die mit großem Feingefühl behandelt werden«. Michelin war der gleichen Meinung, und 1988 erhielt er seinen dritten Stern.*

MENU

SUPREME DE BAR A L'EMULSION D'HUILE D'OLIVE, PUREE DE FENOUIL

Wolfsbarschfilet mit einer Emulsion aus Olivenöl und Fenchelpüree

QUEUE DE BŒUF BRAISEE EN CREPINE

Im Schweinenetz geschmorter Ochsenschwanz

SAVARIN A L'ANCIENNE

Savarin nach klassischer Art

Supreme de Bar a l'Emulsion d'Huile d'Olive, Puree de Fenouil

Wolfsbarschfilet mit einer Emulsion aus Olivenöl und Fenchelpüree

Für vier Personen

1,5 kg Wolfsbarsch
250 g Fenchelknolle
1 Karotte
2 TL gehackte Korianderblätter
250 ml Olivenöl
1 Tomate
1 Limone
Dill
Glatte Petersilie zum Garnieren
Salz und frisch gemahlener schwarzer Pfeffer

Zubereitung der Beilagen

Für das Fenchelpüree Fenchel und Karotte schälen und kleinhacken. Mit den gehackten Korianderblättern 20 Minuten dünsten, bis sie weich sind, dann durch ein Sieb passieren. 2 TL Öl in das Püree einrühren und warm stellen.
Für die Emulsion die Tomate blanchieren, häuten und entkernen und das Fleisch hacken. Mit dem Saft der Zitrone zu einem Püree zerdrücken und mit Dill würzen. Salz und Pfeffer zugeben, dann 150 ml Olivenöl unterrühren.

Zubereitung des Wolfsbarsches

Den Fisch filieren und jedes Filet halbieren. Mit Salz und Pfeffer würzen, dann mit der Haut nach unten in 2 TL heißem Olivenöl durchbraten.

Anrichten

Zum Servieren etwas Olivenölemulsion auf angewärmte Teller löffeln. Darauf auf eine Seite die Wolfsbarschfilets legen, die Haut nach oben, und auf die andere Seite einen Löffel von dem Fenchelpüree geben. Mit glatten Petersilienblättern garnieren.

Mein Weinvorschlag: Meursault »Les Narvaux« von B. Michelot – ein weißer Burgunder von attraktiver grün-goldener Farbe, gut ausgewogen, der Frische, Subtilität und Eleganz besitzt.

Queue de Bœuf Braisee en Crepine

Im Schweinenetz geschmorter Ochsenschwanz

Für vier Personen

2 ganze Ochsenschwänze, in 5 cm langen Stücken
Salz und frisch gemahlener schwarzer Pfeffer
2 Zwiebeln
2 Karotten
2 Schalotten
1 Knoblauchzehe
1 EL Olivenöl
2 Flaschen Cornas-Rotwein
1 bouquet garni
200 g Schweinenetz (Seite 165)
Frisch gekochte Karotten als Beilage

Schmoren der Ochsenschwänze

Am Tag vor dem Servieren des Gerichts den Ochsenschwanz mit Salz und Pfeffer würzen. Gemüse und Knoblauch in kleine Würfel (Mirepoix) schneiden. In einer schweren Pfanne das Öl erhitzen und die Ochsenschwänze von allen Seiten anbräunen. Herausnehmen und in eine Kasserolle geben. Nun die Gemüse in der Pfanne anbräunen und in die Kasserolle geben. Den Wein angießen und zum Kochen bringen. Abschäumen, das *bouquet garni* einlegen und bei 150°C, Gas Stufe 2, im Ofen 8 Stunden schmoren. Abkühlen lassen, dann kalt stellen.

Zubereiten der Schweinenetzpäckchen

Das Schweinenetz in ein Sieb legen und 15 Minuten unter leicht fließendes Wasser stellen, dann abtropfen lassen. Glatt ausbreiten und in so viele Quadrate, wie Ochsenschwanzstücke vorhanden sind, schneiden.
Die Fettschicht aus der Kasserolle entfernen, dann die Ochsenschwanzstücke herausnehmen, dabei alle anhaftenden Gemüsewürfel abkratzen und zurück in die Sauce geben. Die Stücke einzeln in Schweinenetz einwickeln und wieder in die Kasserolle legen.
Auf mittlerer bis starker Hitze erwärmen und die Päckchen häufig begießen, bis sie lichtgolden und auch innen heiß sind und die Sauce gut reduziert ist – etwa 30 Minuten lang. Auf vorgewärmten Tellern mit der Sauce anrichten und als Beilage frisch gekochte Karotten reichen.

Mein Weinvorschlag: Cornas 1984 aus Barjac, ein sehr typischer roter Côtes du Rhône, robust und mit seinem erdigen Aroma geeignet für ein rustikales Gericht. Benutzen Sie ihn zum Kochen, und reichen Sie ihn auch zum Essen.

Suprême de bar à l'émulsion d'huile d'olive, purée de fenouil

Queue de bœuf braisée en crépine

L'Ambroisie

Savarin à l'ancienne

SAVARIN A L'ANCIENNE

Savarin nach klassischer Art

Seit der Zeit, als der polnische König Stanislaus Laczinski im Exil in Frankreich lebte, wo seine Tochter die Gattin Ludwigs XIV. war, sind die Savarins oder Babas auch bei den Franzosen heimisch geworden. Stanislaus goß ein Glas Rum über seinen Lieblingskuchen und zündete ihn an. Entzückt über das Ergebnis, bezeichnete er es nach dem Helden seiner Lieblingsgeschichte als Ali Baba. Ein Jahrhundert später formten die Kuchenbäcker eines Pairs von Paris den Kuchen zu einem Ring, übergossen ihn mit Rumsirup und benannten ihn nach dem Gastronomen Brillat-Savarin. Diese Babas oder Savarins sind ein klassischer Bestandteil des Dessertwagens.

Für vier Personen

100 g Mehl
Eine Prise Salz
1 TL Zucker
1 Ei, leicht verschlagen
5 g frische Hefe
20 g zerlassene Butter
500 g frische Himbeeren
Frische Minzeblätter zum Garnieren (nach Belieben)

Für den Kirschsirup

120 g Zucker
300 ml Wasser
2 TL Kirschwasser

Für die Sabayon-Sauce

2 Eigelb
60 g Zucker
2 TL Kirschwasser

Zubereitung der Savarins

Mehl, Salz, Zucker und Ei in eine Rührschüssel geben. Die Hefe in etwas warmem Wasser auflösen und an einem warmen Ort stehenlassen, bis sie schaumig wird. Dann in die Schüssel geben (hier sollten Sie keinen Mixer verwenden). Den Teig gründlich durcharbeiten, bis seine Konsistenz einem dicken Pfannkuchenteig ähnelt; er ist fertig, wenn er anfängt, sich sauber vom Rührlöffel zu lösen.
Mit einem Tuch zudecken und an einen warmen Ort stellen, bis er sein Volumen verdoppelt hat – etwa 30 Minuten.
Die zerlassene Butter zugeben und die Teigmasse erneut durchkneten.
Den Teig teilen und in vier einzelne ringförmige Savarin-Förmchen geben.
Im Ofen bei 220°C, Gas Stufe 7, 10 Minuten backen. Dann die Hitze auf 150°C, Gas Stufe 2, reduzieren und weitere 10 Minuten backen, bis der Teig aufgegangen und goldgelb ist. Aus dem Ofen nehmen und in den Formen etwas abkühlen lassen, dann stürzen.
Den Zucker langsam im Wasser auflösen, dann 2 Minuten aufkochen und das Kirschwasser dazugießen. Die Savarins in den Sirup tauchen und auf einem Drahtgitter abtropfen lassen.

Zubereitung der Sabayon-Sauce

Die Eigelb mit dem Zucker in einer für ein Wasserbad geeigneten Schüssel verschlagen. Über leise köchelndes Wasser stellen und kräftig schlagen, bis die Sauce schaumig und dick wird, dann das Kirschwasser unterrühren.

Anrichten

Vier Dessertteller mit Sabayon-Sauce überziehen. Auf jeden einen Savarin legen und in der Mitte Himbeeren aufhäufen. Nach Wunsch mit frischen Minzeblättern garnieren.

Mein Weinvorschlag: Trockener Champagner.

Paul und Marc Haeberlin

Auberge de l'Ill

Illhaeusern, 68150 Ribeauvillé, Telefon: 0033-89-71 83 23

Die Tradition spielte eine wichtige Rolle bei der Entstehung eines der berühmtesten Restaurants der Welt in Illhaeusern. Mehr als ein Jahrhundert lang besaß die Familie Haeberlin dort ein Restaurant; es hieß L'Arbre Vert, als die Brüder Paul und Jean-Pierre geboren wurden. Paul, der ältere von beiden, wollte schon mit vier Jahren Koch werden und ging bei Edouard Weber in Ribeauvillé in die Lehre, dem früheren Küchenchef des Zaren und zahlreicher gekrönter Häupter Europas. In diesem kleinen Restaurant, wo die Küche traditionell, aber kreativ war, konnte er in Ruhe seinen eigenen Stil entwickeln – Anklänge an traditionelle elsässische Gerichte, aber auf bisher nicht gewagte Art zubereitet.

Nach einem Aufenthalt in der Rôtisserie Périgourdine und im Poccardi in Paris, wo er seine Erfahrungen erweiterte, kehrte er 1950 nach Illhaeusern zurück, um im Restaurant der Familie zu kochen. Michelin-Sterne bestätigten seinen Erfolg: Einen erhielt er 1952, den zweiten fünf Jahre später. Sein Perfektionismus und sein Stilgefühl sorgten dafür, daß er seit 1967 alle drei Sterne innehat.

Der Krieg ging unsanft mit den Gebrüdern Haeberlin um. Sie landeten (ohne eigenes Verschulden) in zwei feindlichen Armeen, und das Familienrestaurant wurde zerstört. Hier kamen die Talente von Jean-Pierre ins Spiel. Das Giebelhaus mit dem Restaurant wurde unter seiner architektonischen Aufsicht wieder aufgebaut, und er fand mit seiner Begabung ein Tätigkeitsfeld als Restaurantmanager. 1976 trat Pauls Sohn Marc ebenfalls in den Familienbetrieb ein. Zuvor hatte er eine Ausbildung in Straßburg absolviert und dann bei den französischen Meisterköchen Paul Bocuse und den Brüdern Troisgros gelernt und auch eine Zeitlang im Erbprinz in Deutschland gearbeitet.

MENU

TERRINE DE FOIE GRAS TRUFFE

Getrüffelte Gänseleberpastete

SELLE DE CHEVREUIL AUX CHAMPIGNONS SAUVAGES

Rehrücken mit wilden Pilzen

PECHES HAEBERLIN

Pfirsiche Haeberlin

Terrine de Foie Gras Truffe

Getrüffelte Gänseleberpastete

Für acht Personen

1 Gänsestopfleber von 800 g, gründlich gesäubert (siehe Glossar)
15 g gewürztes Salz
20 ml Cognac
20 ml roter Portwein
1 Trüffel von 40 g, gehackt
100 g Gänseschmalz
Gehacktes Gelee aus Geflügelfond (Seite 96) zum Garnieren

Die Leberstücke von allen Seiten mit dem gewürzten Salz einreiben. In eine Schüssel legen, Cognac und Portwein angießen und 24 Stunden marinieren lassen, dabei immer wieder wenden.

Zubereitung der Pastete

Die Leber in eine Terrine legen, die ihrer Größe entspricht, vorzugsweise aus Keramik oder Porzellan, und gut hineindrücken. Mit dem Finger eine Öffnung in die Mitte der Leber drücken und die Trüffelstückchen hineinfüllen. Die Leber wieder zusammenziehen und die Terrine zudecken.
In einem *bain-marie* in kochendem Wasser 40 Minuten im Ofen bei 150°C, Gas Stufe 2, garen. Den Deckel der Terrine abheben und die Oberfläche mit geschmolzenem Gänsefett bedecken. Gekühlt hält sich diese Terrine zwei Wochen lang.

Anrichten

Mit einem in heißes Wasser getauchten Löffel die Leberpastete in Portionen zerteilen. Mit gewürfeltem Gelee aus Geflügelfond garnieren, frisch gerösteten Toast dazu reichen.

Mein Weinvorschlag: Tokay-Pinot Gris 1983 von Jos Meyer aus Wintzenheim; ein ausdrucksvoller Wein mit gutem Bouquet, vollem Körper und perfekter Ausgewogenheit.

Selle de Chevreuil aux Champignons Sauvages

Rehrücken mit wilden Pilzen

Für acht Personen

1 Rehrücken von 2 kg
150 g Butter
2 EL Tomatenmark
1 bouquet garni
Salz und frisch gemahlener schwarzer Pfeffer
60 ml Cognac
150 ml crème fraîche
1 EL rotes Johannisbeergelee

Für die Marinade

1 Flasche Rotwein
1 gewürfelte Zwiebel
1 kleine, gewürfelte Karotte
1 Petersilienstengel
1 Zweig Thymian
½ Lorbeerblatt
1 Nelke
Etwas Rosmarin
6 Wacholderbeeren, zerdrückt

Zum Garnieren

4 Dessertäpfel, halbiert und entkernt
500 ml Weißwein
100 g Preiselbeeren oder Kronsbeeren aus dem Glas
250 g Pfifferlinge
30 g Butter

Marinieren des Rehrückens

Den Rehrücken ausbeinen und sauber zurechtschneiden. Die Filets in eine Marinade aus Rotwein mit Zwiebel, Karotte, Petersilie, Thymian, Lorbeerblatt, Nelke, Rosmarin und Wacholderbeeren legen. Über Nacht marinieren lassen.

Zubereitung des Wildfonds

Die abgeschnittenen Stücke vom Rehrücken in etwas Butter braten, dann die gewürfelte Zwiebel und Karotte aus der Marinade zugeben. Gut anbräunen lassen und die Marinade angießen. Das Tomatenmark und das *bouquet garni* zufügen und 1 Stunde im offenen Topf simmern lassen; von Zeit zu Zeit allen Schaum abschöpfen. Die Flüssigkeit durchseihen.

Garen der Filets und Zubereitung der Sauce

Die Rehfilets in acht dicke Scheiben schneiden und mit Salz und Pfeffer würzen. In etwas Butter 3 Minuten von jeder Seite braten, herausnehmen und warm stellen. Das Fleisch soll rosa bleiben.

Die Pfanne mit dem Cognac ablöschen, dann den Wildfond zugeben. Die *crème fraîche* unterrühren und sofort die verbleibende Butter untermischen. Johannisbeergelee zugeben und abschmecken.

Anrichten

Pochieren Sie die Apfelhälften 10 Minuten in Weißwein und erhitzen Sie die Preiselbeeren. Die Pfifferlinge leicht in Butter sautieren.
Den Rehrücken auf vorgewärmten Tellern anrichten und mit Sauce überziehen. Auf eine Seite eine Apfelhälfte legen und mit einem Löffel Beeren krönen. Die Pfifferlinge auf der anderen Seite anrichten.

Mein Weinvorschlag: Wasserstriwela.

Peches Haeberlin

Pfirsiche Haeberlin

Für acht Personen

8 Pfirsiche
375 g Zucker
600 ml Wasser
1 Vanilleschote
200 ml Schlagsahne zum Garnieren

Für das Pistazieneis

500 ml Milch
500 ml crème double
1 Vanilleschote
250 g Zucker
10 Eigelb
150 g frisch gemahlene Pistazien
2 Tropfen Bittermandelöl

Für das Champagnersabayon

8 Eigelb
150 g Zucker
½ Flasche Champagner

Pochieren der Pfirsiche

Einen Vanillesirup herstellen, indem Sie 350 g Zukker mit der Vanilleschote in dem Wasser auflösen. Zum Kochen bringen. 1 Minute kochen lassen. Abkühlen lassen, dann die Vanilleschote herausnehmen. Die Pfirsiche 10 Sekunden in kochendes Wasser tauchen, dann abziehen. 4 Minuten in Vanillesirup pochieren, herausnehmen und abkühlen lassen.

Zubereitung des Pistazieneises

Milch und Sahne mit der Vanilleschote und der Hälfte des Zuckers zum Kochen bringen.
In einer Schüssel die Eigelb mit dem restlichen Zukker verschlagen, dann die kochende Milch angießen. Zurück in den Topf geben und bei sehr geringer Hitze oder im Wasserbad unter ständigem Rühren erhitzen, bis die Mischung sämig wird.
Vom Feuer nehmen und die frisch gemahlenen Pistazien und ein paar Tropfen Bittermandelöl zugeben; abkühlen lassen. Wenn die Mischung erkaltet ist, in einem Eisbereiter oder im Tiefkühlfach gefrieren lassen; mehrmals umrühren, ehe die Masse erstarrt.

Zubereitung des Champagnersabayons

In einer Schüssel die Eigelb mit dem Zucker verschlagen, bis sie blaßgelb geworden sind. Den Champagner angießen. Im Wasserbad erhitzen und schlagen, bis die Masse andickt. Vom Feuer nehmen und weiterschlagen, bis sie kalt ist.

Anrichten

Jeden Pfirsich mit zwei Kugeln Pistazieneis auf einen flachen Teller geben. Champagnersabayon darübergießen. Die Sahne mit 25 g Zucker steif schlagen und jeden Teller mit etwas Schlagsahne garnieren.

Mein Weinvorschlag: Gewürztraminer Sélection des Grains Nobles 1983 Lorentz Bergheim, ein Wein, der ein Sauternes-ähnliches süßes Aroma hat, aber ein typisch elsässisches Bouquet.

Joël Robuchon

Jamin

32 Rue de Longchamp, 75116 Paris, Telefon: 0033-1-47271227

Joël Robuchon genießt einen Ruf, der weit über die Grenzen Frankreichs hinausgeht; er besitzt drei Michelin-Sterne und vier Kochmützen (19,5 Punkte) von Gault Millau – das können in der ganzen Welt nur elf Restaurants vorweisen. Für das Kochen begann er sich zu interessieren, als er in einem kleinen Seminar in Poitiers den Nonnen beim Kochen half; sein Vater war Steinmetz in Poitiers. Seine Lehre absolvierte Joël Robuchon im Relais de Poitiers in Chasseneuil du Poitou. Noch als unbekannter Küchenchef in der Provinz bemühte er sich, sich einen Namen zu machen, indem er an jedem nur möglichen Wettbewerb teilnahm. Sein Erfolg war herausragend: 1969 erhielt er den Prosper-Montagné-Preis, im folgenden Jahr den Pierre-Taittinger-Preis. 1976 war er Meilleur Ouvrier de France, und heute ist er im Besitz von neunzehn Medaillen. Nachdem er in verschiedenen Restaurants gearbeitet hatte, darunter vier Jahre als Küchenchef im Concorde Lafayette, wurde er Direktor im Hôtel Nikko. Hier entdeckte ihn Gault Millau, und er erhielt sofort zwei Kochmützen; Michelin folgte später mit zwei Sternen. 1982 eröffnete er mit dem Jamin sein eigenes Restaurant.

»Was folgt auf die nouvelle cuisine?*« Robuchons Antwort auf diese Frage wird als* la cuisine de grand-mère *(Großmutters Küche) bezeichnet. Der Mann, der ein Kartoffelpüree für die anspruchsvolle Küche wieder salonfähig gemacht hat, sieht den Fortschritt darin, zu den Werten der provinziellen Küche zurückzukehren. Diese sollte jedoch von den Erkenntnissen der modernen Kochkunst inspiriert sein: Frische der Produkte, erstklassige Qualität, perfektes Timing und große Aufmerksamkeit für die Harmonie der Aromen. »Eine einfache Botschaft muß triumphieren.«*

MENU

TARTE FRIANDE AUX TOMATES ET BASILIC
Tomatentörtchen mit Basilikum

VEAU CUIT A L'ETOUFFEE AUX OIGNONS
ET CHAMPIGNONS
Geschmortes Kalbfleisch mit Zwiebeln und Pilzen

POIRE CARAMELISEE AU GLACE DE MIEL
Karamelisierte Birnen mit Honigeis

Tarte Friande aux Tomates et Basilic

Tomatentörtchen mit Basilikum

Für vier Personen

3 kg große Tomaten
3 grüne, fleischige Paprikaschoten
1 große Zwiebel
150 g Butter
100 ml Olivenöl
Salz und frisch gemahlener schwarzer Pfeffer
4 Knoblauchzehen, geschält
1 bouquet garni
2 EL Tomatenmark
20 g Zucker
4 Scheiben Blätterteig
2 EL Basilikum, frisch gehackt
4 Zweige frischer Thymian, zerrieben

Vorbereiten der Gemüse

Die Tomaten nacheinander 10 Sekunden in kochendes Wasser tauchen. Dann in Eiswasser legen, häuten und vierteln und die Kerne entfernen.
Mit einem Ausstechmesser von 2,5 cm Durchmesser das Tomatenfleisch in runde Scheiben schneiden. Das restliche Fleisch zerdrücken und beiseite stellen.
Die Paprikaschoten von Stengeln und Kernen befreien und der Länge nach in drei Stücke schneiden. Mit demselben Ausstechmesser Kreise aus den Paprikaschoten schneiden. Diese 10 Sekunden in kochendem Wasser blanchieren, dann in Eiswasser legen, anschließend abtropfen lassen.

Zubereitung der Tomatensauce

Die Zwiebel fein hacken und mit 30 g Butter und 60 ml Olivenöl in einen Topf geben. Leicht salzen und bei milder Hitze unter ständigem Rühren 3–4 Minuten anschwitzen, ohne daß die Zwiebel Farbe annimmt.
Knoblauch, *bouquet garni,* das zerdrückte restliche Tomatenfleisch und das Tomatenmark zugeben. Mit Salz, Pfeffer und Zucker abschmecken. Unbedeckt nur leicht köcheln lassen, bis die Flüssigkeit verdampft ist, dann die Knoblauchzehen und das *bouquet garni* herausnehmen.

Herstellung der Törtchen

Aus Backpapier vier Kreise von je etwa 13 cm Durchmesser ausschneiden. Aus den Scheiben von Blätterteig 20 Kreise in der gleichen Größe ausschneiden. Einen Teigkreis auf ein Backblech legen, eine dünne Schicht weiche Butter darauf verstreichen, dann einen zweiten Kreis auflegen. Fortfahren, bis Sie fünf Schichten haben. Die Oberseite wird nicht gebuttert. Stellen Sie vier solche Stapel her, und stellen Sie das Backblech mit den Teigkreisen dann in den Kühlschrank.
Die restliche Butter zerlassen und damit großzügig die runden Scheiben von Tomaten und Paprikaschoten überziehen. Die Tomaten- und Paprikascheiben (diese mit der Haut nach oben) auf den vier Kreisen aus Backpapier arrangieren, und zwar so, daß sie sich kreisförmig überlappen und jeweils zwei Tomatenscheiben mit einer Paprikascheibe abwechseln. Kalt stellen, bis die Gemüse mit der Butterschicht auf dem Papier festkleben.

Backen und Anrichten

Die »Törtchen« aus Blätterteig im 200°C heißen Ofen (Gas Stufe 6) 10 Minuten backen, bis sie goldgelb sind. Vorsichtig die Tomatensauce wieder erwärmen, nochmals abschmecken, gehackte Basilikumblätter zugeben. Die Pastetenkreise mit der Tomatensauce bestreichen und diese mit dem Rücken eines Löffels oder Spatels gleichmäßig glätten. Die Papierkreise mit den Tomaten- und Paprikascheiben, die fest daran kleben, nehmen und umgekehrt auf die Pastetenscheiben legen. 8 Minuten backen (mit dem Papier). Danach das Papier abnehmen. Mit Salz und Pfeffer und geriebenem Thymian bestreuen und mit Olivenöl beträufeln. Auf vorgewärmten Tellern servieren.

Mein Weinvorschlag: Châteauneuf-du-Pape Blanc 1985 Propriétaire Paul Avril – Clos des Papes; ein abgerundeter Weißwein mit vollem Körper, dessen Aroma gut zu diesem Gericht paßt.

Tarte friande aux tomates et basilic

Veau cuit à l'étouffée aux oignons et champignons

Veau Cuit a l'Etouffee aux Oignons et Champignons

Geschmortes Kalbfleisch mit Zwiebeln und Pilzen

Für sechs Personen

2,5 kg Kalbsbrust
250 g Karotten
2 große Zwiebeln
250 g durchwachsener Speck, in streichholzfeine Streifen geschnitten
Salz und frisch gemahlener schwarzer Pfeffer
2 Kalbsfüße
60 ml Erdnußöl
90 g Butter
1 bouquet garni
500 ml brauner Kalbsfond (Seite 178)

Für die Gemüsegarnitur

210 g Butter
40 g Perlzwiebeln
1 TL Zucker
Salz und frisch gemahlener schwarzer Pfeffer
1 Schalotte, fein gehackt
400 g Pfifferlinge
1 EL gehackte, glatte Petersilie

Die Kalbsbrust ausbeinen, sauber zurechtschneiden, Fett abschneiden, abgeschnittene Stücke beiseite stellen. Die Karotten und die Zwiebeln in grobe Würfel von etwa 1 cm Länge schneiden. Die Speckstreifen mit Salz und Pfeffer würzen, dann mit einer Spicknadel den Speck in regelmäßigen Abständen in das Kalbfleisch einführen; dadurch wird es beim Schmoren nicht trocken. Die Kalbsfüße ausbeinen (das wird Ihr Fleischer für Sie machen, aber lassen Sie sich die Knochen geben). Die Füße in kochendem Wasser 30 Sekunden blanchieren, dann in Eiswasser geben und abtropfen lassen. Die Knochen mit den übrigen Kalbsknochen und Fleischabschnitten aufbewahren.

Schmoren des Kalbfleischs

Wählen Sie eine Kasserolle, in die das Kalbfleisch genau hineinpaßt und die einen fest schließenden Deckel hat. Das Öl und 20 g Butter darin erhitzen. Die Knochen und Fleischabschnitte und die gewürfelten Karotten und Zwiebeln hineingeben. Unter gelegentlichem Umrühren goldbraun braten. Aus dem Topf nehmen und beiseite stellen.
Weitere 70 g Butter in die Kasserolle geben und die gut gewürzte Kalbsbrust hineinlegen. Von beiden Seiten vorsichtig anbräunen, dabei darauf achten, daß die Butter nicht verbrennt. Wenn das Kalbfleisch schön braun ist, herausnehmen und die Knochen und die Gemüse wieder auf den Boden des Topfes geben, die Kalbsfüße und das bouquet garni drauflegen, obenauf die Kalbsbrust legen.
Die Kasserolle hermetisch verschließen. Bei 150°C, Gas Stufe 2, 5–6 Stunden lang schmoren, dabei häufig mit den austretenden Säften begießen und wieder dicht verschließen; der Garprozeß muß sehr langsam vor sich gehen. Wenn die Kalbsbrust gar ist, diese und die Kalbsfüße herausnehmen; warm stellen.

Zubereiten der Sauce

Das Fleisch von den Kalbsfüßen fein hacken und es wieder in die Kasserolle geben. Mit braunem Fond ablöschen, umrühren und leise simmern lassen, bis die Flüssigkeit um die Hälfte eingekocht und eine dicke, goldene, leicht sirupartige Sauce entstanden ist.

Garen der Gemüsegarnitur

Die Perlzwiebeln mit 1 TL Zucker, 90 g Butter und einer Prise Salz in einen Topf geben. Decken Sie diesen mit Ölpapier zu, in das Sie kleine Löcher gestochen haben, und lassen Sie die Zwiebeln zunächst 1 Minute bei starker Hitze garen. Dann umrühren und auf sehr geringe Hitze umschalten. Den Topf zudecken und 20 Minuten köcheln lassen, bis die Zwiebeln golden und glänzend sind.
Die Schalotte in einem kleinen Topf mit 20 g Butter und einer Prise Salz bei sehr geringer Hitze glasig werden, aber keine Farbe annehmen lassen, dann herausnehmen.
Die restliche Butter in einer Bratpfanne erhitzen. Wenn sie schön schaumig ist, die Pfifferlinge hineingeben. Bei starker Hitze unter ständigem Rühren 2 Minuten braten, dann mit Salz und Pfeffer würzen. Die Schalotte zugeben und weitere 30 Sekunden braten, dann die Zwiebeln hinzufügen und gut untermischen.

Fertigstellung

Den Bratensaft durch ein Sieb in einen Topf gießen und das gehackte Fleisch von den Kalbsfüßen dazugeben. Zum Kochen bringen.
Die Kalbsbrust in dünne Scheiben schneiden. Diese Scheiben so auf einer Servierplatte anrichten, daß sie sich leicht überlappen. Den heißen Bratensaft darübergießen. Etwas von den Pfifferlingen und Zwiebeln in die Mitte der Platte geben, den Rest rings um das Fleisch anrichten. Mit gehackter Petersilie bestreuen.

Mein Weinvorschlag: Margaux Château Labégorce-Zédé 1982 – ein Cru bourgeois; ein ausgezeichneter Margaux, delikat und mit vollem Körper, der trotz seiner Jugend von wunderbarer Weichheit ist.

Poire Caramelisee a la Glace de Miel

Karamelisierte Birnen mit Honigeis

Für vier Personen

2 große Dessertbirnen
200 g Zucker
200 ml Wasser
1 Zitrone
½ Vanilleschote
200 g Streuzucker (grober Kristallzucker)
8 Minzeblätter

Für das Honigeis

250 g Honig
4 Eigelb
250 ml Milch
150 ml Sahne

Für die Schokoladensauce

100 g Schokolade
100 ml Wasser
20 g Butter in Flöckchen

Zubereitung der Birnen

Stellen Sie einen Sirup her, indem Sie den Zucker in dem Wasser auflösen und dann 1 Minute kochen lassen. Die Birnen schälen und sie von der Blüte her mit Hilfe eines Apfelentkerners entkernen. Die Früchte großzügig mit Zitronensaft benetzen. Die halbe Vanilleschote spalten und mit den Birnen in den Sirup geben. Bei geringer Hitze dünsten, bis die Birnen gar, aber noch fest sind. Aus dem Topf nehmen, halbieren, abtropfen und erkalten lassen.

Zubereitung des Honigeises

Messen Sie den Honig ab – wärmen Sie ihn, falls nötig, leicht an, und lassen Sie ihn dann abkühlen. Den Honig mit den Eigelb verrühren, bis die Mischung dicklich und blaß ist. Die Milch zum Kochen bringen und unter Rühren über die Mischung gießen. Dann in den Topf zurückschütten und unter ständigem Rühren bei geringer Hitze andicken lassen. Die Mischung ist fertig, wenn ein über den Rükken des Holzlöffels gezogener Finger eine deutliche Spur hinterläßt. Abkühlen lassen, dann die Sahne zugeben.
In einem Eisbereiter oder im Tiefkühlfach gefrieren lassen, mehrmals umrühren, ehe die Masse erstarrt.

Zubereitung der Schokoladensauce

Die Schokolade grob raspeln und zu dem in einem Topf kochenden Wasser geben. Rühren, bis sie geschmolzen ist, dann unter ständigem Rühren wieder zum Kochen bringen. Den Topf vom Feuer nehmen. Im letzten Augenblick vor dem Servieren die Butterflöckchen unterschlagen, um die Sauce glänzen zu lassen.

Anrichten

Schneiden Sie die vier halben Birnen quer in dünne Scheiben und setzen Sie sie dann wieder zusammen. Mit Zucker bestreuen und diesen kurz unter dem Grill karamelisieren.
In die Mitte von vier vorgewärmten Desserttellern Schokoladensauce löffeln. In die Mitte eine Birnenhälfte legen, zwei Minzeblätter anstelle des Stengels anrichten. Mit einem Löffel zwei lange, gerollte Streifen Honigeis ausstechen und zu beiden Seiten der Birnenhälfte arrangieren.

Mein Weinvorschlag: Muscat de Baumes de Venise 1985 von Castaud-Morin, Domaine des Bernadins. Dieser Wein ist aus der kleinen Muscat-Traube und von Natur aus süß, harmonisch und fruchtig – trinken Sie ihn gut gekühlt.

Poire caramelisée au glace de miel

Das Käse-Tablett im Jamin

Servietten im Jamin

Georges Blanc

GEORGES BLANC

01540 Vonnas, Telefon: 0033-74-500010

Als Enkel von La Mère Blanc geboren zu werden, die von Curnonsky als »beste Köchin der Welt« gefeiert wurde, war ein guter Start für Georges Blanc. Doch war es sein eigenes Talent als Küchenchef, das dem Familienrestaurant, das nun seinen Namen trägt, drei Michelin-Sterne und 19,5 von 20 Punkten des Gault-Millau-Führers einbrachte. Das Lokal in Vonnas/Bresse, der Heimat des berühmtesten Geflügels der Welt, war ursprünglich ein Gasthaus für Bauern, die dort zum Markt kamen. Elisa Blanc machte das Restaurant unter Feinschmeckern bekannt. Ihre Küche war eine cuisine du terroir; *einfach, ehrlich, mit Liebe und Perfektion gemacht. Sie verwendete ausschließlich regionale Produkte von erstklassiger Qualität. Diese Tradition ging auf die Ehefrau ihres ältesten Sohnes über und später auf Georges, der 1965 in das Geschäft der Familie eintrat und 1968 das Restaurant übernahm. Seine Laufbahn stand nie in Zweifel; er besuchte die Hotelfachschule und leistete seinen Militärdienst (wo er auf der* Foch *und der* Clémenceau *für den Admiral kochte), um anschließend bei seiner Mutter zu arbeiten. Nach dem Krieg kam das Restaurant immer mehr in Mode, und Georges Blanc brachte es als Küchenchef zu neuem Ruhm; 1975 wurde er Maître Cuisinier de France. Er fühlt sich der Tradition so sehr verbunden, daß einige der berühmten alten Gerichte noch immer serviert werden – drei davon lernen Sie hier kennen. Es ist ihm gelungen, sie mit neuen Ideen anzureichern und weiterzuentwickeln. Michelin honorierte seine Leistung im Jahre 1981 mit dem dritten Stern. Ihm haben wir darüber hinaus viele Anregungen zur Förderung der französischen Küche im Ausland zu verdanken.*

MENU

CUISSES DE GRENOUILLES SAUTEES COMME EN DOMBES

Sautierte Froschschenkel nach Art von Dombes

FRICASSEE DE POULET DE BRESSE A LA CREME GRAND-MERE BLANC AVEC CREPES VONNASSIENNES

Frikassee vom Bresse-Huhn nach Art der Großmutter Blanc mit Vonnas-Pfannkuchen

TARTE AU CHOCOLAT AMER

Schokoladenkuchen

Cuisses de Grenouilles Sautees comme en Dombes

Sautierte Froschschenkel nach Art von Dombes

Für vier Personen

800 g frische Froschschenkel, möglichst nicht zu groß (etwa 7–10 Schenkel pro Person)
Mehl
400 g Butter
Salz und frisch gemahlener schwarzer Pfeffer
2 EL Petersilie, fein gehackt
1 Knoblauchzehe, fein gehackt

Die enthäuteten Froschschenkel in reichlich kaltem Wasser waschen. Unmittelbar vor dem Garen leicht in Mehl wälzen, wie Sie es bei gebratenem Fisch *Müllerin* tun würden.

Pro Portion 80 g Butter in einer oder zwei großen dünnbödigen Bratpfannen bei starker Hitze zerlassen. Die Froschschenkel sofort hineingeben, die Pfannen gut füllen. Mit Salz und Pfeffer würzen. Sobald sie braun zu werden beginnen, nacheinander umdrehen. Die Hitze verringern und weiter braten, bis sie ringsum goldbraun sind. Während des Bratens ständig beobachten, denn das Braten von Froschschenkeln in Butter ist eine heikle Angelegenheit; wichtig ist, daß sie nicht austrocknen. Geben Sie etwas frische Butter zu, wenn die Butter, in der sie garen, braun zu werden beginnt.

Anrichten

Die Froschschenkel auf einer sehr heißen, emaillierten Fischplatte anrichten. Die restliche Butter zergehen lassen und darübergießen. Petersilie und Knoblauch vermischen und darüberstreuen. Sofort servieren.

Mein Weinvorschlag: Mâcon Quintaine von Thévenet; einer der besten Chardonnay-Weine, der auf dem außergewöhnlichen Boden der Quintaine wächst, trocken und fruchtig, vollmundig.

Fricassee de Poulet de Bresse a la Creme Grand-Mere Blanc avec Crepes Vonnassiennes

Frikassee vom Bresse-Huhn nach Art der Großmutter Blanc mit Vonnas-Pfannkuchen

Dieses natürliche, traditionelle Rezept aus der Bresse ist besonders schlicht. Wenn das Geflügel von wirklich guter Qualität ist – wie in der Bresse, wo die Vögel die Bezeichnung *appellation contrôlée* tragen –, brauchen Sie keinen Geflügelfond als Kochflüssigkeit. Das zerteilte Huhn und die Säfte, die beim Braten austreten, werden der Sauce ihr delikates Aroma mitteilen.

Für vier Personen

1 Bresse-Huhn von etwa 1,8 kg
150 g Butter
Salz und frisch gemahlener schwarzer Pfeffer
2–3 EL Mehl
500 g crème double
3 Eigelb
½ Zitrone
1 ganze Zwiebel, mit einer Knoblauchzehe gespickt
1 Knoblauchzehe, geschält
1 kleiner Thymianzweig
½ Lorbeerblatt

Zerteilen des Huhns

Das Huhn mit einem starken Messer zerteilen; zunächst die Beine abtrennen und in Unter- und Oberschenkel zerlegen. Die beiden Flügel abtrennen und die Spitzen abschneiden. Die Karkasse der Länge nach teilen, die Brüste abschneiden und halbieren. Karkasse, Hals und Flügelspitzen beiseite stellen.

Zubereitung des Frikassees

Reichlich Butter in eine große Bratpfanne geben und bei starker Hitze zerlassen. Die Hühnerteile in die Pfanne geben und gut mit Salz und Pfeffer würzen. Leicht anbräunen lassen, dann umdrehen und von allen Seiten goldgelb werden lassen. Die Zwiebel, Knoblauchzehe und Gewürze zugeben, die Karkassenteile ebenfalls zugeben. Etwas Butter mit Mehl verkneten und in die Pfanne geben, leicht anbräunen lassen. Dann genug Wasser einfüllen, damit die Hühnerteile gut bedeckt sind. Das Wasser zum Kochen bringen, umrühren, damit alle Säfte sich vermischen. Die Pfanne zudecken, die Hitze verringern und das Huhn je nach Größe ca. 30 Minuten simmern lassen. Nach dem Ende der Garzeit die Hühnerteile mit einer Fleischgabel in eine andere Pfanne geben, um die Sauce fertigzustellen.

Fertigstellen der Sauce

Die Sauce durch ein feines Sieb auf die Hühnerteile gießen und vorsichtig erhitzen. Sahne und Eigelb vermischen und unter die Sauce rühren. Heiß werden, aber nicht mehr kochen lassen. Wenn die Konsistenz der Sauce es erfordert, noch etwas Wasser oder Sahne zugeben. Abschmecken und mit einem Spritzer Zitronensaft abrunden. Sofort in einer großen Schüssel servieren, entweder allein oder mit kreolischem Reis oder Vonnas-Pfannkuchen.

Mein Weinvorschlag: Morgon, Château de Bellevue aus der Domaine Princesse Lieven; ein Grand Cru-Beaujolais, der ein typisches Beispiel für diese *appellation* ist. »Il morgonne«, wie er genannt wird, paßt sehr gut zu diesem traditionellen regionalen Gericht.

Crepes Vonnassiennes

Vonnas-Pfannkuchen

Die Pfannkuchen der berühmten Mère Blanc werden im Restaurant ihres Enkels noch immer serviert. Man kann sie als salzige Beilage zu Huhn oder Fleisch essen (wie hier), man kann sie aber auch mit braunem Zucker bestreuen und als süßen Gang servieren.

Für sechs Personen

500 g Kartoffeln
400 g Butter
Salz
3 EL Mehl
3 ganze Eier
4 Eiweiß
50 ml Milch
3 EL crème double

Die Butter klären

Die gewürfelte Butter in einem Topf erhitzen, den Schaum abschöpfen, sobald er aufsteigt. Wenn die Butter geschmolzen ist, durch ein mit Mull ausgelegtes Sieb gießen, um den Satz zu entfernen, der sich auf dem Topfboden gesammelt hat. (Dieser schmeckt in starkem Käse ausgezeichnet, doch das Kasein verbrennt bei hohen Gartemperaturen.) Sie erhalten etwa 300 g geklärte Butter. Diese kann in Steinguttöpfen aufgehoben oder weiterverwendet werden.

Zubereitung des Pfannkuchenteiges

Die geschälten Kartoffeln in Salzwasser kochen und dann pürieren, falls nötig, etwas Milch zugeben. In der Rührschüssel abkühlen lassen. Mit einem Holzlöffel das Mehl unterrühren, dann nacheinander die ganzen Eier und die Eiweiß (nicht schlagen!) zugeben. Eventuell nachsalzen. Vorsichtig, ohne den Teig zu stark zu rühren, die Milch und die Sahne zugeben. Der Teig soll sehr dickflüssig sein. Er kann bereits am Vortag zubereitet werden.

Braten der Pfannkuchen

Eine große Bratpfanne mit flachem Boden erhitzen und die Menge Butter darin zerlassen, die Sie für ein Omelett verwenden würden. Bei starker Hitze jeweils etwa einen ¾ EL Teig hineingeben und knusprig werden lassen. In einer Pfanne mittlerer Größe können Sie 6–7 Pfannküchlein gleichzeitig braten – sie garen sehr rasch; einmal wenden. Auf einer Servierplatte anrichten und sehr heiß servieren.

TARTE AU CHOCOLAT AMER

Schokoladenkuchen

Für vier Personen

120 g Kochschokolade
100 g Butter
50 g Mehl
150 g Zucker
4 Eier

Für die dunkle Glasur

100 g Zartbitterschokolade
20 g Butter
80 g Schlagsahne
Kakaopulver (ungesüßt)

Zubereitung des Kuchens

Schokolade und Butter im *bain-marie* schmelzen lassen. In einer großen Schüssel Mehl, Zucker und die Eier vermischen. Die geschmolzene Schokolade hineingeben und mit einem Holzlöffel 10 Minuten rühren. Die Masse sollte schön glatt und dick sein und am Holzlöffel haften bleiben. In eine gefettete *moule à manqué* geben (eine etwa 3 cm tiefe Kuchenform mit schrägen Seiten). Bei 200°C, Gas Stufe 6, 30 Minuten backen. Mit einer Nadel prüfen, ob der Kuchen gar ist – die Nadel sollte sauber herauskommen. Auf ein Kuchengitter stürzen und langsam erkalten lassen.

Zubereitung der Glasur

Schokolade und Butter im *bain-marie* schmelzen. Die kochende Sahne zugeben und kräftig rühren, bis eine glatte Paste entsteht. Mit einem metallenen Palettmesser Seiten und Oberfläche des kalten Kuchens mit dieser Schokoladencreme bestreichen. Diese etwas erstarren lassen, dann mit dem Rücken eines langen Messers Portionen auf den Kuchen zeichnen. Mit Kakaopulver bestreuen. Der Kuchen kann auch einfacher serviert werden, ohne Schokoladenglasur, nur mit Puderzucker bestreut.

Mein Weinvorschlag: Madeira 1971.

Pierre Gagnaire

Pierre Gagnaire

3 Rue Georges-Teissier, 62000 St-Etienne, Telefon: 0033-77-375793

Während der Buchmesse in St-Etienne im Jahre 1987 trafen sich elf Küchenchefs mit dreißig Michelin-Sternen in Paul Gagnaires Restaurant. Es war ein stolzer Augenblick für den Gastgeber, der für jene europäischen Meisterköche kochte, die auch Autoren waren.
Pierre Gagnaire wurde in einem Loire-Dorf in einer Familie von Wirtsleuten geboren – seine Eltern und Großeltern führten jahrelang ein Restaurant auf dem Lande. Und da er der älteste Sohn war, lag es auf der Hand, daß auch er dieses Metier ergreifen sollte. Er begann mit der Arbeit, aber ohne besondere Begeisterung, bis er in Lyon bei Jean Vignard in die Lehre ging, einem der Lehrer von Alain Chapel. »Dann bei Alain Chapel hatte ich mein erstes großes Kocherlebnis. Plötzlich erkannte ich, daß ich kochen wollte – wie ich dabei empfand.« Nachdem er kurz bei Mère Lyonnaise und Tante Alice gearbeitet hatte, leistete er seinen Militärdienst bei der Marine ab (als Koch an Bord eines Flagschiffes). Dann folgte Paris mit dem Intercontinental und dem Lucas Carton, schließlich Maxim's d'Orly, ehe er 1975 Küchenchef im La Bastide in Tourtour wurde, einem berühmten Gasthaus an der Côte d'Azur. 1976 übernahm er den Familienbetrieb in St-Priest-en-Jarez und verlegte ihn 1981, als er dreißig Jahre alt war, nach St-Etienne. Das Restaurant liegt in einer kleinen Straße im Stadtzentrum und wurde von seiner Frau Gabrielle ausgestattet; es ist modern und hell und mit Blumen und zeitgenössischen Gemälden dekoriert, die »gut zu meiner Küche passen«. Zwei Michelin-Sterne, der erste 1983, der zweite 1986, bezeugen seine große Begabung.

MENU

ASSIETTE D'HUITRES ET SAUMON FRAIS A LA BETTERAVE ROUGE

Austern und frischer Lachs mit roten Beten

SUPREME DE PINTADE AUX HUIT EPICES, SALADE DE FRUITS SECS

Perlhuhnbrüste mit acht Gewürzen und Salat aus Trockenfrüchten

SOUPE SOUFFLEE AU CHOCOLAT NOIR, GANACHE TIEDE

Schokoladensoufflé mit warmer Schokoladensauce

ASSIETTE D'HUITRES ET SAUMON FRAIS A LA BETTERAVE ROUGE

Austern und frischer Lachs mit roten Beten

Für vier Personen

24 Austern Größe 0
120 g frischer Lachs
Salz und frisch gemahlener schwarzer Pfeffer
120 gekochte, rote Bete, gewürfelt
1 Chicoréestange
2–3 EL Olivenöl
100 g Butter
3 Schalotten, fein gehackt
5 EL trockener Weißwein
½ TL gehackter Schnittlauch
Saft von 1 Zitrone

Die Austern öffnen, dabei die Flüssigkeit auffangen, und aus den Schalen nehmen. Den Lachs in dominosteingroße Stücke schneiden und leicht würzen. Austern und Lachs auf vier tiefe Teller verteilen und mit gewürfelter roter Bete bestreuen.
Alle Blätter vom Chicorée zupfen, aufeinanderlegen und quer in feine Streifen schneiden. Diese leicht mit Olivenöl, Salz und Pfeffer würzen.

Zubereitung der Sauce

In einem kleinen Topf mit schwerem Boden 15 g Butter zerlassen. Die gehackten Schalotten zugeben und weich werden lassen. Die aufgefangene Austernflüssigkeit und Weißwein angießen. Zum Kochen bringen. Die restliche Butter nach und nach unterschlagen. Schnittlauch und Zitronensaft zufügen und 40 Sekunden kochen, dann vom Feuer nehmen. In eine kalte Sauciere umschütten.

Anrichten

Gießen Sie die Sauce – sie sollte weder heiß noch kalt, sondern warm sein – auf vier Teller, und bestreuen Sie sie mit den Chicoréestreifen. Servieren Sie diese zusammen mit den tiefen Tellern mit den Meeresfrüchten, und essen Sie beides zusammen.

Mein Weinvorschlag: Ein Condrieu, ein lokaler Wein aus der nördlichen Rhône-Gegend.

SUPREME DE PINTADE AUX HUIT EPICES, SALADE DE FRUITS SECS

Perlhuhnbrüste mit acht Gewürzen und Salat aus Trockenfrüchten

Für vier Personen

2 Perlhühner von je 800 g
Salz und frisch gemahlener schwarzer Pfeffer
1 EL Erdnußöl
15 g Butter
10 ml crème fraîche

Für die Marinade

1 Prise Zimt
2 Prisen Currypulver
1 Prise Kümmel
2 Prisen Paprika
10 Koriandersamen, zerdrückt
4 Kardamomsamen aus der Kapsel
2 Nelken
150 ml Joghurt

Für den Fond

1 EL Erdnußöl
3 Schalotten, gerieben
1 kleine Zwiebel, fein gehackt
1 Karotte, gehackt
1 Zweig Thymian
¼ Hühnerbrühwürfel
20 ml roter Portwein

Für den Fruchtsalat

15 g grüne Walnüsse
20 g getrocknete Aprikosen, in Streifen geschnitten
20 g getrocknete Feigen, in Streifen geschnitten
15 g Mandeln, geröstet
15 g Cashew-Kerne, geröstet und zerstoßen
80 ml Joghurt
2 EL Schlagsahne
Saft von 1 Zitrone

Bitten Sie den Metzger, die Brüste der beiden Vögel auszulösen und die Schenkel zu entbeinen.
Alle Gewürze zu Pulver zerstoßen, Joghurt zugeben, salzen und pfeffern und die Perlhuhnbrüste mit der Mischung bestreichen. Über Nacht kühl stellen.

Zubereitung des Fonds

Karkasse und Beine zerteilen und in einer schweren Pfanne in dem Erdnußöl sautieren. Wenn die Knochen gut gebräunt sind, Schalotten, Zwiebel, Karotte, Thymianzweig und Hühnerbrühwürfel zugeben. Den Portwein und genügend Wasser angießen, um alles zu bedecken. 50 Minuten leise simmern lassen, dann durchseihen.

Zubereitung der Perlhuhnbrüste

Alle Früchte und Nüsse mit dem Joghurt, der geschlagenen Sahne und dem Zitronensaft vermischen. Kalt stellen.
Die Perlhuhnbrüste rasch in dem Öl und der Butter braten, bis sie Farbe angenommen haben, dann so viel von dem Sud angießen, daß sie gerade bedeckt sind, *crème fraîche* hinzufügen. Weitere 10 Minuten garen. Wenn zuviel Flüssigkeit in der Pfanne ist, die Perlhuhnbrüste herausnehmen, warmstellen und die Sauce noch etwas einkochen lassen. Abschmecken und nachwürzen.
Gleichzeitig kann das Fleisch der Schenkel gegrillt und später mit dem Käse serviert werden.

Anrichten

Servieren Sie die Brüste auf einem Teller neben dem Fruchtsalat. Überziehen Sie sie mit etwas Sauce, und reichen Sie die restliche Sauce in einer Sauciere dazu.

Mein Weinvorschlag: St-Joseph Luiz Cheze; dieser Wein ist von rubinroter Farbe und duftet nach schwarzen Johannisbeeren, hat aber weniger Tannin und ist weniger prononciert im Geschmack als die Hermitage-Weine, der Lage gegenüber.

Anmerkung des Küchenchefs: Die Perlhuhnschenkel können auf einem kleinen Salat mit zwei attraktiven Käsesorten serviert werden. Kochen Sie eine Kartoffel (nicht zu groß) in Salzwasser, schälen Sie sie, und schneiden Sie sie in vier saubere Scheiben (oberes und unteres Ende weglassen). Schneiden Sie vier geputzte Champignons in kleine Würfel. Geben Sie diese mit der abgeschnittenen Kresse aus einer Schachtel in eine Schüssel. Mit 3 EL Nußöl anmachen und leicht würzen. Auf vier Tellern anrichten. Eine dünne Scheibe *Fourme de montbrison* in Streifen schneiden und rings um die Salate bröseln. In einer sehr heißen Pfanne zwei *Rigottes de condrieu* in etwas Olivenöl sautieren. Die Käse halbieren und mit der Schnittseite nach unten auf dem Salat arrangieren. Die Perlhuhnschenkel gut grillen und auf den Salaten anrichten. Mit Weißbrot servieren.

Soupe Soufflee au Chocolat Noir, Ganache Tiede

Schokoladensoufflé mit warmer Schokoladensauce

Für vier Personen

80 g Bitterschokolade, geschmolzen
8 Eier, getrennt
4 EL Zucker
2 EL Cognac
Geschmolzene Butter und Zucker für die Schalen

Für die Sauce

60 g Bitterschokolade
80 g Schlagsahne

Zubereitung des Schokoladensoufflés

Vier feuerfeste Dessertschalen vorbereiten, indem Sie sie mit geschmolzener Butter ausstreichen, mit Zukker bestreuen und den überschüssigen Zucker abklopfen.
Die Schokolade über heißem Wasser zerlassen. Eine Rührschüssel gut vorwärmen, dann darin die Eigelb, den Zucker und den Cognac verschlagen. Die geschmolzene Schokolade unterrühren.
Die Eiweiß nicht zu steif schlagen, dann mit einem Schneebesen unter die Schokoladenmischung heben – Sie brauchen dabei nicht besonders vorsichtig zu sein.
Die Dessertschalen füllen und im Ofen bei 220°C, Gas Stufe 7, 6–7 Minuten lang backen; die Mitte sollte noch weich und fast flüssig sein.

Zubereitung der Ganache-Sauce

Die Schokolade schmelzen und unter die kochende Sahne rühren. Warm stellen, bis das Soufflé fertig ist.

Anrichten

Das Soufflé mit Puderzucker bestreuen. Einen Löffel Sauce in die Mitte geben und sofort servieren. Das Soufflé kann auch mit frischen Erdbeeren gereicht werden, die mit etwas Sahne vermischt sind.

Mein Weinvorschlag: Gewürztraminer Grains Nobles, Clos des Capucins aus der Domaine Weinbach der Madame Faller. – *»C'est absolument extraordinaire!«*

Antoine Westermann

BUEREHIESEL

4 Parc de l'Orangerie, 67000 Strasbourg, Telefon: 0033-88-61 62 24

Das Bahnhofsrestaurant in Straßburg war der Ort, an dem der vierzehnjährige Antoine Westermann zu kochen begann. Er wurde in Wissembourg direkt an der französisch-deutschen Grenze geboren und wollte schon als Kind Koch werden, obwohl es keine Küchenchefs in der Familie gab, nur gute Köche und eine Tante, die Haushälterin bei einem Priester war. Er besuchte die örtliche Hotelfachschule, und nach einem Jahr bekam er die erste Gelegenheit, als Koch zu arbeiten. Zwei Jahre war er in verschiedenen Restaurants tätig, um seine Kenntnisse zu erweitern, darunter bei Feyel in Straßburg, einem Spezialisten für Gänseleber. Seinen Militärdienst verbrachte er angenehm als Koch des militärischen Generalgouverneurs in Straßburg, einer von Frankreichs größten Feinschmeckerstädten; weitere Erfahrungen sammelte er in Deutschland und in Paris.

1970 kaufte er zusammen mit seiner Frau Viviane das Buerehiesel – »Bauernhäuschen« –, ein typisch elsässisches Haus mit wunderbarem Fachwerk und Schnitzereien, das im hübschen Garten des Orangerie-Parks liegt. Hier wurde sein Talent 1975 mit dem ersten Michelin-Stern ausgezeichnet; den zweiten erhielt er neun Jahre später. Wie viele der Köche der neuen Generation mit einer tadellosen klassischen Ausbildung zieht er es heute vor, erfinderisch und phantasievoll zu kochen. Dabei läßt er sich von den traditionellen elsässischen Rezepten inspirieren. Antoine Westermann wird dafür sorgen, daß das Buerehiesel als Glanzlicht der elsässischen und europäischen Gastronomie noch lange erhalten bleibt.

MENU

TERRINE DE CHEVREUIL AU FOIE GRAS DE CANARD,
AU CELERI ET AU JUS DE TRUFFES

Rehterrine mit Entenstopfleber, Sellerie und Trüffelsaft

LE BAEKEOFFE D'AGNEAU AUX LEGUMES
CONFITS

Baeckeoffe

PETITES CREPES CROUSTILLANTES AUX
COINGS, GLACE A LA VANILLE

*Knusprige Pfannküchlein mit Quitten
und Vanilleeis*

Terrine de Chevreuil au Foie Gras de Canard, au Celeri et au Jus de Truffes

Rehterrine mit Entenstopfleber, Sellerie und Trüffelsaft

Für sechs Personen

250 g Entenstopfleber, gründlich gesäubert (siehe Glossar)
Salz und frisch gemahlener schwarzer Pfeffer
250 g Rehfilet, in 1 cm dicke Streifen geschnitten
1 kleine Sellerieknolle (400 g)
250 ml Pinot Noir d'Alsace
Etwa 1 EL Erdnußöl
½ Zitrone
Ein paar Kerbelzweige
2 EL Trüffelsaft
Getoastetes Landbrot

Für den Wildfond

200 g Rehknochen
½ Kalbsfuß, zerteilt
60 g Karotten, gehackt
60 g Zwiebeln
½ Lorbeerblatt
1 Zweig Thymian
2 Wacholderbeeren, zerdrückt
2 EL Erdnußöl
250 ml Pinot Noir d'Alsace
500 ml Wasser

Vorbereitung der Entenstopfleber

Drei Tage im voraus die Entenstopfleber säubern und mit Salz und Pfeffer würzen. 12 Stunden kühl stellen. Die Leber in eine kleine Terrine, in die sie genau hineinpaßt, geben und im Wasserbad im Backofen bei 60°C, Gas kleine Flamme, 30 Minuten garen. Abkühlen lassen, leicht zusammendrücken und kalt stellen.

Zubereitung von Rehfleisch und Wildfond

Am nächsten Tag das Rehfleisch würzen und die Streifen dann von jeder Seite 20 Sekunden in etwas Fett der *foie gras* braten, das Sie nach dem Garen von der Entenleber abgeschöpft haben. Auf Küchenkrepp abtropfen und abkühlen lassen.
Die Rehknochen, den Kalbsfuß, die Gemüse und Kräuter in Erdnußöl gut anbräunen. Mit dem Pinot Noir und Wasser aufgießen, würzen und 3 Stunden leise köcheln lassen; dabei gelegentlich den Schaum abschöpfen. Die Flüssigkeit sollte klar bleiben und noch etwa die Hälfte der ursprünglichen Menge ausmachen.

Abschmecken, dann durch ein mit Mull ausgelegtes Sieb gießen; einige Stunden abkühlen lassen, bis die Brühe geliert, dann alles Fett von der Oberfläche abschöpfen.

Zusammenstellen der Terrine

Mit einem Gemüsehobel 20 hauchdünne Scheiben von der Sellerieknolle schneiden. Den Pinot Noir in einen Topf gießen. Sellerie würzen und 30 Sekunden darin blanchieren. Die Scheiben sofort auf Küchenkrepp abtropfen lassen.
Die Entenleber in Streifen von der gleichen Größe wie die Streifen vom Rehfilet schneiden. Eine 850 ml fassende Terrine mit einem so großen Stück Frischhaltefolie auslegen, daß es an den Rändern etwa 2 cm übersteht. Einige Selleriescheiben auf dem Boden und an den Seiten arrangieren, die restlichen Scheiben beiseite stellen.
Die Streifen von Entenleber und Rehfilet abwechselnd so in die Terrine legen, daß sich beim Anschneiden ein Schachbrettmuster ergibt. Das Gelee schmelzen und nach jeder Schicht 2 EL darübergeben. Die Terrine mit einer dünnen Schicht Sellerie abschließen. Die Folie nach innen falten und mit einem Brett beschweren. Die restliche Geleeflüssigkeit auf einen flachen Teller gießen. Mindestens 12 Stunden kalt stellen. Dann das Gelee stürzen und mit einem langen Messer in kleine Würfel schneiden.

Anrichten

Im letzten Augenblick die Selleriescheiben in streichholzfeine Streifen (Julienne) schneiden, mit Salz, Pfeffer, einem Tropfen Zitronensaft und Öl würzen.
Die Terrine mit Hilfe der Folie vorsichtig aus der Form nehmen.
Ein Messer mit dünner Klinge in heißes Wasser tauchen, dann für jede Person zwei dünne Scheiben von der Terrine abschneiden und in die Mitte eines Tellers legen. Abwechselnd mit Selleriestreifen, Geleewürfeln und Kerbelzweigen umlegen. Trüffelsaft und ein paar Tropfen Öl über die Terrinenscheiben träufeln. Sofort mit getoastetem Landbrot servieren.

Mein Weinvorschlag: Riesling Moenchberg Grand Cru 1983 Andlau, ein hervorragend feiner Wein mit fruchtigem Bouquet und einem Aroma von Limone und Iris.

LE BAEKEOFFE D'AGNEAU AUX LEGUMES CONFITS

Baeckeoffe

Ein klassisches elsässisches Gericht aus Fleisch und Gemüse, in Wein mariniert

Für sechs Personen

2 kg Lammschulter, entbeint
400 g Karotten
400 g kleine, weiße Rübchen (Navet oder Teutlower)
1 kg kleine Kartoffeln, vorzugsweise Rosenwald
500 g Lauch
24 Knoblauchzehen
24 Schalotten
Salz und frisch gemahlener schwarzer Pfeffer
20 g Koriandersamen, zerdrückt
1 Schweinsfuß in 6 Stücken
70 cl Riesling
2 Thymianzweige
2 Nelken
1 Lorbeerblatt
60 g Petersilie, gehackt
Grüner Salat als Beilage

Marinieren der Kasserolle

Das Lammfleisch in Würfel von 4 cm Seitenlänge schneiden und würzen. Die Karotten und Rübchen schälen und in 3 × 1 cm große Streifen schneiden. Die Kartoffeln schälen und der Länge nach durchschneiden. Das Weiße von den Lauchstangen in 3 cm große Stücke schneiden. Knoblauchzehen und Schalotten häuten. Alle Gemüse würzen und mit Koriander bestreuen.
Eine Keramikterrine mit den Stücken vom Schweinsfuß auslegen, dann abwechselnd Schichten von Fleisch und Gemüse darauf legen. Mit Riesling bedekken, Thymian, Nelken, Lorbeerblatt und Petersilie zugeben. Die Terrine mit Alufolie verschließen und den Deckel wieder auflegen. Mindestens 12 Stunden marinieren lassen.

Fertigstellen der Kasserolle

Die Form im Ofen bei 200°C, Gas Stufe 6, etwa 4 Stunden garen lassen. Der Weißwein sollte sich um die Hälfte verringert haben. Reichen Sie das Gericht in der Keramikterrine, nur begleitet von einem grünen Salat.

Mein Weinvorschlag: Tokay Pinot Gris Saint Landelin 1985 Rouffach, ein vollmundiger Wein von schöner goldener Farbe und mit einem Aroma von Pfirsichen und kandierten Früchten.

PETITES CREPES CROUSTILLANTES AUX COINGS, GLACE A LA VANILLE

Knusprige Pfannküchlein mit Quitten und Vanilleeis

Für sechs Personen

1,5 kg Quitten
50 g Butter
85 g Zucker
Saft von ½ Zitrone
Vanilleeis (Seite 201)

Für die Pfannküchlein

160 g Mehl
3 Eier
500 ml Milch
60 g Zucker
50 g Butter
50 g Puderzucker

Zubereitung der Pfannküchlein

Das Mehl in eine Schüssel geben und die Eier unterschlagen; Milch und Zucker einrühren, bis ein glatter Teig entsteht. Die Butter erhitzen, bis sie sich golden färbt, und ebenfalls unterrühren. Eine Stunde stehenlassen, durch ein feines Sieb passieren. Einige sehr dünne Pfannkuchen machen. Mit einer Ausstechform von 4 cm Durchmesser 36 Scheiben ausstechen. Diese auf ein Backblech legen und im Ofen bei 70°C, Gas kleine Hitze, 2 Stunden trocknen.

Zubereiten der Quitten

Früchte schälen und drei Viertel von ihnen würfeln. In einem Topf mit Deckel mit der Butter, 60 g Zucker und dem Zitronensaft garen, ab und zu den Topf schütteln, bis die Früchte gar sind.
Die restlichen Früchte hacken, mit dem restlichen Zucker und Zitronensaft vermischen, pürieren und beiseite stellen.

Fertigstellen und Servieren der Pfannkuchen

Die Pfannküchlein mit Puderzucker bestreuen und unter dem Grill von beiden Seiten überglänzen. Sechs Küchlein aufeinanderschichten, jeweils einen Löffel warmes Quittenpüree zwischen jede Schicht geben. Auf einem Teller plazieren, mit warmen Quittenstückchen umlegen, in die Mitte eine Kugel Vanilleeis setzen.

Mein Weinvorschlag: Gewürztraminer Spätlese 1983 Husseren Les Châteaux; ein reifer Wein mit vollem Körper, sehr fruchtig, mit einem Aroma von Zimt, Nelken und Pfeffer.

Italien

Nicht zwei Italiener kochen gleich – und alle wetteifern mit ihren Müttern!
In einem Land mit einer Vielfalt von kulinarischen Traditionen läßt sich
jeder Küchenchef von den Gerichten seiner eigenen Region inspirieren.

Pierantonio Ambrosi

Vecchia Lugana

Via Vecchia Lugana, 25019 Colombare di Sirmione, Telefon: 0039-30-91 90 12

In einer ruhigen Ecke am Ufer des Gardasees besitzen Pierantonio Ambrosis Eltern ein Hotel mit einer 1300 Jahre alten Geschichte. Vielleicht, weil Kinder von Hoteliers die Mühen des Lebens sehen, ohne die Freuden zu verstehen, entschloß sich Pierantonio, Rechtsanwalt zu werden. Doch Ende der sechziger Jahre nahm er aus privatem Interesse an einem Wein-Seminar teil, und das veränderte seine Auffassung völlig. Er las nun »immer weniger Bücher über Strafrecht und römisches Recht und immer mehr über Escoffier, Carnacina und Vergese«. Er kehrte zurück, um das Restaurant der Familie zu führen. Als kenntnisreicher Sommelier plant er alle Menüs mit seinem Küchenchef Carmine Gazineo. Seine Menüs orientieren sich an den Jahreszeiten und dem Angebot frischer einheimischer Produkte auf dem Markt.

Das Vecchia Lugana ist eine traditionelle Zwischenstation auf dem Weg von Norden nach Süden und daher besonders geeignet, um die unterschiedlichen Traditionen der italienischen Küche mitzuverfolgen. Pierantonio Ambrosis Hauptanliegen sind Schutz und Förderung der typisch italienischen Küche, »Gerichte, die in der Tradition verwurzelt sind, aber nicht einfach so nachgekocht, wie sie schon immer bereitet wurden«. Er möchte sie »auf den neuesten Stand bringen und so verändern, daß sie neu und frisch sind und Tradition und Modernität in sich vereinigen«. Er ist Gründungsmitglied der Gruppe Linea in Cucina, *die sich zusammen mit der Zeitschrift* Cucina Italia *zum Ziel gesetzt hat, regionale Rezepte zu sammeln und zu bewahren. Außerdem setzt er sich in der Gruppe* Le Soste *für die Verbesserung der italienischen Küche ein. Im* Club della mela d'oro *bemüht er sich darum, die italienische Küche im Ausland zu fördern.*

MENU

TERRINA DI PESCE GARDESANO ALLE VERDURE PRIMAVERILI

Terrine von Gardaseefischen mit Frühlingsgemüsen

PETTO DI ANTIRA SELVATICA CON SALSA AGLI AGRUMI

Wildentenbrust mit Zitrussauce

TORTA DI FRAGOLINE

Walderdbeerkuchen

Terrina di Pesce Gardesano alle Verdure Primaverili

Terrine von Gardaseefischen mit Frühlingsgemüsen

Für sechs Personen

150 g Schleie
150 g Forelle
150 g Süßwasser-Weißfisch (siehe Anmerkung)
150 g Sardinen
50 g Karotten
50 g Zucchini
50 g Spinat
50 g Kartoffeln
Salz und frisch gemahlener schwarzer Pfeffer
Frische Lorbeerblätter zum Garnieren

Für den Fischfond (Fumet)

Köpfe (Kiemen herausschneiden!) und Gräten der Fische, ohne Haut
60 g Zwiebeln, in Scheiben geschnitten
1 Karotte, in Scheiben geschnitten
1 Selleriestange, in Scheibchen geschnitten
20 g Petersilie
2 Thymianzweige
1 l Wasser
Salz

Für die Kräutermayonnaise

100 ml Mayonnaise
1 EL Cognac
2 EL crème double
1 Zweig Rosmarin
1 Salbeiblatt
1 Stengel Schnittlauch
1 Zweig Petersilie
1 Fenchelzweig
2 EL Tanit oder Moscato di Pantelleria
(oder ein anderer süßer Muskatwein)

Zubereiten des Fumet

Alle Fische säubern und entgräten. Die Gräten und Köpfe mit den in Scheiben geschnittenen Gemüsen, den Kräutern und Wasser in einen großen Topf geben. Nur leicht salzen und 1 Stunde ohne Deckel simmern lassen, dann durchseihen. Abschmecken und nachwürzen. Die Brühe soll gut reduziert und geleeartig sein.

Herstellen der Fischterrine

Die Gemüse schälen und der Länge nach durchschneiden. In kochendem Salzwasser blanchieren und unter fließendem kaltem Wasser abschrecken. Wieder abtropfen lassen und trockentupfen.

Den Boden einer Terrine von 30 × 11 cm mit 6 cm hohem Rand mit Folie auslegen. Eine dünne Schicht Schleie auf den Boden und an den Rand legen und genügend aufheben, um hinterher die Terrine damit abzudecken. Weitere Schichten Fisch abwechselnd mit Schichten Gemüse einlegen, dazwischen leicht würzen und jede Schicht mit 2 EL Fischsud befeuchten. Mit Folie abdecken und in einem *bain-marie* garen, wobei das kochende Wasser bis zur halben Höhe der Terrine stehen soll, und zwar im Ofen bei 180°C, Gas Stufe 4, etwa 1 Stunde lang.
Ein Brett auf die Folie legen, das in die Terrine paßt, und dieses beschweren, um überschüssige Flüssigkeit zu entfernen. Abkühlen lassen, dann 24 Stunden kalt stellen.

Anrichten

Die Kräuter fein hacken und alle Zutaten für die Mayonnaise vermischen. Die Terrine mit Hilfe der Folie auf eine Platte stürzen und in Scheiben schneiden. Diese auf Tellern anrichten, mit frischen Lorbeerblättern garnieren und mit der Kräutermayonnaise servieren. Dazu Toast und Butter reichen.

Mein Weinvorschlag: Lugana D.O.C., ein frischer, trockener und milder Wein aus Trebbiano-Trauben, den man am besten im Jahr seiner Herstellung trinkt.

Anmerkung: Der hier verwendete Fisch ist ein *coregone* (Maräne), französisch *lavaret.* Aus deutschen Seen können Sie an seiner Stelle Renken oder Schnäpel verwenden.

Terrina di pesce gardesano alle verdure primaverili

Petto di Anitra Selvatica con Salsa agli Agrumi

Wildentenbrust mit Zitrussauce

Für vier Personen

Die Brüste von 2 Wildenten
Orangen- und Grapefruitscheiben zum Garnieren
Glasierter Rosenkohl

Für die Zitrussauce
1 EL Zucker
60 ml Orangensaft
60 ml Grapefruitsaft
80 g Butter
Salz und frisch gemahlener Pfeffer

Für den Wildentenfond
Entenkarkassen
2 Karotten, gehackt
2 Zwiebeln, gehackt
2 Knoblauchzehen, gehackt
2 EL Sonnenblumenöl
Ein frisches bouquet garni aus 20 g Petersilie, 2 Thymianzweigen, 1 Lorbeerblatt und ½ Selleriestange
750 ml Fleischfond (siehe rechts)
60 ml Rotwein

Herstellen des Wildentenfonds

Die gehackten Gemüse in einem großen Topf in dem Öl mit den zerteilten Entenkarkassen braten (die Schenkel für ein anderes Gericht aufbewahren). Das frische *bouquet garni,* den Fleischfond und den Wein zugeben. Deckel auflegen und mindestens 2 Stunden simmern lassen, dabei ab und zu das Fett abschöpfen. Gelegentlich nachsehen, ob die Flüssigkeit die Karkassen noch bedeckt, falls nötig, weiteren Fleischfond zugeben. Durch ein Sieb gießen. Den Fond stehenlassen, dann alles Fett abschöpfen.

Vorbereitung der Garnitur

Die Orange sauber schälen, die gelbe Haut abziehen, die Schalen in feine Julienne-Streifen schneiden. 2 Minuten in kochendem Wasser blanchieren, dann in kaltem Wasser abschrecken. Den Saft aus den Früchten pressen.

Zubereitung der Sauce

Den Zucker in einen kleinen Topf geben und erhitzen, bis er karamelisiert. Den Wildentenfond zugeben – seien Sie anfangs vorsichtig, weil die Flüssigkeit aufkochen wird –, dann die Zitrussäfte. Kochen lassen, bis die Flüssigkeit auf 200 ml reduziert ist.
Inzwischen die Entenbrüste würzen und auf einem gefetteten Blech im Ofen bei 180°C, Gas Stufe 4, 10 Minuten braten. Bei sehr geringer Hitze die Butter würfelweise unter die Zitrussauce schlagen; neue Würfel zugeben, bevor die letzten geschmolzen sind, damit die Sauce eine cremige Konsistenz erhält. Abschmecken.

Anrichten

Jede Brust in drei oder vier Scheiben schneiden und diese so auf vorgewärmten Tellern anrichten, daß sie sich überlappen. Die Zitrusjuliennes obenauf legen und etwas Sauce angießen. Die Orangen- und Grapefruitscheiben vierteln und jeweils drei davon an die Seite des Tellers legen. Die Kohlröschen mit Butter glasieren und daneben anrichten.

Mein Weinvorschlag: Foianeghe rosso aus dem Trento; er ist rubinrot mit orangefarbenen Glanzlichtern; ein herber Wein mit viel Anmut, ausgesuchter Eleganz und Rasse.

Brodo di Carne

Fleischfond

5 Kalbsknochen
1 Karotte
1 Selleriestange
½ Zwiebel
1 Zweig Petersilie
5 l Wasser
2 Eiweiß
500 g gehacktes Rindfleisch
Salz

Die Kalbsknochen unter fließendem Wasser waschen. Die Gemüse in Streifen schneiden und mit den Knochen in einen großen Topf geben. Das Wasser angießen. Die Eiweiß unter das Rinderhackfleisch kneten, bis eine Paste entsteht, und diese mit dem Salz in die Flüssigkeit geben. Zum Kochen bringen, dann die Hitze herunterschalten und 2 Stunden langsam simmern lassen; von Zeit zu Zeit Schaum abschöpfen. Dann die Flüssigkeit durchseihen, abschmecken und eventuell nachsalzen.

Torta di Fragoline

Walderdbeerkuchen

In der Saison bereiten wir diesen Kuchen mit den lokalen wilden Erdbeeren zu. Er schmeckt natürlich auch mit Zuchterdbeeren köstlich – Sie können diese mit einem Tortenguß versehen (siehe Anmerkung), doch das ist nicht unbedingt erforderlich.

Für sechs bis acht Personen

600 g Walderdbeeren
200 g Zucker
75 ml dunkler Rum
1–2 EL Paniermehl
Sahne oder Kiwipüree

Für den Teig

300 g Mehl
150 g Zucker
Eine Prise Salz
Geriebene Schale von 1 Zitrone
160 g Butter, zimmerwarm
3 Eigelb

Für die Marsala-Sauce

500 ml Milch
1 Vanilleschote, längs gespalten
150 g Zucker
3 Eigelb
60 g Mehl
60 ml trockener Marsala
200 ml Sahne

Herstellen des Teiges

Geben Sie Mehl, Zucker, eine Prise Salz und die abgeriebene Zitronenschale auf ein Backbrett und mischen Sie alles durch. Eine Vertiefung in die Mitte drücken, die Butter in Würfeln hineingeben und 3 Eigelb zugeben. Die trockenen Zutaten mit den Fingern unter die Eigelb arbeiten und mit der Butter verkneten, bis Sie einen glatten Teig haben. Diesen zu einem Ball rollen, in Folie wickeln und etwa 2 Stunden kalt stellen.

Beschwipsen der Erdbeeren

Mischen Sie Zucker und Rum und gießen Sie beides über die Erdbeeren in einer Schüssel. 10 Minuten kalt stellen.

Zubereiten der Marsala-Sauce

Die Milch mit der Vanilleschote und dem Zucker aufkochen. Die Eigelb und das Mehl in eine Schüssel geben und mit einem Holzlöffel gut verrühren. Nach und nach den Marsala untermischen; dabei darauf achten, daß die Mischung nicht klumpig wird. Dann unter weiterem Rühren die kochende Milch zugeben. Die Mischung wieder in den Topf zurückschütten und bei geringer Hitze unter ständigem Rühren zum Kochen bringen. In eine Schüssel umgießen, abkühlen lassen.

Zubereiten des Kuchenbodens

Eine Kuchenform von etwa 28 cm Durchmesser buttern, mit etwas Paniermehl bestreuen, überschüssiges Paniermehl herausschütteln. Den Teig etwas größer ausrollen als die Form. Die Form damit auslegen, den Rand an allen Seiten gleichmäßig hoch abschneiden.
Mit einer Gabel einige Male in den Boden stechen, diesen mit einem Stück Pergamentpapier bedecken, auf das getrocknete Bohnen gelegt werden. Im Ofen bei 190°C, Gas Stufe 5, etwa 40 Minuten backen.
Nach dem Ende der Backzeit das Papier und die Bohnen entfernen. Abkühlen lassen, dann den Boden aus der Form nehmen und auf eine Servierplatte legen.

Anrichten des Kuchens

Die Sahne schlagen und unter die kalte Marsala-Sauce heben. Damit den Kuchenboden glatt bestreichen. Die Erdbeeren gut abtropfen lassen und auf dem Kuchen verteilen.

Mein Weinvorschlag: Vin de la Fabreseria de San Rocco – süß, weich und warm.

Anmerkung: Für einen Tortenguß 175 g Erdbeeren im Mixer pürieren, dann durch ein Sieb in einen kleinen Topf streichen. 1 ½ TL Maismehl und 2 EL Wasser zu einer Paste verrühren und mit 3 EL Zucker in den Topf geben. Bei geringer Hitze unter Rühren erwärmen, bis die Mischung andickt, dann 1 TL Zitronensaft unterrühren. Die Beeren damit bestreichen.

Der Dessert-Tisch im Vecchia Lugana

Petto di anitra selvatica con salsa agli agrumi

Torta di fragoline

Andrea da Merano

Villa Mozart

Via San Marco 26, 39012 Meran, Telefon: 0039-47-330630

»Werde Koch, dann siehst du die Welt – und hast immer zu essen«, sagte seine Mutter. Dieser Rat machte einen dauerhaften Eindruck auf den jungen Andrea Hellrigl, der in der armen und ungewissen Nachkriegszeit in Alto Adige in der Nähe der schweizerisch-österreichischen Grenze geboren wurde. Nach einer Grundausbildung in der Schweiz folgte eine Lehre im Münchner Vier Jahreszeiten unter dem legendären Alfred Walterspiel. Er kehrte nach Italien zurück, um in Rom im Quirinal-Hotel und im Grand Hotel in Venedig zu arbeiten, und ging dann nach Meran, dem Kurort in Norditalien, dessen Namen er später annehmen sollte. Er kochte in den wichtigsten Hotels und eröffnete dort auch sein erstes Restaurant, das Andrea. Die Villa Mozart, ein Hotel, auf dessen Grundstück mächtige Libanonzedern stehen und das auf die Berge des Alto Adige blickt, wurde 1979 eingerichtet. Sie ist ganz – von den Stühlen bis zu den Uhren und Bestecken – im eleganten Stil des art nouveau *ausgestattet. 1985 erhielt das Restaurant einen Michelin-Stern. Als sich die Führer der EG im Juni 1985 in Mailand trafen, wurde Andrea da Merano als Küchenchef ausgewählt. Die Politiker konnten sich über seine Speisen sehr viel leichter verständigen als über ihre Probleme. Beim Wirtschaftsgipfel 1987 in Venedig war er wieder Küchenchef. 1986 wurde er Miteigentümer des Palio im Reitzentrum von New York. Einem frühen italienischen Preis für regionale Küche folgte der Titel des* Chef of Europe *im Jahre 1985; drei Jahre später wurde er in Amerika zum* Chef of the Year *gewählt.*

MENU

SCAMPI CON PORRI CROCANTI
Scampi mit knusprigem Lauch

ANITRA IN PORCHETTA
Gefüllte Ente

TORTA CAPRESE
Schokoladen-Mandelkuchen nach Art von Capri

Scampi con Porri Crocanti

Scampi mit knusprigem Lauch

Bei diesem Menü werden die Scampi als Vorspeise gereicht, doch das Gericht eignet sich auch vorzüglich als Hauptspeise.

Für vier Personen

24 Scampi von je etwa 30 g, geschält
250 ml Weißwein
2 EL Zitronensaft
2 EL Cognac oder Brandy
6 Safranfäden
2 Knoblauchzehen, fein gehackt
180 ml Öl extra vergine
Salz und frisch gemahlener weißer Pfeffer
2 EL gehackte Petersilie

Für die Gemüsegarnitur

8 Lauchstangen, nur das Weiße verwenden
Öl zum Fritieren

Den Weißwein, Zitronensaft, Cognac oder Brandy, Safran und Knoblauch in einen Topf geben und kochen lassen, bis die Flüssigkeit auf 75 ml reduziert ist. Die Scampi schälen und den schwarzen Darm entfernen. Den reduzierten Wein in einen flachen Topf geben und das Olivenöl hinzufügen. Wenn die Mischung heiß ist und sprudelt, die Scampi hineingeben. Den Topf ca. 4 Minuten unter einen heißen Grill stellen, bis die Flüssigkeit Blasen wirft.
Inzwischen die Lauchstangen waschen und trockentupfen und das Weiße in Julienne-Streifen von etwa 2,5 cm Länge schneiden. Rasch in heißem Öl fritieren, bis sie goldgelb und knusprig sind. Dann auf Küchenkrepp abtropfen lassen und leicht salzen. Mit einem Schaumlöffel die Scampi auf vier vorgewärmte Teller legen. Die Sauce noch einige Minuten simmern lassen, würzen, die Petersilie hineingeben. Über die Scampi gießen. Mit einem Löffel auf der Seite jedes Tellers die knusprigen Lauchstreifen anrichten.

Mein Weinvorschlag: Pigato di Albenga, ein lebhafter Weißwein – kaufen Sie die jeweils letzte Ernte.

Anmerkung des Küchenchefs: Die Scampi können auch 4 Minuten lang in 150 ml Olivenöl erhitzt und dann abgetropft und in der mit nur 60 ml Olivenöl hergestellten Sauce serviert werden.

Antra in Porchetta

Gefüllte Ente

Für vier Personen

2,5 kg junge Ente, Leber aufbewahren
85 g Wurstbrät vom Schwein
30 g Prosciutto (Schinken)
Eine Prise frisch geriebene Muskatnuß
Eine Prise Koriander, gemahlen
1 Nelke, zerdrückt
1 Knoblauchzehe, fein gehackt
250 ml Rotwein
250 ml Fleischfond (Seite 68)
60 g frische Gänseleber
30 g Butter
30 g einen Tag altes Brot, klein gewürfelt
1 Eigelb
120 ml Milch
Salz und frisch gemahlener schwarzer Pfeffer

Zum Braten der Ente

2 EL Olivenöl
je 60 g Zwiebeln, Karotten und Sellerie in Würfeln (Mirepoix)
2 Lorbeerblätter
1 Knoblauchzehe, zerdrückt
Je eine Prise Rosmarin, Thymian und Salbei, frisch gehackt
200 ml Weißwein

Für die Sauce

500 ml Rotwein
500 ml Fleischfond (Seite 68)

Vorbereitung der Ente und der Füllung

Ihr Metzger wird das Ausbeinen für Sie erledigen, angefangen beim Rückenknochen. Die Haut der Ente soll intakt bleiben, doch das Fleisch der Schenkel wird abgeschnitten. Das Brustfleisch an der Haut lassen, aber das Fleisch so schneiden, daß es gleichmäßig verteilt ist und überall die gleiche Dicke hat. Alle Knochen aufbewahren.
Das Fleisch von den Schenkeln mit der Leber, dem Wurstbrät und dem Schinken im Mixer zerkleinern. Die Gewürze und die gehackte Knoblauchzehe zugeben. Den Rotwein und die Fleischbrühe zusammen aufkochen, bis die Flüssigkeit auf 120 ml reduziert ist, dann unter die Fleischmischung rühren.
Die Gänseleber in kleine Stücke schneiden und rasch in einer heißen, trockenen Pfanne sautieren. In einer Bratpfanne die Butter zerlassen und die Brotwürfelchen darin knusprig werden lassen. Die Gänseleber, die so entstandenen *croûtons,* Eigelb und Milch unter das Füllfleisch rühren und gut würzen.

Zubereitung der Ente

Die Füllung wie einen kleinen Brotlaib formen und auf die Ente legen. Zusammenrollen, so daß sich die Hautstücke auf der Rückseite überlappen, die seitlichen Enden zusammenschlagen, überflüssige Halshaut abschneiden. Mit Küchengarn längs und quer umwickeln. Die Außenseite würzen. In einem Bräter das Olivenöl erhitzen. Die Entenrolle – mit Knochen, Mirepoix, Lorbeerblättern, Knoblauch, Salbei und Thymian umgeben – in den Bräter legen. Den Weißwein angießen und 15 Minuten bei stärkster Hitze in den Ofen stellen. Dann die Hitze auf 180°C, Gas Stufe 4, verringern und weitere 15 Minuten braten. Die Ente aus dem Bräter nehmen und 10 Minuten an einem warmen Ort ruhen lassen.

Zubereitung der Sauce, Servieren der Ente

Alles Fett aus dem Bräter abschöpfen. Den Rotwein über Knochen und Mirepoix gießen und um ein Drittel einkochen lassen. Den Fleischfond zugeben, auf 500 ml reduzieren, dann durchseihen. Die Konsistenz prüfen, gegebenenfalls noch etwas kochen lassen, um die Menge weiter zu reduzieren, die Gemüse vorher entfernen. Die Sauce in einen Mixer geben und genügend Entenfett hinzufügen, um eine üppige, reiche Sauce zu erhalten.
Die Ente schräg in Scheiben schneiden und mit der heißen Sauce servieren.

Mein Weinvorschlag: Taurasi mit seinem tiefen Rubinrot und seinem ausgeprägten und sehr persönlichen eleganten Aroma paßt gut zu Wildfleisch.

Torta Caprese

Schokoladen-Mandelkuchen nach Art von Capri

Für 12 Stücke

250 g Butter
250 g Mandelmehl (siehe Anmerkung)
250 g Zucker
5 Eigelb
120 g Zartbitterschokolade, gerieben
5 Eiweiß

Für die Vanillesauce

500 ml crème double
1 Vanilleschote, längs gespalten
6 Eigelb
120 g Zucker
450 ml Schlagsahne

Zubereiten und Backen des Mandelkuchens

In einem Rührgerät oder elektrischen Mixer die zimmerwarme Butter, das Mandelmehl, 100 g Zucker und die 5 Eigelb verrühren, bis die Mischung leicht und weiß ist. Die Schokolade reiben und mit 85 g des Zuckers mischen. Unter den Kuchenteig heben.
Eine Form von 7 cm Höhe und etwa 23 cm Durchmesser buttern und den Boden mit Backtrennpapier auslegen. Das Papier ebenfalls buttern. Die Eiweiß schlagen, bis sich weiche Spitzen bilden. Den restlichen Zucker durch ein Sieb darübergeben und untermischen. Diese Mischung unter den Kuchenteig heben, dann den Teig in die ausgelegte Kuchenform geben. Im Ofen bei 150°C, Gas Stufe 2, 50 bis 60 Minuten backen, bis eine in die Mitte des Kuchens gestochene Nadel sauber herauskommt. Aus dem Ofen nehmen, 5 Minuten in der Form stehenlassen, dann auf ein Kuchengitter heben und erkalten lassen.

Zubereitung der Vanillesauce

Die *crème double* mit der Vanilleschote zum Kochen bringen. Eigelb und Zucker in eine Schüssel geben und schlagen, bis sie leicht und weiß sind. Die Hälfte der heißen Sahne angießen, dabei ständig rühren. Die Vanilleschote herausnehmen, die restliche Sahne zugießen, die Mischung dann wieder in den Topf gießen. Bei sehr geringer Hitze oder im Wasserbad die Sauce unter Umrühren mit einem Holzlöffel so lange erwärmen, bis sie den Rücken des Löffels überzieht. Abkühlen lassen, dann kalt stellen.
Vor dem Servieren die eisgekühlte Schlagsahne steif schlagen und unter die Vanillecreme rühren.

Anrichten

Servieren Sie den Kuchen begleitet von der gekühlten Vanillesauce.

Mein Weinvorschlag: Moscato rosa del Trentino Alto Adige 1985, von vollem, elegantem Aroma und Bouquet und einer Farbpalette – von rosa bis blaßrubinrot –, die, wie Luigi Veronelli in seinem Buch über italienischen Wein schreibt, den Genießer »in einen meditativen Zustand« versetzt.

Anmerkung: Verwenden Sie keine gemahlenen Mandeln, sondern Mehl, hergestellt aus Mandeln, die zuerst getrocknet und dann zu Pulver zermahlen wurden. Außerhalb Italiens ist Mandelmehl vielleicht schwer zu finden; versuchen Sie also, 350 g Mandeln bei geringstmöglicher Hitze 24 Stunden zu trocknen und dann zu mahlen.

Pina Bellini

La Scaletta

Piazzale Stazione Genova, 20144 Mailand, Telefon: 0039-2-8350290

»Ich hatte nie erwartet, daß ich so viel Erfolg haben würde«, sagt Pina Bellini. »In den vierziger Jahren war es für eine Frau buchstäblich unmöglich, in einer großen Küche eine Stellung zu finden. Und dann war ich verschreckt durch diese Sterne und Punktsysteme der gastronomischen Führer – aber sie spornten mich auch an, weiterzumachen und mich den neuen Anforderungen anzupassen.« Pina Bellini begann im Alter von sechzehn Jahren zu arbeiten, und zwar in Mailand, und ihr Talent für Pasta verschaffte ihr einen Platz in den Küchen einiger großer Küchenchefs wie Polonelli und Talamona, wo sie ihre Kenntnisse erweiterte.

1970 eröffnete sie ein kleines Restaurant, Il Reservino, in der Nähe von Mailand. Ein Michelin-Stern kennzeichnete ihren Erfolg. Sechs Jahre später ging sie nach Mailand zurück und eröffnete Le Scaletta – wo höchstens dreißig Personen Platz finden – als Weinbar. Das Lokal wurde von dem Architekten Frattini gestaltet und ist sehr streng und einfach; Pina Bellinis Sammlung von Murano-Gläsern gibt ihm die Atmosphäre eines Privathauses. Schon nach sechs Monaten wurde die Weinbar zum Restaurant. Nach Cantarelli ist Pina Bellini die zweite Frau in Italien, die zwei Michelin-Sterne innehat, und sie schreibt einen Teil ihres Erfolges ihrer ständigen Neugier zu. »Ich habe immer versucht, so zu kochen, wie eine Italienerin kochen sollte, und mich bemüht, mich von den Etiketten fernzuhalten, die in der heutigen Küche so vorherrschend sind. Die italienische Küche weist noch viel unerforschtes Terrain auf.«

MENU

INSALATA DI BACCALA MARINATO IN OLIO,
LIMONE E ERBA CIPOLLINA
Stockfisch, mariniert in Öl, Zitrone und Schnittlauch

FARFALLE, BROCCOLETTI E VONGOLE
Schmetterlingsnudeln mit Broccoli und Muschelsauce

ROGNONE DI VITELLO CON FUNGHI PORCINI E CRESCIONE
Kalbsnieren mit frischen Steinpilzen und Brunnenkresse

MOUSSE DI MELONE CON SALSA DI KIWI,
FRAGOLE E ANANAS
Melonenschaum mit Kiwi-, Erdbeer- und Ananassauce

Insalata di Baccala Marinato in Olio, Limone e Erba Cipollina

Stockfisch, mariniert in Öl, Zitrone und Schnittlauch

Für vier Personen

300 g Stockfisch
40 g Borlotti oder andere getrocknete Bohnen
120 ml Olivenöl, extra vergine
Saft von 2 Zitronen
Frisch gemahlener schwarzer Pfeffer
10 Schnittlauchstengel, fein gehackt
1 Bund Rauken (oder ersatzweise Sauerampfer)

Vorbereitungen

Den Stockfisch für 48 Stunden unter fließendes kaltes Wasser legen (oder in häufig gewechseltes kaltes Wasser), um ihn zu entsalzen. Die getrockneten Bohnen über Nacht einweichen, Wasser erneuern und 1–1¼ Stunden simmern lassen, bis sie gar, aber noch fest sind. Abseihen.

Marinieren des Stockfischs

Den Stockfisch abtropfen lassen und gut abtrocknen, die Haut, alles verfärbte Fleisch und die Gräten entfernen. In sehr feine Streifen schneiden. Die Streifen in eine Schüssel legen, mit einer Mischung aus dem Öl, Zitronensaft, Pfeffer und der Hälfte des Schnittlauchs bedecken. 24 Stunden marinieren lassen.

Servieren des Salats

Mit einem Schaumlöffel die Stockfischstreifen auf vier Salattellern anrichten. In regelmäßigen Abständen die Raukenblätter dazwischenlegen. Mit einigen Bohnen garnieren und mit sehr fein gehacktem Schnittlauch bestreuen.

Mein Weinvorschlag: Ein eleganter Wein aus dem Friaul, ein Blanc de Rosis, oder der funkelnde Rosé vom Cà del Bosco in der Lombardei passen gut zum salzig-fruchtigen Aroma dieses *baccalà.*

Farfalle, Broccoletti e Vongole

Schmetterlingsnudeln mit Broccoli und Muschelsauce

Für vier Personen

200 g Farfalle
300 g frische Venusmuscheln, geputzt
150 g Broccoliröschen
60 g frische dicke Bohnen aus etwa
175 g Bohnenschoten
1 Knoblauchzehe
Ein kleines Stück scharfe Chilischote
3 EL Olivenöl
75 ml Weißwein
Salz und frisch gemahlener schwarzer Pfeffer
Frisch gehackte Petersilie

Einen Topf erhitzen, die Venusmuscheln hineingeben und Deckel auflegen. 1–2 Minuten über der Hitze schütteln, bis die Schalen sich geöffnet haben, dann abtropfen und die Schalen entfernen.
Die Knoblauchzehe schälen und fein hacken und die Chilischote zerstoßen. Mit dem Öl und den Muscheln in eine Bratpfanne geben. Den Weißwein unterrühren und warm halten.
Die Farfalle in reichlich kochendem Salzwasser garen, die Broccoliröschen und die Bohnen ebenfalls zugeben und etwa 8 Minuten oder so lange kochen, bis sie *al dente* sind, also noch Biß haben.
Nudeln und Gemüse abgießen. Alles in die heiße Sauce in der Bratpfanne geben, vermischen und ein paar Minuten über starker Hitze heiß werden lassen, salzen und pfeffern. Mit gehackter Petersilie bestreuen und servieren.

Mein Weinvorschlag: Dieses warme, frische Mittelmeergericht verlangt nach einem attraktiven, aromatischen Wein; in meiner Mailänder Gegend wähle ich einen Malvasia von Montù Beccaria oder aber einen weicheren Chardonnay Gaia & Rey aus Piemont.

Rognone di Vitello con Funghi Poricini e Crescione

Kalbsnieren mit frischen Steinpilzen und Brunnenkresse

Für vier Personen

400 g Kalbsnieren
6 EL Olivenöl
400 g frische Steinpilze, geputzt
30 g Butter
Salz und frisch gemahlener schwarzer Pfeffer
1 Knoblauchzehe, fein gehackt
Petersilie, fein gehackt
75 ml fruchtiger Weißwein
200 g Brunnenkresse

Die Nieren häuten, gründlich säubern und in dicke Scheiben schneiden. Adern herausschneiden. 2 EL Öl in einer Bratpfanne erhitzen und die Nierenscheiben von jeder Seite 1 ½–2 Minuten anbraten. Dann herausnehmen und etwa 10 Minuten in einem Sieb abtropfen lassen.
Die Steinpilze in Scheiben schneiden und 5 Minuten in 2 EL Olivenöl und der Butter garen. Von Zeit zu Zeit mit einem Holzlöffel wenden (oder den Topf ab und zu schütteln) und mit Salz und Pfeffer würzen.
In einem sauberen Topf 2 EL Olivenöl stark erhitzen und die abgetropften Nierenscheiben hineingeben. 3–4 Minuten braten, dann wenden, die gegarten Pilze, Knoblauch, gehackte Petersilie und Weißwein zugeben. Mit Salz und Pfeffer würzen.

Anrichten

Die Brunnenkresse waschen und in einem Tuch trocknen, dann in kleine Zweige auseinanderzupfen. Diese ringförmig auf vier vorgewärmten Tellern anrichten. Nieren und Pilze direkt aus dem Topf in die Mitte der Teller geben.

Mein Weinvorschlag: Unter den vielen großen Rotweinen Italiens würde ich die Auswahl auf zwei toskanische Weine einengen: den gut ausgewogenen Sodi di San Niccolò oder den romantischen Coltassala.

Mousse di Melone con Salsa di Kiwi, Fragole e Ananas

Melonenschaum mit Kiwi-, Erdbeer- und Ananassauce

Für vier Personen

500 g Melonenfruchtfleisch
100 g Puderzucker und etwas mehr zum Servieren
1 Blatt Gelatine
15 Erdbeeren
3 Kiwis
½ kleine Ananas
Frische Minzeblätter

Das Fruchtfleisch der Melone mit dem Puderzucker im Mixer pürieren. In eine Schüssel umfüllen und diese in eine andere Schüssel mit zerstoßenem Eis setzen. Das zerbröselte Gelatineblatt in 2 EL heißem Wasser einweichen, dann erhitzen, um es aufzulösen. Dabei ständig rühren, damit sich keine Klümpchen bilden. In die Melonenflüssigkeit rühren.
Die Mischung in vier kleine Formen von je ca. 150 ml Inhalt geben und im Kühlschrank kalt stellen, bis sie erstarrt ist. Vier der schönsten Erdbeeren zur Garnitur aufheben; alle Früchte vorbereiten. Alle nacheinander im Mixer pürieren, diesen zwischendurch jedesmal auswaschen. Die Fruchtpürees in getrennte Schüsseln geben. Alle abschmecken und nach Wunsch mit Puderzucker vermischen.

Anrichten

Den Melonenschaum auf gekühlte Dessertteller stürzen und jede Form mit einer Erdbeere und zwei Minzeblättern garnieren. Auf jeden Teller etwas von den verschiedenfarbigen Fruchtpürees geben.

Mein Weinvorschlag: Ein so einfaches Dessert erfordert einen natürlich schmeckenden Muskateller aus dem Piemont, spritzig und leicht, oder, weiter aus dem Süden, einen sonnigen, honigartigen Greco di Bianco aus Kalabrien.

Angelo Paracucchi

Locanda dell'Angelo

19031 Ameglia, Telefon: 0039-18-764391

Paradoxerweise ist einer der Gastronomen, die im Ausland als Botschafter der italienischen Küche am bekanntesten sind, zu Hause ein überzeugter Regionalist. »Von den traditionellen Gerichten der regionalen Küche konnte man viel mehr lernen, als mancher sich dachte«, sagt Angelo Paracucchi. »Die Leute lassen sich von gebratener Luft mit einem Hauch von nichts nicht lange täuschen.« Seine Bemühungen, die italienische Küche zu fördern, umfaßten auch Präsentationen in Japan, Amerika und Schweden, die Eröffnung eines Restaurants für Swissair in Seoul und, näher bei seiner Heimat, die Eröffnung des Carpaccio in Paris im Jahre 1983. Der populäre Moderator eines Fernsehprogramms über das Kochen hat mehr als zehn Jahre lang in ganz Italien Kochkurse abgehalten.

Angelo Paracucchi wurde in Umbrien geboren, und viele seiner Gerichte zeigen seine Anhänglichkeit an sein Geburtsland, in dem er auch heute lebt. Mit fünfundvierzig Jahren erwarb er die Locanda dell'Angelo; bereits nach drei Jahren, 1978, wurde sie vom Michelin-Führer ausgezeichnet. Der Architekt Magistretti hat das Restaurant entworfen, das in der Nähe der Marmorbrüche von Carrara auf dem Land zwischen den Bergen und dem Meer liegt. Angelo Paracucchi versteht von Ernährung ebensoviel wie vom Kochen und kombiniert beides geschickt. »Ich interessiere mich sehr für Gerichte, die uns zu ›leben‹ helfen«, sagt er, »mit anderen Worten, Gerichte, die sowohl in ihrer Technik als auch in ihrem Geschmack genau dem Augenblick entsprechen. Ich bin mehr und mehr davon überzeugt, daß Kochen nicht so sehr eine Kunst als vielmehr eine Wissenschaft ist. Man muß immer das ideale Gleichgewicht zwischen dem ästhetischen Sinn (wie ein Gericht zubereitet wird) und der Essenz des Gerichts finden (wie es zusammengestellt ist).«

MENU

RAVIOLI AI CARCIOFI
Ravioli mit Artischocken

FILETTO DI VITELLA AI BROCCOLI
Kalbsfilet mit Broccoli

SEMIFREDDO CON FICCHI FLAMBEES
Halbgefrorenes mit flambierten Feigen

Ravioli ai Carciofi

Ravioli mit Artischocken

Für vier Personen

500 g Mehl
3 Eier
100 ml Wasser
50 g Butter
100 g passierte Tomaten
Salz
50 g frisch geriebener Parmesankäse

Für die Artischockenfüllung

8 Artischocken
20 ml Olivenöl, extra vergine
1 Knoblauchzehe, gehackt
1 Zweig Majoran, gehackt
2 Basilikumblätter, gehackt
50 ml Weißwein
50 ml Fleischfond (Seite 68)
1 ganzes Ei
1 Eigelb
20 g frisch geriebener Parmesankäse
Salz und frisch gemahlener Pfeffer

Zubereitung des Ravioliteiges

Das Mehl auf ein Backbrett geben und eine Vertiefung in die Mitte drücken. Da hinein die Eier und das Wasser geben. Mit einer Gabel, später mit den Fingern, das Mehl in die Flüssigkeit arbeiten und gut vermischen, bis ein glatter Teig entstanden ist.
Den Teig auf einer leicht bemehlten Arbeitsfläche kneten wie einen Brotteig. Mit den Handballen auseinanderdrücken, dann wieder doppelt legen. Dem Teig eine viertel Drehung geben (damit er in einer anderen Richtung gedehnt wird), dann genauso auseinanderdrücken und doppelt legen. Etwa 10 Minuten lang wiederholen, bis der Teig geschmeidig und elastisch ist. In ein Tuch hüllen und 10 Minuten ruhen lassen.

Zubereitung der Raviolifüllung

Die Böden der Artischocken flach abschneiden und alle Blätter entfernen – die äußersten sind am schwersten abzutrennen. Mit einem Messer rund schneiden. In kochendem Wasser 1 Minute blanchieren, dann das Stroh entfernen. Die Artischockenböden in Stücke schneiden. In einer Bratpfanne das Öl erhitzen und die Artischocken, Knoblauch, Majoran und Basilikum hineingeben; vorsichtig erhitzen. Dann den Weißwein und den Fleischfond angießen. Kochen lassen, bis die Flüssigkeit verdunstet ist. Den Inhalt der Pfanne auf ein Hackbrett geben und fein hacken. In eine Schüssel umfüllen und das ganze Ei, das Eigelb und den Parmesankäse unterrühren. Die Mischung würzen. Abkühlen lassen.

Ausrollen des Teiges

Die Hälfte des Teiges abschneiden und fünfmal durch eine Nudelmaschine laufen lassen. Sie können den Teig auch auf einer leicht bemehlten Arbeitsfläche mit einem Nudelholz ausrollen; arbeiten Sie nur mit leichtem Druck, immer in die gleiche Richtung und in einem gleichmäßigen Rhythmus, bis der Teig noch 2 mm dick ist. Den Teig bis zur Weiterverwendung zudecken. Den Vorgang mit dem restlichen Teig wiederholen.

Herstellen der Ravioli

Auf die Teigplatte kleine Mengen Füllung häufen, jeweils etwa ½ TL und in einem Abstand von 4 cm. Mit der anderen Hälfte des Teiges die Füllung abdecken. Fahren Sie dann mit sanftem Druck mit den Fingern in den Reihen zwischen den Häufchen durch, zuerst in einer Richtung, dann in der anderen, um alle Luft zu entfernen (die die Ravioli beim Kochen platzen lassen könnte). Dann die Ravioli mit einer Form von 4 cm Durchmesser ausstechen. Bereiten Sie die Ravioli nicht im voraus zu – am besten macht man sie so kurz vor dem Essen wie möglich.

Zubereitung der Sauce

Kochen Sie die Ravioli in reichlich sprudelndem Salzwasser 3 Minuten lang, bis sie *al dente* sind.
20 g Butter mit den passierten Tomaten in eine Bratpfanne geben, leicht salzen und 30 Sekunden kochen lassen.
In einem anderen großen Topf die restliche Butter schmelzen. Die abgetropften, heißen Ravioli hineingeben und mit 2 EL von ihrem Kochwasser leicht sautieren. Dann mit dem Parmesankäse bestreuen.
Auf jeden Teller etwas Tomatensauce in die Mitte geben, darauf die Ravioli anrichten und mit weiterer Sauce beträufeln.

Mein Weinvorschlag: Villa della Signora vom Gut Poggio al Sole.

Filetto di Vitella ai Broccoli

Kalbsfilet mit Broccoli

Für vier Personen

600 g Kalbsfilet, in 4 filets mignons geschnitten
40 g Broccoliröschen
Salz und frisch gemahlener schwarzer Pfeffer
40 g durchwachsener Speck
60 ml Olivenöl, extra vergine
1 Knoblauchzehe
60 g Butter
85 ml Weißwein
2 EL Balsam-Essig
2 EL Fleischfond (Seite 68)

Die Broccoliröschen 5 Minuten in Salzwasser kochen. Den Speck in kurze Streifen schneiden. In einer Bratpfanne 15 ml von dem Öl erhitzen und den Speck hineingeben. Langsam bräunen lassen. Alles Fett aus der Pfanne abschütten. Die Knoblauchzehe und weitere 30 ml Öl hineingeben. Die Broccoliröschen zugeben und 4–5 Minuten sautieren.
In eine andere Pfanne 30 g Butter und 15 ml Öl geben. Erhitzen, bis die Butter schäumt, und die *filets mignons* vom Kalb hineingeben. Von jeder Seite 1 Minute braten und mit Salz und Pfeffer würzen.

Fertigstellen und Servieren

Die abgetropften Broccoliröschen auf vier vorgewärmten Tellern anrichten, die Kalbsfilets darauflegen. Alles Fett aus der Pfanne abgießen, diese erneut aufs Feuer stellen. Den Weißwein in die Pfanne geben und umrühren, um den Satz vom Pfannenboden zu lösen. Kochen lassen, bis die Menge um die Hälfte reduziert ist. Den Essig und den Fleischfond angießen. 30 g kalte Butter in Würfeln unterrühren, um die Sauce anzureichern, und über das Fleisch gießen.

Mein Weinvorschlag: San Giorgio von Lungarotti, der ein intensives Bouquet, ein ausgezeichnetes, langlebiges Aroma und einen guten Körper hat.

Semifreddo con Ficchi Flambees

Halbgefrorenes mit flambierten Feigen

Für vier Personen

60 ml Milch
160 g Zucker
4 Eigelb
500 ml Sahne

Für die flambierten Feigen

12 reife Feigen
40 g Zucker
2 EL Wasser
40 ml Kirschwasser

Herstellung des Halbgefrorenen

Milch und Zucker zum Kochen bringen und rühren, damit der Zucker sich auflöst. Die Eigelb in eine Schüssel über einem simmernden Wasserbad geben. Kräftig schlagen, dann die kochende Milchmischung angießen.
Über heißem Wasser ständig schlagen, bis die Mischung im Volumen zunimmt und dick und schaumig wird. Vom Wasserbad nehmen und schlagen, bis sie abgekühlt ist, dann kurz kalt stellen. In einer Schüssel die Sahne leicht verschlagen. Die Zabaione zufügen und weiterrühren.
Die Mischung in ein flaches Gefäß von etwa 850 ml Inhalt geben und sofort gefrieren – dann zerfällt die Zabaione nicht. Etwa 15 Minuten, ehe Sie beginnen, die flambierten Feigen zu bereiten, die Masse aus dem Tiefkühlfach nehmen und in den Kühlschrank stellen.

Flambieren der Feigen

Die Feigen schälen. In einem flachen Topf Zucker und Wasser erhitzen. Wenn der Zucker schäumt, das Kirschwasser in einer Kelle oder einem kleinen Topf erhitzen, anzünden und an den Zucker geben. Die Feigen hineinlegen und mehrmals wenden, um sie von allen Seiten zu karamelisieren.

Anrichten

Das Halbgefrorene in Würfel schneiden und diese zusammen mit je zwei heißen Feigen auf vier Desserttellern anrichten. Die restlichen Feigen in der Zukker- und Kirschmischung mit einer Gabel zu einer Sauce zerdrücken und diese über das Halbgefrorene geben.

Mein Weinvorschlag: Moscato d'Asti vom Weingut Dogliotti; er hat ein intensives und fruchtiges Aroma und moussiert.

Sergio Lorenzi

SERGIO

Lungarno Pacinotti 1, 56100 Pisa, Telefon: 0039-50-48245

»Ich habe das Gefühl, im Kochen mich selbst auszudrücken, wie es etwa ein Maler tut«, sagt Sergio Lorenzi. »Es macht mir mehr Freude, für andere Menschen etwas Gutes zuzubereiten, als es selbst zu essen.« Die Notwendigkeit, Geld zu verdienen, brachte ihn schon im Alter von dreizehn Jahren 1950 in den Beruf. Seine Lehre und seinen Aufstieg in der Küchenhierarchie zum Küchenchef absolvierte er im wesentlichen in den Restaurants Norditaliens, wo er unter einigen führenden italienischen Köchen der damaligen Zeit arbeitete.

1970 eröffnete er das Sergio, 1976 zog er in ein feineres Lokal im Zentrum von Pisa um: ein Gasthaus, das schon jeden vornehmen Reisenden von Shelley bis Garibaldi beherbergt hat. Nach hinten geht es auf die Piazza delle Vettovaglie hinaus, einen Marktplatz, wo lokale Spezialitäten verkauft werden; das trifft sich gut, denn der Markt beherrscht Sergios Küche, und das Menü wird täglich neu zusammengestellt. 1978 erhielt das Restaurant einen Michelin-Stern. Es hat seine Nachteile, ein Lokal in einem historischen Zentrum zu besitzen – etwa, was die Ausbaubeschränkungen betrifft. Doch es stärkt das Gefühl für Tradition, und das ist vielleicht einer der Gründe, warum er Generalsekretär der italienischen Vereinigung von Berufsköchen ist, in der diejenigen Küchenchefs zusammengeschlossen sind, die in Italien selbst und weltweit die beste italienische Küche bieten. Sein Kochstil ist in der Region verwurzelt – er ist Vorsitzender der toskanischen Küchenchefs –, enthält aber auch viel von seiner eigenen Persönlichkeit und eigenen Ideen. »Ich liebe die Tradition, aber ich bin nicht ihr Sklave«, sagt er.

MENU

TIMBALLO DI RISO CON SCAMPI SALSA DI CROSTACEI

Reistimbale mit Garnelen und Sauce von Meeresfrüchten

CINGHIALE IN DOLCE FORTE CON PUREA DI MELE

Wildschwein in herbsüßer Sauce mit Apfelmus

GRATIN DI ALBICOCCHE CON ZABAIONE AL MOSCATO D'ASTI

Aprikosengratin mit Zabaione

Timballo di Riso con Scampi Salsa di Crostacei

Reistimbale mit Scampi und Sauce von Meeresfrüchten

Für vier Personen

250 g Risotto-Reis, beispielsweise Arborio
90 g Butter
2 kleine, weiße Zwiebeln, fein gehackt
150 ml aromatischer Weißwein
60 g geriebener Parmesankäse
1,2 kg Riesengarnelen, nach dem Schälen etwa 300 g (Fühler und Schalen aufheben)
75 ml Cognac
60 ml crème double
Salz und frisch gemahlener schwarzer Pfeffer
12 Spargelspitzen oder andere Gemüse der Saison
15 g Mehl
Eine Auswahl von Spargelspitzen, Zucchinischeiben oder grünen Bohnen, leicht gedünstet, als Beilage

Für den Fond von Meeresfrüchten

Köpfe, Fühler und Schalen der Garnelen
1 Karotte, gehackt
1 kleine Zwiebel, gehackt
1 Selleriestange, gehackt
Ein bouquet garni mit Rosmarin und Fenchel

Die Garnelen schälen, alle Schalen aufheben. In einem großen Topf 2 l Wasser zum Kochen bringen. Die Schalen, die gehackte Karotte, Zwiebel, Sellerie und das *bouquet garni* hineingeben. 1 Stunde leise simmern lassen und dann durch ein Sieb gießen; die Flüssigkeit sollte auf die Hälfte reduziert sein.

Zubereitung des Risotto

In einem Topf 15 g Butter zerlassen und eine gehackte Zwiebel darin anbräunen. Den Reis zugeben und einige Sekunden braten, dabei durchrühren, bis er die Butter gut aufgenommen hat. Den Weißwein und 200 ml reduzierten Fond angießen und unter gelegentlichem Umrühren 18 Minuten kochen, bis der Reis weich ist; falls nötig, noch etwas Sud zugeben – verschiedene Sorten von Risotto-Reis saugen unterschiedlich viel Flüssigkeit auf. Dann 30 g Butter und den geriebenen Parmesan hinzufügen, vorsichtig unterrühren.

Vorbereiten der Garnelen und Fertigstellen der Timbales

Weitere 30 g Butter erhitzen und darin eine zweite gehackte Zwiebel glasig und weich werden lassen. Die Garnelen hineingeben und unter vorsichtigem Wenden etwa 4 Minuten garen lassen. Cognac und *crème double* zugeben und heiß werden lassen.
In vier Ramequins (kleine Portionsförmchen) von je etwa 150 ml Fassungsvermögen je eine Garnele auf den Boden legen. Die Spargelspitzen 5 Minuten kochen (oder ein anderes Gemüse, um ein attraktives, aber einfaches Muster herzustellen) und in den Förmchen arrangieren. Darauf das Risotto geben, leicht andrücken, eine Vertiefung in die Mitte drücken. Da hinein Garnelen löffeln und etwas salzen; einige Garnelen sollen für die Sauce bleiben. Die Förmchen mit dem Reis auffüllen und mit Alufolie abdecken.

Zubereitung der Sauce von Meeresfrüchten

In einem Topf 15 g Butter zerlassen und das Mehl einrühren. Unter vorsichtigem Rühren 1 Minute köcheln. 150 ml von dem reduzierten Fond angießen und die restliche Mischung aus Garnelen und Sahne zugeben. 2 Minuten leise köcheln lassen; abschmekken und nachwürzen.

Fertigstellen und Servieren

Die Timbales in ein *bain-marie* stellen und bis zu halber Höhe der Förmchen kochendes Wasser angießen. Im Ofen bei 180°C, Gas Stufe 4, 20 Minuten garen, während Sie einige Gemüse für die Beilage dünsten. Sauce auf vier vorgewärmte Teller löffeln. Die Timbale in die Mitte stürzen und mit frischen Gemüsen garnieren.

Mein Weinvorschlag: Cabreo-cru La Pietra aus auf den Florentiner Hügeln gewachsenen Chardonnay-Trauben, ein gelber Wein mit intensivem Eichenduft von den Fässern, in denen er reift.

Cinghiale in Dolce e Forte con Purea di Mele

Wildschwein in herbsüßer Sauce mit Apfelmus

Die herbsüße Sauce, die Schokolade enthält, ist eine klassische Zubereitungsart für Wild in der Toskana.

Für vier Personen

800 g Wildschweinkeule, entbeint
1 Flasche (75 cl) Chianti classico riserva
Ein bouquet garni mit Rosmarin und Fenchel
6 Wacholderbeeren, zerdrückt
4 Nelken
60 ml Öl, extra vergine
60 g Rosinen
60 g Pinienkerne
20 g Kakaopulver
Beurre manié, bestehend aus 15 g Mehl, das unter 15 g Butter geknetet wurde, zum Binden der Sauce
Salz und frisch gemahlener schwarzer Pfeffer
Apfelmus

Die Wildschweinkeule in eine tiefe Schüssel legen, den Wein angießen und die zerdrückten Kräuter, Wacholderbeeren und Nelken zugeben. Mindestens 24 Stunden marinieren lassen, dabei gelegentlich umdrehen.

Garen der Keule und Zubereitung der herbsüßen Sauce

Das Fleisch aus der Marinade nehmen und mit Küchenkrepp trockentupfen. In einem großen Topf das Öl erhitzen. Die Wildschweinkeule hineinlegen und bei mittlerer Hitze von allen Seiten anbräunen. Das Kräutersträußchen hineingeben und die Marinade angießen. Deckel auflegen und etwa 2 Stunden simmern lassen, bis das Fleisch gar ist. Die Keule auf eine Servierplatte legen und warm stellen.
Die Rosinen und Pinienkerne in die Sauce geben. Den Kakao mit etwas Wasser zu einer Paste verrühren und zugeben. Die Sauce wieder zum Kochen bringen: Sie sollte dicklich und glatt, aber nicht fettig sein. Wenn sie nicht dick genug ist, die Mehlbutter nach und nach unterrühren und unter ständigem Rühren wieder zum Kochen bringen. Abschmecken und mit Salz und Pfeffer würzen.
Die Keule in Scheiben schneiden und auf vorgewärmten Tellern servieren, garniert mit etwas Apfelmus. Die Sauce über das Fleisch gießen.

Mein Weinvorschlag: Chianti classico riserva.

Gratin di Albicocche con Zabaione al Moscato d'Asti

Aprikosengratin mit Zabaione

Für vier Personen

600 g Aprikosen
300 ml Moscato d'Asti
120 g Zucker
3 Eigelb
1 Ei

Die Aprikosen 10 Sekunden in kochendem Wasser blanchieren, abziehen, halbieren und entkernen. Mit etwas Zucker in dem Moscato pochieren; sie sollten dabei fest bleiben.
Mit einem Schaumlöffel die Früchte herausnehmen, dann den Moscato auf 150 ml einkochen lassen.
Die Eigelb, das Ei und den restlichen Zucker in eine Schüssel über einem Wasserbad geben und kräftig schlagen. Den reduzierten Moscato angießen und weiter schlagen, bis Sie eine schöne, schaumige Zabaione haben, die an Volumen zugenommen hat und leicht dicklich ist.
Die Aprikosen auf vier Tellern anrichten und mit Zabaione überziehen. Unter dem sehr heißen Grill kurz bräunen und sofort servieren.

Mein Weinvorschlag: Moscato d'Asti, strohfarben und sehr fruchtig.

Paolo Vai

Cavallo Bianco

Via Aubert 15, 11100 Aosta, Telefon: 0039-165-362214

»Mein Ziel ist es, Gerichte zu schaffen, die alle Sinne ansprechen und den Geschmackssinn durch die Verwendung der reinen Farben der Natur steigern«, sagt Paolo Vai. Seine Berufslaufbahn begann er als Leiter einer kleinen Firma für Werbegrafik. Er ist noch immer ein leidenschaftlicher Maler und bedauert es, so wenig Zeit für die Kunst zu haben. Obwohl seinem Großvater das Haus gehörte, das heute das Cavallo Bianco ist, schien er keine Beziehung zur Gastronomie zu haben, bis er Corinne heiratete, deren Vater Küchenchef im Café de Paris war. Als sein Großvater 1968 in Pension gehen wollte, hatte er keinen Erben für das Restaurant. Paolo Vai und sein Schwiegervater übernahmen schließlich das Restaurant, obgleich er das Kochen als weniger freie Lebensform im Vergleich zur Kunst empfand. Das Cavallo Bianco – ein altes Kutschergasthaus mit hölzernem Balkon – ist im Herzen von Aosta am Fuße des Mont Blanc gelegen, an einer der Hauptrouten nach Italien.

Unterstützt von seinem saucier, *Dante Chilietti, einem Küchenchef der* haute cuisine, *der bei Escoffier gelernt und in den großen Hotels von Monte Carlo und Deauville gearbeitet hatte, begann Paolo Vai seine neue Karriere und entdeckte bald das künstlerische Potential im Kochen. In seinem Restaurant hat er eine leichte Küche von großer* finesse *geschaffen, basierend auf regionalen Produkten von erstklassiger Qualität. Im Jahre 1976 erhielt er seinen ersten Michelin-Stern, 1984 einen zweiten. Interessiert er sich für regionale Gerichte? »Ja, denn was wir heute als Vergangenheit betrachten, kann plötzlich wieder modern werden.« Sein Ehrgeiz als Küchenchef ist es, »der Natur mit Sensibilität und Liebe so nahe wie möglich zu kommen«.*

MENU

SALADE DE FOIE GRAS

Salat von foie gras

FARAONA FARCITA AL PROFUMO DI POLENTA E CARCIOFI

Gefülltes Perlhuhn mit Polenta und Artischocken

BAVARESE AI FRUTTI DELLA PASSIONE

Bavarois mit Passionsfrüchten

Salade de Foie Gras

Salat von foie gras

Für vier Personen

200 g foie gras, pochiert (Vorbereitung siehe Glossar)
4 Tomaten
Ein Radicchio
60 g Feldsalat
4 warme Brioche-Scheiben zum Servieren

Für die Apfel-Salatsauce

½ grüner Apfel
1 ausgepreßte Zitrone
120 ml Olivenöl, extra vergine
1 TL Balsam-Essig
Salz und frisch gemahlener schwarzer Pfeffer

Den halben Apfel vierteln, schälen, entkernen und grob hacken und mit Zitronensaft, Olivenöl, Balsam-Essig und Salz und Pfeffer in einen Mixer geben. Zu einem Püree zerkleinern, dann durch ein feines Sieb passieren.

Zusammenstellen des Salats

Die Tomaten nacheinander mit kochendem Wasser übergießen, 10 Sekunden warten und sie dann häuten. Zwei Tomaten vierteln und entkernen und das Fleisch grob hacken. Die anderen Tomaten in Scheiben schneiden.
Den Radicchio in sehr feine Streifen schneiden. Auf vier Tellern arrangieren und die Apfelsauce darübergießen.
Die *foie gras* kalt stellen, ehe sie in sehr feine Scheiben geschnitten wird. Diese leicht gerollt auf dem Salat anrichten. Eine Seite jedes Tellers mit Feldsalat und einem Löffel von dem gehackten Tomatenfleisch – Tomaten*concassé* genannt – garnieren. Auf der anderen Seite einige Tomatenscheiben anrichten.

Mein Weinvorschlag: Chardonnay Fratelli Gancia S. P. A. 1985, aus Canelli (Asti), ein Wein, der im Faß gereift und nach der Charmat-Methode hergestellt ist, wodurch er leicht moussiert.

Anmerkung: Die Römer mögen die Gänsestopfleber *(foie gras)* erfunden haben, doch als italienische Delikatesse ist sie eigentlich auf den Norden des Landes beschränkt, hauptsächlich auf Piemont und die Lombardei.

Salade de foie gras im Cavallo Bianco

Faraona farcita al profumo di polenta e carciofi

Bavarese ai frutti della passione

Faraona Farcita al Profumo di Polenta e Carciofi

Gefülltes Perlhuhn mit Polenta und Artischocken

Für vier Personen

1 Perlhuhn
1 Karotte, gehackt
1 kleine Zwiebel, gehackt
1 ½ Knoblauchzehen, fein gehackt
120 ml Vino Santo (ein süßer Dessertwein, den Sie auch durch Sauternes ersetzen können)
Thymian, gehackt
Rosmarin, gehackt
Majoran, gehackt
1 Ei
Salz und frisch gemahlener schwarzer Pfeffer
30 g Butter
85 ml Fleischfond (Seite 68) oder Wasser

Für die Gemüsebeilagen

150 g Polenta
Salz und frisch gemahlener schwarzer Pfeffer
250 g Kartoffeln, geschält und in Scheiben geschnitten
60 g Butter
1 großer Artischockenboden
Öl zum Fritieren, plus 2 EL Öl
250 g Steinpilze
1 Knoblauchzehe, mit der flachen Messerklinge zerdrückt

200 ml leicht gesalzenes Wasser zum Kochen bringen und die Polenta hineinstreuen; kräftig rühren, damit sich keine Klümpchen bilden, dann bei mittlerer Hitze unter Rühren etwa 1 Stunde garen lassen.

Zubereitung des Perlhuhns

Schenkel und Flügel abschneiden. Das Gabelbein entfernen, dann beide Brüste abtrennen, indem Sie mit einem scharfen Messer an der Karkasse entlangschneiden. Das Fleisch von Flügeln, Schenkeln und der Karkasse ablösen – es ergibt etwa 300 g.
Ein Bett aus gehacktem Gemüse (verwenden Sie die ganze Karotte, ½ Zwiebel und 1 Knoblauchzehe) in eine Bratform geben und das Fleisch darauflegen. Mit 40 ml Vino Santo beträufeln und im Ofen bei 180°C, Gas Stufe 4, 12 Minuten braten.
Dann im Mixer zerkleinern und gehackten Thymian, Rosmarin und Majoran nach Geschmack zufügen, das Ei unterrühren. Gut würzen.
Mit der Spitze eines Küchenmessers eine lange horizontale Tasche in jede Perlhuhnbrust schneiden. Das Fleisch auseinanderklappen und sehr dünn klopfen. Darauf die Füllung häufen (nehmen Sie nicht zuviel) und die Brüste wieder zusammenklappen. Sauber mit Küchengarn umwickeln.
Würzen und mit 15 g Butter einreiben. Weitere 15 g Butter in einer kleinen feuerfesten Form zerlassen und ½ gehackte Zwiebel und ½ Knoblauchzehe hineingeben. Die Brüste dazulegen und mit dem restlichen Vino Santo beträufeln. Im Ofen bei 180°C, Gas Stufe 4, 20 Minuten braten.

Vorbereiten der Gemüse und Zubereiten der Sauce

Die Kartoffeln in Salzwasser gar kochen, dann abgießen, etwas von dem Kochwasser aufheben. Die Kartoffeln zerdrücken, falls nötig etwas Kochwasser zugeben. Die heiße Polenta und die Butter unter die Kartoffeln rühren, bis ein cremiger Brei entsteht, gut würzen und warm stellen.
Den Artischockenboden in feine Streifen schneiden. Das Öl zum Fritieren erhitzen und die Streifen in einem Fritierkorb hineingeben und leicht anbräunen lassen. Auf Küchenkrepp abtropfen lassen und warm stellen. Die Steinpilze würfeln. 2 EL Öl erhitzen und die Pilzwürfel darin mit der Knoblauchzehe rasch garen, dann würzen; den Knoblauch wieder herausnehmen. Wenn die Perlhuhnbrüste gar sind, diese aus der Bratform nehmen und warm stellen. Die Reste der Füllung (etwa ein Viertel) und den Fleischfond oder das Wasser zum Bratensaft in der Form geben. Wieder zum Kochen bringen und dann durch ein Sieb streichen.

Anrichten

Auf jeden Teller 2–3 Löffel Polenta-Kartoffel-Creme geben und ausbreiten. Die Perlhuhnbrüste in 1 cm dicke Scheiben schneiden und jede Brust auf je zwei Teller verteilen. Die Scheiben fächerförmig oder nebeneinander anrichten, wie es Ihnen gefällt. Etwas von der Vino-Santo-Sauce über das Fleisch gießen. Einen Löffel Steinpilze auf die Polentacreme geben und mit knusprigen Artischockenstreifen bestreuen, und zwar so, daß sie an der Basis des Fächers liegen, damit das Gericht visuell ausgewogen ist.

Mein Weinvorschlag: Cabreo vom Gut Ruffino in der Toskana.

Anmerkung: Ein Perlhuhn von 1 kg mag Ihnen klein vorkommen, aber es besitzt so viel Fleisch wie eine Ente von doppeltem Gewicht.

Bavarese ai Frutti della Passione

Bavarois mit Passionsfrüchten

Für sechs Personen

1 Ei
80 g Zucker
100 ml Milch
2 Blatt Gelatine
5–6 Passionsfrüchte
Früchte Ihrer Wahl wie Kiwis, blaue Weintrauben und Pfirsiche

Für das Himbeermark

150 g Himbeeren
2 EL Zucker
2 EL Wasser
1 Zitrone

Zubereitung des Himbeermarks

Die Himbeeren mit dem Zucker und ein paar Tropfen Zitronensaft im Mixer pürieren und 2 EL Wasser zugeben, um eine Sauce von guter Konsistenz zu erhalten. Das Mark durch ein Sieb streichen, um die Kerne zu entfernen, dann kalt stellen.

Zubereitung der Bavarois

Das Ei trennen und das Eigelb mit etwa 50 g Zucker verschlagen. Die Milch zum Kochen bringen. Auf die Mischung aus Zucker und Ei gießen, dabei kräftig schlagen, dann zurück in den Topf geben. Bei sehr geringer Hitze rühren, bis die Mischung eine leicht cremige Konsistenz hat.

Die Gelatineblätter zerbrechen, 5 Minuten in 2 EL heißem Wasser einweichen, dann auf dem Feuer rühren, bis sie geschmolzen sind. Das Fleisch der Passionsfrüchte in den Mixer geben, mit einigen Tropfen Zitronensaft pürieren, dann durch ein Sieb streichen. Die Flüssigkeit abmessen und mit Wasser auf 120 ml auffüllen. Zusammen mit der aufgelösten Gelatine unter die Milchmischung rühren. Die Schüssel in eine größere Schüssel stellen, die mit Eiswürfeln gefüllt ist, und unter gelegentlichem Umrühren erkalten lassen.

Wenn die Mischung fest zu werden beginnt, das Eiweiß steif schlagen, den restlichen Zucker unterschlagen. Dieses unter die vollständig erkaltete Creme heben. In sechs Metallförmchen von je 75 ml Fassungsvermögen oder kleine Ramequins löffeln und etwa 1 Stunde im Kühlschrank erstarren lassen.

Anrichten

Das Himbeermark auf sechs Dessertteller löffeln. Die Bavarois-Förmchen in die Mitte stürzen – mit etwas Himbeermark verzieren. Die Früchte Ihrer Wahl um die Puddings herum arrangieren – ein einfaches Muster aus halbierten Kiwischeiben sieht zum Beispiel sehr hübsch aus.

Großbritannien

Backen, Braten und Kochen à l'anglaise *war früher gleichbedeutend mit »schlicht«. Doch die traditionell hervorragenden Produkte werden heute mit neuem Selbstvertrauen und Erfindungsreichtum behandelt.*

Anton Mosimann

MOSIMANN'S

11B West Halkin Street, Belgrave Square, London SW 1, Telefon: 00 44-1-23 59 625

Ein Fernsehauftritt machte Anton Mosimann zum beliebtesten britischen Koch. Der berühmteste war er bereits – als langjähriger Küchenchef im Dorchester war er der erste britische Küchenchef seit Escoffier, der weltweit bekannt war. Sein Englisch, das er mit einem leicht gelispelten »th« spricht, erlernte er während seines dreijährigen Aufenthalts in Kanada. Geboren wurde er als Schweizer – und als Koch. Schon mit acht Jahren pflegte er im Restaurant seiner Eltern in Nidau am Ruhetag für seine Freunde zu kochen. Eine Lehre im Hotel Bären in Twann, bei der er sieben Tage in der Woche seiner Ausbildung widmete, brachte ihm früh ein Diplom ein. Dann folgte die Vervollkommnung seiner Küchentechnik im Palace Hotel in Villars 1964, anschließend kamen Rom und St. Moritz, wo er für einen betagten Küchenchef arbeitete, der selbst noch unter Escoffier gekocht hatte. Er war der jüngste Küchenchef, der je das Diplom eines Chef de Cuisine errang, den höchsten Preis, den die Schweiz zu vergeben hat. Danach machte er sich daran, das Pâtisserie-Handwerk zu erlernen. 1970 wurde er Leiter des Schweizer Pavillons in Osaka, wo er sich für orientalische Dinge zu interessieren begann und seine Frau Kathrin kennenlernte. 1976 wurde er vom Dorchester engagiert, wurde mit neunundzwanzig Jahren Küchenchef und unterwies und inspirierte die Küchenbrigaden von drei Restaurants. 1986 erhielt er zwei Michelin-Sterne für den Terrace Room. Anton Mosimann selbst ist schlank und fit. Sein zweites Buch, Cuisine naturelle, *begann als erste einführende Betrachtung über fettarme und salzfreie Gesundheitskost, die sich dank seiner Initiative zu einer Küche eigenen Stils und hoher Qualität entwickelte. Er ist ein Perfektionist in allem, was er anfaßt, und interessiert sich für traditionelle britische Gerichte. Seine Handschrift verleiht deren Rationalität und Bodenständigkeit einen Hauch von Abenteuer. 1988 zog er in eine ehemalige Kapelle um, das Belfry, um dort für Clubmitglieder zu kochen.*

MENU

SMOKED SALMON AND CUCUMBER SALAD
Räucherlachs und Gurkensalat

CHICKEN HOT POT
Huhn im Topf

BREAD AND BUTTER PUDDING
Brot-und-Butter-Pudding

Smoked Salmon and Cucumber Salad

Räucherlachs und Gurkensalat

Für vier Personen

1 ½ Salatgurken
30 g Radieschen
175 g Räucherlachs
Saft von ½ Zitrone
2 EL Mayonnaise
Salz und frisch gemahlener schwarzer Pfeffer
2 EL geschlagene Sahne
2 EL Lachskaviar
4 Dillzweige

Mit einem Sparschäler oder einer Gabel die Gurke von oben nach unten schälen. In 36 dünne Scheiben schneiden. Die halbe Gurke der Länge nach halbieren und mit einem Teelöffel die Kerne ausschaben. In dünne Längsstreifen und dann quer durchschneiden, so daß Julienne-Streifen von ungefähr 4 cm Länge entstehen.
Die Radieschen in streichholzdünne Streifen und den Räucherlachs ebenfalls in dünne Streifen schneiden. Zusammen in eine Schüssel geben und die Gurken-Juliennes zugeben.
Vorsichtig den Zitronensaft und die Mayonnaise untermischen und mit Salz und Pfeffer würzen. Zum Binden die geschlagene Sahne unterheben.

Anrichten

Die Gurkenscheiben kreisförmig auf vier Tellern so auslegen, daß sie sich überlappen. Eine Ausstechform mit etwa 7,5 cm Durchmesser in die Mitte stellen und mit der Räucherlachsmischung füllen. Dann die Form entfernen. Jede Portion oben mit Lachskaviar und einem frischen Dillzweig garnieren.

Mein Weinvorschlag: Chablis oder ein Montrachet.

Chicken Hot Pot

Huhn im Topf

Für vier Personen

Ein mais- oder getreidegefüttertes Huhn von 2,2 kg
2 l weißer Geflügelfond (Seite 96)
3 Zwiebeln, jede mit 2 Nelken gespickt
1 Lorbeerblatt
2 Knoblauchzehen
Einige weiße Pfefferkörner
Ein Kräuterstrauß aus Thymian, Rosmarin und Petersilienstengeln
4 kleine Karotten
1 Selleriestange
20 cm Weißes vom Lauch
4 kleine Zwiebeln
1 kleine Sellerieknolle, geschält und geviertelt
Salz und frisch gemahlener weißer Pfeffer
Petersilienzweige zum Garnieren

In einem großen Topf Wasser zum Kochen bringen und das Huhn hineingeben. Wieder aufkochen lassen. Das Huhn herausnehmen und leicht abkühlen lassen.
Den Geflügelfond mit den nelkengespickten Zwiebeln, Lorbeerblatt, Knoblauchzehen, Pfefferkörnern und Kräuterstrauß in einem großen Topf erhitzen und 20 Minuten simmern lassen. Dann das Huhn hineingeben und 20 Minuten pochieren.
Das Huhn aus dem Topf nehmen. Die Brühe durchseihen, dann das Fett von der Oberfläche entfernen, indem Sie Streifen von Küchenkrepp über die Oberfläche ziehen. Die Brühe in den ausgewaschenen Topf zurückgießen. Dem Huhn die Haut abziehen. Das Huhn wieder in die Brühe legen, die Gemüse zugeben, aufkochen und 10 Minuten simmern lassen. Huhn und Gemüse herausnehmen und warm stellen. Die Brühe durch ein Sieb in einen anderen Topf gießen und rasch auf die Hälfte einkochen lassen. Abschmecken und nachwürzen.

Anrichten

Das Huhn in acht Teile zerlegen und mit den Gemüsen in vier vorgewärmten Suppentellern arrangieren. Jede Portion mit etwas Brühe übergießen und mit den Petersilienzweigen garnieren. Sofort servieren.

Mein Weinvorschlag: Ein Côte de Beaune oder ein anderer kräftiger Wein, der zu diesem guten, ländlichen Gericht paßt.

Smoked salmon and cucumber salad

Mosimann's

Chicken hot pot

Bread and butter pudding

WEISSER GEFLÜGELSUD

1 Suppenhuhn, vorher blanchiert:
Das Huhn in einen großen Topf
mit kochendem Wasser geben, das Wasser
wieder aufkochen lassen, dann das Huhn
herausnehmen
2 l Wasser
60 g weißes bouquet garni aus einem Stück Zwiebel,
dem Weißen einer Lauchstange, einem Stück
Sellerieknolle und Kräutern
Salz und frisch gemahlener schwarzer Pfeffer

Das Suppenhuhn in einen großen Topf geben, diesen mit kaltem Wasser auffüllen und zum Kochen bringen. Den Schaum abschöpfen. Das *bouquet garni* hineingeben und etwas würzen.
2 Stunden lang leise simmern lassen, gelegentlich den Schaum und das Fett abschöpfen. Dann die Brühe durch ein feines Tuch oder ein Sieb gießen und nach Geschmack nachwürzen.

BREAD AND BUTTER PUDDING

Brot-und-Butter-Pudding

Dieser berühmte englische Kinderpudding erwachte zu ganz neuem Leben, als er mit subtilen Veränderungen – zum Beispiel Sahne statt Milch – auf die Speisekarte des Dorchester gesetzt wurde.

Für vier bis sechs Personen

500 ml Milch
500 ml crème double
Etwas Salz
2 Vanilleschoten, der Länge nach gespalten
6 Eier
250 g Zucker
6 Brötchen oder eine entsprechende Menge
Weißbrot, entrindet
60 g weiche Butter
20 g Sultaninen, ½ Stunde in Wasser eingeweicht
40 g Aprikosenmarmelade
Etwas Puderzucker

Milch, Sahne, Salz und Vanilleschoten zum Kochen bringen. Eier und Zucker gut miteinander verschlagen und die heiße Milchmischung darübergießen. Das Ganze durchseihen.
Die Brötchen in dünne Scheiben schneiden und buttern. In eine feuerfeste Souffléform von 1,7 l Inhalt legen, zwischen die einzelnen Schichten eingeweichte Sultaninen streuen.
Die Milchmischung angießen und die restliche Butter in Flöckchen daraufsetzen.
In ein *bain-marie* stellen und bis zu halber Höhe der Form kochendes Wasser angießen. Auf dem Herd vorsichtig 35–40 Minuten garen, bis die Creme fest geworden ist.
Aprikosenmarmelade erhitzen und durch ein feines Sieb passieren. Den Pudding damit überziehen und unter einem Grill gerade eben golden bräunen. Mit Puderzucker bestäuben und sofort servieren.

Mein Weinvorschlag: Ein Glas Champagner – etwas Raffiniertes zu einem ehemaligen Kinderpudding.

John Burton-Race

L'ORTOLAN

Church Lane, Shinfield, Nr Reading, Berkshire, Telefon: 0044-734-883783

Als John Burton-Race mit sechsundzwanzig Jahren mit einem Michelin-Stern ausgezeichnet wurde, hatte er bereits vierzehn Jahre am Herd hinter sich. Nach Stationen bei Quaglino's in London, Chewton Glen in New Milton und im La Sorbonne in Oxford wurde er zweiter Küchenchef bei Raymond Blanc im Quat'Saisons. Hier packte ihn die wahre Begeisterung für das Kochen, da er für einen Chef arbeitete, der sich wenig um Vorbildung kümmert und daran glaubt, daß alles in der Küche immer wieder neu kreiert wird. Als Raymond Blanc ein neues Lokal bezog, wurde John und seiner französischen Frau Christine als maître d'hôtel *das alte anvertraut. Daraus wurde Le Petit Blanc, das sich bald einen Michelin-Stern sicherte.*

John Burton-Race ist nicht nur ein kreativer Küchenchef, sondern läßt sich zudem von dem Ideal leiten, daß man alles erreichen kann, wenn man nur will. Seine Rezepte sind als »klassisch kompliziert« beschrieben worden: Sicherlich haben sie eine erstaunliche Anzahl von Zutaten. Doch wichtig ist, daß der Geschmack am Ende einfach auf magische Weise richtig erscheint. John Burton-Race nutzte die erste Gelegenheit, sein eigenes Restaurant zu eröffnen. Als Nico Ladenis sein Restaurant verließ, um nach London zurückzukehren, kauften es die Burton-Races sofort. Sie benannten es um in L'Ortolan, und vier Monate nach der Eröffnung im Jahre 1987 hatte es einen Michelin-Stern. John Burton-Race beschreibt seine eigene Küche als »klassisch auf zeitgenössische Art, mit Betonung der natürlichen Leichtigkeit und mit weniger Sahne und Butter als in der klassischen Küche«. »Der Geschmack ist von höchster Wichtigkeit«, sagt er, »wichtiger als die Schönheit der Präsentation.«

MENU

SALADE DE RAIE ETUVEE AU SOJA
Salat von gedünstetem Rochen mit Soja

SUPREME DE PIGEONNEAU EN ROBE
DE CHOUX AU MADERE
Taubenbrüstchen in Kohlblättern mit Madeirasauce

TARTE SOUFFLEE A LA RHUBARBE AU COULIS
DE FRAISES ET SORBET DE CITRON VERT
Rhabarbersoufflé-Torte mit Erdbeeren und Limonensorbet

SALADE DE RAIE ETUVEE AU SOJA

Salat von gedünstetem Rochen mit Soja

Für vier Personen

2 Rochenflügel von je 550 g, äußere Flossen entfernt, gewaschen
2 Karotten, in Julienne-Streifen geschnitten
2 Zucchini, in Julienne-Streifen geschnitten

Für die Kräuterbutter

60 g zerlassene Butter
Knoblauch
Zitronensaft
Cayennepfeffer
1 EL Estragon, in kochendem Wasser blanchiert und gehackt

Für die Estragon-Vinaigrette

1 EL Weißweinessig
1 EL Olivenöl, extra vergine
1 EL Maiskeimöl
1 Knoblauchzehe, mit flacher Messerklinge zerdrückt
1/4 TL Zucker
Salz und frisch gemahlener schwarzer Pfeffer
2 Estragonzweige

Für den Salat

120 g junge Spinatblätter, geputzt
120 g Raukenblätter, geputzt
(oder ersatzweise Eichblattsalat)
175 g Friséesalat
2 Schalotten, fein gehackt
1 Bund Schnittlauch, gehackt
Einige Tropfen Sojasauce
2 Tomaten, blanchiert, enthäutet, entkernt und gewürfelt
300 ml reduzierter Fischfond (Seite 161)
Zitronensaft

Zubereitung der Rochenflügel

Zwei Stücke Folie auslegen, die groß genug sind, um die Rochen einzuwickeln. Die geschmolzene Butter nach Geschmack mit Knoblauch, Zitronensaft, Cayennepfeffer und blanchiertem, gehacktem Estragon würzen und dann auf die Folie streichen. Mit der Gemüse-Julienne bestreuen und leicht würzen. Die Rochenflügel darauflegen, mit weiterer Butter bepinseln und die Päckchen verschließen; sie müssen vollkommen luftdicht sein.
In einem Einsatz über kochendem Wasser im zugedeckten Topf von jeder Seite 5 Minuten bzw. so lange dünsten, bis die Fische weich sind. Aus dem Topf nehmen. Auswickeln, die Julienne für den Salat aufheben. Die Kochsäfte unter einem Sieb auffangen und für die Sauce aufheben.
Die Rochen häuten und filieren. Zugedeckt warm stellen, damit sie saftig bleiben.

Vorbereiten von Salat und Garnitur

Die Salatblätter waschen, trocknen und beiseite stellen. Die Zutaten für die Estragon-Vinaigrette mischen und nach Geschmack würzen. In einer Schüssel etwas von den gehackten Schalotten und etwas von dem Schnittlauch mischen. Die Vinaigrette und einige Tropfen Sojasauce zugeben. Abschmecken und eventuell nachwürzen.

Zubereiten der Zitronen-Soja-Sauce

Die ausgetretenen Kochsäfte vom Fisch mit dem Fischfond in einen kleinen Topf geben. Kochen lassen, um die Flüssigkeit auf die Hälfte zu reduzieren. Dann durchseihen, etwas abkühlen lassen und 1 EL Estragon-Vinaigrette unterrühren, um die Sauce anzureichern. Eine feingehackte Schalotte, etwa 2 EL feingehackten Schnittlauch, ein paar Tropfen Sojasauce und etwas Zitronensaft zugeben. Abschmecken und nach Wunsch nachwürzen.

Anrichten

Die Salatblätter unter die Salatsauce heben und in der Mitte von vier Tellern anrichten. Den warmen Rochen, in Scheiben geschnitten, ringsum auf den Tellern arrangieren. Den Fisch mit ein wenig Zitronensaft würzen, die aufbewahrte Julienne von Karotten und Zucchini und obenauf die Tomatenwürfel darüberstreuen. In einem auf 220°C, Gas Stufe 7, erhitzten Ofen 3 Sekunden erwärmen. Die warme Sauce über den Fisch löffeln und servieren.

Mein Weinvorschlag: Normalerweise ist es nicht ratsam, zu einer Vinaigrette Wein zu trinken, aber ein Gewürztraminer wäre möglich.

SUPREME DE PIGEONNEAU EN ROBE DE CHOUX AU MADERE

Taubenbrüstchen in Kohlblättern mit Madeirasauce

Für vier Personen

2 junge Tauben mit Lebern und Herzen
60 g foie gras, gesäubert (siehe Glossar)
4 Schalotten, in dicke Scheiben geschnitten
2 Knoblauchzehen, geschält und halbiert
2 Thymianzweige
1/3 Lorbeerblatt
Je 3/4 TL Portwein, Madeira und Weißwein
120 ml Geflügelfond (Seite 96)
Salz und frisch gemahlener schwarzer Pfeffer
300 ml crème double
Etwa 6 TL geklärte Butter (siehe Glossar)
4 Blätter Wirsingkohl von 15 cm Durchmesser

Für die Madeirasauce

30 g Butter
4 Schalotten, gehackt
1 Knoblauchzehe
1 frischer Thymianzweig
1/4 Lorbeerblatt
2 EL Weißweinessig
4 EL alter, trockener Madeira
400 ml klarer Geflügelfond (Seite 96)
120 g Champignons, in Scheiben geschnitten
1 EL gut reduzierter brauner Kalbsfond (Seite 178)
1 EL feingehackte Trüffeln

Zum Garnieren

4 kleine Blätterteig-Pastetchen
175 g gemischte Waldpilze
1 Schalotte, fein gehackt
1/4 Knoblauchzehe, gehackt
1 TL Schnittlauch, gehackt
30 g Butter

Vorbereiten der Füllung

Brüste und Schenkel von den Tauben abtrennen, die Haut abziehen. Die Karkassen aufheben. Die Schenkel entbeinen und das Fleisch mit den Herzen, Lebern, *foie gras,* Schalotten, Knoblauch, Thymian und Lorbeerblatt in eine Schüssel geben. Mit Portwein, Madeira und Weißwein befeuchten. 12 Stunden kühl stehen lassen.

Das Fleisch in einem Sieb über einem kleinen Topf abtropfen lassen, dann die Flüssigkeit zum Kochen bringen und Schaum abschöpfen. Kochen, bis sie sirupartig geworden ist, dann 120 ml Geflügelfond zugeben und auf 2 EL Sirup reduzieren.

Die Schalotten, Thymian, Knoblauch und Lorbeerblatt aus dem Sieb nehmen und wegwerfen. Das Fleisch mit 2 Prisen Salz in den Mixer geben und sehr fein pürieren (etwa 1 Minute lang). Dann kalt stellen, was im Tiefkühlfach ungefähr 15 Minuten dauert. Die *crème double* zugeben, abschmecken und die Mousse durch ein feines Sieb streichen. Zuletzt die 2 EL Fleischsirup unterrühren und wieder kalt stellen.

Herstellen der Taubenpäckchen

Die gewürzten Taubenbrüste in 2 EL geklärter Butter von jeder Seite 30 Sekunden anbraten, dann leicht abkühlen lassen. Die Wirsingblätter blanchieren, bis sie weich sind – etwa 2 Minuten –, abschrecken, abtropfen lassen und mit Küchenkrepp sorgfältig trockentupfen.

Etwas Mousse auf eine Hälfte der Blätter löffeln. Eine Brust darauflegen und mit einem Palettmesser wiederum mit der Mousse bestreichen. Die Blätter so zusammenlegen, daß die Brüste vollkommen eingeschlossen sind. Die Ränder andrücken, überstehende Blattränder abschneiden. In Folie wickeln, so daß die Päckchen wasserdicht sind.

Zubereitung der Madeirasauce

Die Karkassen in 30 g Butter goldbraun braten, die Schalotten, Knoblauch, Thymian und Lorbeerblatt zugeben und zusammen weitere 2–3 Minuten braten. Mit Weißweinessig ablöschen, kochen, bis die Mischung trocken ist. Den Madeira zugeben und die Flüssigkeit um die Hälfte reduzieren. Den Fond zugießen, zum Kochen bringen, Schaum abschöpfen; die Champignons zugeben und 1 Stunde simmern lassen.

Die Brühe durchseihen, erneut zum Kochen bringen und auf etwa 100 ml und eine leichte Konsistenz einkochen lassen. Die Sauce mit dem gut reduzierten Kalbsfond anreichern, abschmecken und anschließend warm stellen.

Die Taubenbrust-Päckchen in kochendem Wasser 10 Minuten pochieren. 2 EL geklärte Butter erhitzen und die Waldpilze, Schalotten, Knoblauch, Schnittlauch und 15 g Butter hineingeben. Bei starker Hitze garen und würzen. In die heißen Blätterteigpastetchen füllen.

Anrichten

Die Taubenbrüste auswickeln und in fünf Stücke schneiden. Diese in einem Halbkreis auf den Tellern anrichten, ein Pastetchen dazwischen in die Mitte stellen. Trüffelstückchen an die Sauce geben, die restliche Butter unterheben und die Sauce rund um die Brüste löffeln.

Mein Weinvorschlag: Ein Volnay oder ein Fleury.

Tarte Soufflee a la Rhubarbe au Coulis de Fraises et Sorbet de Citron Vert

Rhabarbersoufflé-Torte mit Erdbeeren und Limonensorbet

Für vier Personen

500 g Rhabarber
500 g Erdbeeren
Etwa 175 ml Zuckersirup (Seite 252)
225 g Zucker
10 g Butter
4 Eiweiß
2 EL Kristallzucker plus Puderzucker
4 EL crème pâtissière (Seite 112)

Für den Teig

120 g Zucker
275 g Mehl, gesiebt
225 g Butter
2 Eigelb

Für die Cremefüllung

300 ml Milch
1 Vanilleschote, gespalten
3 Eigelb
225 g Zucker
Eine Prise frisch gemahlene Muskatnuß

Für das Limonensorbet

6 Limonen mit der dünn abgeschälten Haut
300 ml Zuckersirup (Seite 252)
60 g Zucker
10 g Butter
2 EL Wasser

Herstellen der Törtchen

Zucker und Mehl mischen, die Butter hineingeben, die Eigelb zufügen und zu einem weichen Teig verarbeiten. Mindestens 1 Stunde ruhen lassen.
Dann den Teig ausrollen und damit vier Förmchen von 10 cm Durchmesser auslegen; dafür sorgen, daß die Ränder kräftig sind. Mit Pergamentpapier und Bohnenkernen belegen und 7 Minuten bei 180°C, Gas Stufe 4, backen.

Herstellen der Cremefüllung

Milch und Vanilleschote zum Kochen bringen. In einer Schüssel die Eigelb, Zucker und Muskatnuß vermischen, dann die kochende Milch zugeben, dabei ständig rühren. In eine flache, feuerfeste Form von 20 cm ∅ gießen. In ein *bain-marie* stellen und im Ofen bei 200°C, Gas Stufe 6, etwa 40 Minuten backen, bis die Masse fest ist.
Wenn sie erkaltet ist, mit einer Ausstechform, die etwas kleiner ist als die Törtchen, vier Kreise ausstechen und diese in die Törtchen legen.

Herstellen des Limonensorbets und der Limonen-Julienne

Die Schale von 2 Limonen aufheben, den Rest in winzige Vierecke schneiden. Den Saft zum Kochen bringen, Schaum abschöpfen, durchseihen. Die Vierecke aus Limonenschale hineingeben. Den Sirup hinzufügen und die Mischung in einen Eisbereiter geben. Die restlichen Schalen blanchieren, dann in kaltem Wasser abschrecken. Zweimal wiederholen. In feine Julienne-Streifen schneiden. In einem kleinen Topf Zucker, Butter und 2 EL Wasser kochen und reduzieren, dann die Julienne hineingeben. Mit einer Gabel durch den Sirup ziehen, damit sie karamelisiert. Zum Abkühlen auf einen Teller geben.

Zubereiten des Erdbeercoulis und des Rhabarbers

Vier gewürfelte Erdbeeren beiseite stellen, den Rest pürieren und genügend Sirup zugeben, um eine dickliche Sauce herzustellen. Eine halbe Stange Rhabarber in Julienne-Streifen schneiden, Sie brauchen ihn nicht zu blanchieren, aber karamelisieren Sie ihn mit 50 g Zucker, 10 g Butter und 2 EL Wasser. Den restlichen Rhabarber hacken und mit 175 g Zucker, aber ohne Wasser kochen, bis er weich ist. Pürieren und dann durch ein Sieb streichen.

Herstellen der Soufflés

Die Eiweiß nicht zu steif schlagen, dann vorsichtig mit Zucker bestreuen. 4 EL Rhabarberpüree mit der *crème pâtissière* mischen. Die gewürfelten Erdbeeren unterheben, ohne sie zu zerdrücken. Zuerst die Hälfte des Eischnees unterrühren, dann den Rest unterheben.

Fertigstellen und Backen der Soufflés

Etwas Rhabarberpüree auf die Creme in jedem Törtchen geben. Vorsichtig Metallringe auf die Ränder der Soufflèförmchen stellen. Mit Rhabarbersoufflé füllen. Bei 180°C, Gas Stufe 4, 12 Minuten oder so lange im Ofen backen, bis die Füllung fest ist. Ein kleines, scharfes Messer an der Innenseite der Formen entlangführen und die Törtchen herausnehmen.

Anrichten

Die Soufflés mit Puderzucker bestreuen; mit Spiegeln von Erdbeercoulis und Rhabarberpüree, Limonenschale und Limonensorbet garnieren.

Mein Weinvorschlag: Ein Eiswein – wie das Dessert verbindet er Süßes und Säuerliches.

Pierre Koffmann

La Tante Claire

68-69 Royal Hospital Road, London SW 3, Telefon: 0044-1-3526045

In einer Zeit, in der Küchenchefs auch Stars sind, ist Pierre Koffmann ein großer Koch und zugleich so publikumsscheu, daß er nicht einmal gern in den Speisesaal geht. »Er bleibt am liebsten am Herd«, sagt seine Frau, Annie Koffmann. Er war nie ein großer Redner und tritt ungern in der Öffentlichkeit auf, denn sein Talent entfaltet sich am besten in der Küche. Er wurde in Tarbes in den Pyrenäen geboren, und sein Interesse am Essen hat er von seiner Mutter und mehr noch von seiner Großmutter Camille, die eine große Köchin war. Nach der Ausbildung in der lokalen Gastronomieschule arbeitete er in Restaurants an der französischen Riviera und in Lausanne und Straßburg; keines davon war berühmt.

Nach seiner Ankunft in England arbeitete er für die Gebrüder Roux, zuerst im Le Gavroche, dann als Küchenchef der Brasserie Benoit (jetzt Le Gamin in Old Bailey), wo er seine Frau kennenlernte. 1972 bat man ihn, das Waterside Inn in Bray zu eröffnen und zu leiten. Dort errang er innerhalb von zwei Jahren zuerst einen und dann zwei Michelin-Sterne. Er hatte vor, ein Restaurant in den Pyrenäen aufzumachen, was aber an den dafür nötigen Finanzmitteln scheiterte, und so kehrte er erneut nach London zurück. 1977 eröffnete er La Tante Claire in Chelsea. Es hatte auf Anhieb Erfolg, und die Michelin-Sterne folgten, der erste 1978, der zweite 1980.

In den ersten Jahren im La Tante Claire verschob sich das Hauptgewicht der Speisekarte von der Küche Südwestfrankreichs auf die sogenannte nouvelle cuisine. *Heute sieht Pierre Koffmann die weitere Entwicklung wieder mehr in Richtung dieser regionalen Wurzeln. Er meint, daß man inzwischen überall dieselben Rezepte finden kann, und was ihn interessiert, ist eine ganz persönliche Küche.*

MENU

GALETTE DE FOIE GRAS AUX ECHALOTES ROTIES

Entenstopfleber mit Kartoffelküchlein und gebratenen Schalotten

PIECE DE BŒUF D'ECOSSE AUX LEGUMES OUBLIES

Schottische Steaks mit vergessenen Gemüsen

SUMMER PUDDING WITH BEAUJOLAIS

Sommerpudding mit Beaujolais

Galette de Foie Gras aux Echalotes Roties

Entenstopfleber mit Kartoffelküchlein und gebratenen Schalotten

Für vier Personen

4 Scheiben frische Entenstopfleber von je 100 g, gesäubert (siehe Glossar)
12 Schalotten, alle gleich groß
15 g Butter
Salz und frisch gemahlener schwarzer Pfeffer
1 TL Öl

Für die Kartoffelküchlein

1 große Kartoffel
4 EL Öl

Für die Sauternes-Sauce

1 Flasche Sauternes (75 cl)
100 g kalte Butter in Würfeln

Zubereitung der Schalotten und Pfannküchlein

Die Schalotten schälen und auf ein Stück Folie legen. Butterflöckchen darüberstreuen, würzen und einwikkeln. Im Ofen bei 190°C, Gas Stufe 5, garen, bis sie golden sind; sie sollen fertig sein, wenn die Stopfleber gar ist; sie brauchen etwa 20 Minuten. Die Kartoffel schälen und waschen. Auf einer Gemüseraspel fein reiben, in ein Tuch geben und das Wasser herauspressen. In einer kleinen Pfanne von 15 cm Durchmesser 1 EL Öl erhitzen und ein Viertel der geriebenen Kartoffel hineingeben und mit einem Palettmesser flachdrücken, so daß die Masse einen kleinen Pfannkuchen bildet. Wenn die Unterseite golden und knusprig ist, umdrehen und leicht salzen; die andere Seite ebenfalls knusprig braten. Warm stellen und die übrigen Kartoffelküchlein auf die gleiche Weise herstellen.

Zubereitung der Sauternes-Sauce

Inzwischen die Sauce bereiten. Die Hälfte des Weines in einen Topf gießen und kochen lassen, bis die Menge auf 2 EL reduziert ist. Den Rest der Flasche angießen und um die Hälfte reduzieren. Die Butterwürfel unterrühren, immer nur wenige auf einmal, und die nächsten hineingeben, ehe die ersten ganz geschmolzen sind.

Garen der Stopfleber

Die Entenleberscheiben mit Salz und Pfeffer würzen und kurz in einer nur leicht geölten, sehr heißen Pfanne braten – von jeder Seite 1 Minute, bis die Scheiben in der Mitte rosa sind. Auf keinen Fall länger braten, das Fett läuft sonst aus.

Anrichten

Die Kartoffelküchlein auf heißen Tellern arrangieren, auf jedes eine Scheibe Entenstopfleber legen, die Schalotten daneben anrichten, rundum etwas Sauce auf die Teller geben. Sofort servieren.

Mein Weinvorschlag: Ein guter Monbazillac.

Anmerkung: Die Kombination von *foie gras* mit einem delikaten Süßwein ist wieder in Mode. Bis zum Ende des letzten Jahrhunderts wurde Stopfleber häufig am Ende einer Mahlzeit mit dem Dessertwein gereicht.

PIECE DE BŒUF D'ECOSSE AUX LEGUMES OUBLIES

Schottische Steaks mit vergessenen Gemüsen

Für vier Personen

4 Filetsteaks von je etwa 175 g, 5 cm dick und zu einem runden Stück gebunden
4 große Erdbirnen (Topinambur)
1 große Steckrübe
4 Karotten
100 g Kürbis
Salz und frisch gemahlener schwarzer Pfeffer

Für die Senfcremesauce

1 l geklärter Geflügelfond (Seite 96)
100 ml Sahne
Englischer Senf (Mustard)

Vorbereitung der Garnitur

Die Gemüse waschen und schälen, zuerst die Erdbirnen. Schneiden Sie sie in gleich große ovale Stücke. In einem breiten, flachen Topf in dem Geflügelfond etwa 20 Minuten kochen, bis sie gar sind, aber noch Biß haben.
Inzwischen die Rübe und die Karotten vorbereiten und aus beiden Gemüsen 2–3 gleich große Stücke pro Person schneiden. Diese anschließend in dem Geflügelfond kochen, bis sie gar, aber nicht zu weich sind, dann alle Gemüse warm stellen.

Pochieren der Steaks und Zubereiten der Sauce

Die Steaks in dem Geflügelfond bei sehr geringer Hitze 8–10 Minuten pochieren, bis sie gar, in der Mitte aber noch rosa sind. Aus dem Topf nehmen und warm stellen.
Den Kürbis schälen und in die Brühe geben. Kochen lassen, bis er darin zerfällt und die Flüssigkeit sich auf etwa 150 ml verringert hat.
Die Sahne angießen und wieder zum Kochen bringen. Die Sauce in einem Mixer pürieren, mit Senf abschmecken und durch ein feines Sieb streichen.

Anrichten

Das Garn von den Steaks nehmen und diese leicht würzen. Das Fleisch auf vorgewärmte Teller legen, mit Sauce umgeben, die verschiedenen Gemüse auf die einzelnen Teller verteilen.

Mein Weinvorschlag: Ein St-Emilion oder St-Julien.

SUMMER PUDDING WITH BEAUJOLAIS

Sommerpudding mit Beaujolais

Für vier Personen

300 ml Beaujolais
400 g rote Früchte:
rote und schwarze Johannisbeeren, Brombeeren
100 g Zucker
Je 100 g Erdbeeren und Himbeeren
1 lange, rechteckige Brioche

Einlegen der Früchte in Beaujolais

Den Beaujolais in einen Topf geben, rote und schwarze Johannisbeeren und Brombeeren sowie den Zucker zugeben und bei sehr geringer Hitze etwa 10 Minuten köcheln lassen (die Früchte sollen ganz bleiben). Die Erdbeeren und die Himbeeren zugeben, abkühlen lassen.
Wenn die Früchte kalt sind, alles durch ein Sieb gießen und die Flüssigkeit beiseite stellen.

Fertigstellen des Puddings

Die Brioche in Scheiben von etwa 1 cm Dicke schneiden. Diese in dem Fruchtsaft einweichen und dann mit ihnen eine Kastenform von etwa 850 ml Fassungsvermögen auslegen. Genug Brioche zurückbehalten, um den Pudding damit zu bedecken. Die Früchte auf die Scheiben in der Form geben und mit den restlichen Scheiben belegen. Die Form mit einem Brett bedecken, das genau hineinpaßt, und dieses mit einem 1-kg-Gewicht beschweren. Über Nacht in den Kühlschrank stellen.

Anrichten

Den Pudding aus der Form stürzen und pro Person zwei Scheiben abschneiden. Auf Tellern arrangieren und mit Sahne servieren.

Mein Weinvorschlag: Jeder gute Champagner.

Michel und Albert Roux

THE WATERSIDE INN

Ferry Road, Bray-on-Thames, Telefon: 0044-628-20691

LE GAVROCHE

43 Upper Brook Street, London W1, Telefon: 0044-1-4080881/4991826

Zwei Brüder, die beide Restaurantbesitzer sind, sind nichts Ungewöhnliches; doch die sechs Michelin-Sterne, die sie zusammen besitzen, machen sie zu einem Phänomen. Auch ihre Anfänge waren ungewöhnlich. Nach einer Lehre in einer Pâtisserie (Michel war vierzehn, als er begann) lernten sowohl Michel als auch Albert in den Küchen privater Häuser. Albert begann an der britischen Botschaft in Paris, wo sich ihm Michel anschloß, ehe er zu Mademoiselle Cécile de Rothschild ging und ihr Chefkoch wurde. Die Brüder brauchten zwölf Jahre, bis sie ihr Ziel erreicht hatten, ein eigenes Restaurant zu besitzen, und bemerkenswerterweise wählten sie für dieses Abenteuer England und nicht Frankreich. Le Gavroche öffnete 1967 mit großem Anspruch – einer Speisekarte mit zwanzig bis fünfundzwanzig Gerichten der grande cuisine. *Michel Roux erhielt seine erste Auszeichnung als Pâtisserie-Lehrling. Weitere folgten, darunter auch die als bester Pâtissier Frankreichs im Jahre 1976. Michel ist wohl derjenige der beiden Brüder, der größere Aufmerksamkeit auf sich zieht, doch Alberts Restaurant, Le Gavroche, war es, das zuerst die höchste Michelin-Würdigung errang. Der dritte Stern für das Waterside Inn folgte 1985, also drei Jahre später. Ursprünglich war die gesamte Küchenbrigade französisch, doch heute besteht sie zur Hälfte aus Engländern.*

Die Brüder haben zwei Bestseller geschrieben, New Classic Cuisine *und* The Roux Brothers on Pâtisserie. *Sie sind die gastronomischen Berater von Marks and Spencer und von British Airways. Insgesamt besitzen sie sieben Restaurants, darunter Le Poulbot und Le Gamin.*

MENU

FEUILLANTINE DE SAUMON ET
LANGOUSTINES, CITRON VINAIGRETTE
Lachs und Scampi in Aspik mit Zitronenvinaigrette

SUPREME DES GROUSE VOILE AU PORTO
Waldhuhnbrüstchen in Portwein

SOUFFLES CHAUDS AUX MIRABELLES
Heiße Mirabellensoufflés

Feuillantine de Saumon et Langoustines, Citron Vinaigrette

Lachs und Scampi in Aspik mit Zitronenvinaigrette

Für acht bis zehn Personen

1 filierter wilder Lachs, etwa 1,5 kg schwer
1 EL geklärte Butter (siehe Glossar)
70 Scampi
Salz und frisch gemahlener schwarzer Pfeffer
2 EL Weißweinessig
20 g Estragonblätter
4 mittelgroße Tomaten, blanchiert, gehäutet und entkernt
20 g Seehasenrogen (»deutscher Kaviar«)
60 frische Dillzweige

Für den Lachsfumet

2 Zwiebeln, grob gehackt
2 Lauchstangen, grob gehackt
2 Selleriestangen, grob gehackt
3 Knoblauchzehen, grob gehackt
60 ml Olivenöl
1 Lachskopf, Rückengräte und Abfälle
75 g Estragonblätter
Saft von 2 Limonen
5 g grüne Pfefferkörner, zerdrückt
120 ml Weißwein
3 l gut reduzierter, gelierter Fischfond (Seite 161)

Für den Fischaspik

½ Zwiebel, grob gehackt
Das Weiße einer Lauchstange, grob gehackt
1 Selleriestange, grob gehackt
5 g grüne Pfefferkörner
10 g Estragonblätter
75 g Fischabfälle, Steinbutt oder Seezunge
4 Eiweiß
5 Blatt Gelatine, eingeweicht

Für die Vinaigrette

300 ml Olivenöl
60 ml Zitronensaft
20 g Dijon-Senf

In einem großen Topf die Gemüse im Öl anschwitzen. Die Kiemen aus dem Lachskopf herausschneiden, diesen gut waschen, ebenso die Gräten und Abschnitte. Mit Estragon, Zitronensaft und Pfefferkörnern in den Topf geben. Kurz aufkochen lassen, den Weißwein und den Fischfond zugeben. Zum Kochen bringen, Schaum abschöpfen, 30 Minuten simmern lassen. Durch ein feines Spitzsieb gießen, abkühlen lassen, dann alle Spuren von Öl abschöpfen.

Abschmecken und nachwürzen. Der Fumet sollte leicht säuerlich schmecken. In einem Mixer die Gemüse, Estragon und Fischabschnitte pürieren, zuletzt die Eiweiß untermischen. Zu dem Fischfumet geben und zum Simmern bringen, aber nicht kochen lassen: Dabei wird sich eine Art Kruste bilden. Ein Loch in die Kruste stechen, den Fumet herauslöffeln und mehrfach durch die Kruste, die so als Sieb fungiert, gießen. 20 Minuten simmern lassen.

Den Fumet noch einmal durch die Kruste herauslöffeln und durch ein mit Mull ausgelegtes Sieb in einen sauberen Topf gießen. Die Gelatine unterrühren, bis sie sich aufgelöst hat. Einen Löffel voll auf einem Teller erkalten lassen, um zu sehen, wie stark die Mischung geliert. Falls nötig, noch etwas Gelatine an den Fumet geben; kalt stellen. Sie werden etwa ein Viertel des Gelees brauchen.

Vorbereiten von Lachs und Scampi

Dem Lachs die Haut abziehen, das braune Fett vom Rücken entfernen und mit einer Pinzette alle Gräten auslösen. Den Schwanz abschneiden, so daß ein Filetstück von etwa 25 cm Länge übrigbleibt. Dieses auf 9 cm Breite zurechtschneiden. Der Länge nach in vier Stücke schneiden und würzen. Eine beschichtete Pfanne mit geklärter Butter einpinseln und bei starker Hitze jede Fischscheibe von beiden Seiten kurz anbraten: Die Mitte sollte noch roh sein.

10 l Salzwasser mit etwas Essig zum Kochen bringen. Die Scampi hineingeben, das Wasser wieder aufkochen, 1 Minute kochen lassen, herausnehmen, abkühlen lassen und schälen. Einmal durchschneiden und den schwarzen Darm entfernen.

Auslegen der Terrine

Eine Terrine von 25 × 8 cm und etwa 7 cm Tiefe leicht ölen. Etwas Gelee hineinlöffeln. Kalt stellen, damit sich das Gelee verfestigt. Eine Schicht Lachs darauflegen, darüber ein Viertel der Scampi (je nach Größe) und der Estragonblätter verteilen. Mit Gelee bedekken, wieder kalt stellen. Wiederholen Sie dies noch zweimal; die letzte Schicht sollte Lachs sein. Mit Gelee auffüllen, 8 Stunden kalt stellen.

Anrichten

Die Vinaigrette zubereiten und würzen, ein wenig auf die gekühlten Teller träufeln. Die Terrine in heißes Wasser tauchen und stürzen. In Scheiben schneiden und anrichten. Mit Tomatenstückchen, in deren Mitte etwas Seehasenrogen gehäuft ist, und den mit Dill bestreuten restlichen Garnelen garnieren. Dazu die Vinaigrette reichen.

Mein Weinvorschlag: Chablis oder Sancerre.

Feuillantine de saumon et langoustines, citron vinaigrette

Suprême de grouse voilé au porto

Supreme de Grouse Voile au Porto

Waldhuhnbrüstchen in Portwein

Ein einfaches, leichtes Gericht, beliebt vor allem bei denen, die sich ungern einen halben, noch nicht entbeinten Vogel servieren lassen.

Für vier Personen

4 schottische Waldhühner, vorzugsweise junge, weibliche Vögel
150 g Rückenspeck vom Schwein in streichholzfeinen Streifen
4 Brandteigringe (siehe Rezept rechts)
60 g Butter
4 EL Lauchpüree (siehe Rezept rechts)
Brunnenkresse

Für die Portweinsauce

400 ml roter Portwein
400 ml Wildfond (siehe Rezept rechts)
80 g kalte Butter in kleinen Würfeln

Für die gefüllten Pilze

1 EL wilder Reis
1 TL feingehackte Zwiebel
75 g Butter
Etwa 120 ml Brühe oder Wasser
Leber der Waldhühner
4 große, flache Pilze

Zubereitung der Vögel

Mit einem scharfen Messer einen Einschnitt in den Hals jedes Waldhuhns machen. Ölen Sie Ihre Finger ein und schieben Sie sie zwischen Haut und Fleisch; dann ziehen Sie die Haut ab. Schneiden Sie die Flügelspitzen und die Schenkel ab (für ein anderes Gericht). Lösen Sie die Brüste so aus, daß 2,5 cm des Flügelknochens noch daran haften. Spicken Sie jede Brust mit sechs schmalen Speckstreifen. Die Leber beiseite stellen. Aus den Karkassen Fond herstellen (siehe Rezept auf der gegenüberliegenden Seite). Die Brandteigringe herstellen (siehe gegenüberliegende Seite).

Die Brüste bei milder Hitze in Butter braten, bis sie golden sind. Dann noch weitere 3 Minuten von jeder Seite braten und aufpassen, daß sie in der Mitte rosa bleiben. Warm stellen.

Zubereitung der Portweinsauce

Den Portwein in die Pfanne geben und rühren, um den Bodensatz abzulöschen. Bei starker Hitze um zwei Drittel einkochen lassen. Nun den Wildfond angießen und wieder reduzieren, bis die Flüssigkeit sirupartig ist. Unmittelbar vor dem Servieren die Butter würfelweise unterschlagen; neue Würfel zugeben, ehe die letzten ganz geschmolzen sind, damit die Sauce dick bleibt. Die Sauce durch ein Sieb streichen und abschmecken.

Zubereitung der Pilze

Inzwischen den wilden Reis mit der gehackten Zwiebel in 30 g Butter sautieren, bis die Zwiebel weich wird, dann Brühe oder Wasser zugeben und zugedeckt im Ofen bei 180°C, Gas Stufe 4, 20 Minuten garen, bis der Reis weich ist.

Die Waldhuhnleber fein hacken, rasch in 30 g Butter braten. Unter den gekochten Reis mischen.

Die Stiele von den Pilzen entfernen, die Hüte in der restlichen Butter von jeder Seite 2 Minuten braten. Dann die Wildreismischung darin aufhäufen.

Anrichten

Den Ofen auf 170°C, Gas Stufe 3, vorheizen. Die Brandteigringe 1 Minute im Ofen erwärmen. An den oberen Rand jedes Tellers einen Brandteigring legen, die Mitte mit erwärmtem Lauchpüree füllen. Darauf je einen gefüllten Pilzhut legen und mit Brunnenkresse garnieren. Auf jedem Teller zwei Brustfilets herzförmig arrangieren. Ringsum etwas Sauce auf die Teller löffeln.

Mein Weinvorschlag: Ein weicher, gehaltvoller und reifer Rotwein, etwa ein Pomerol oder ein leichter Burgunder von der Côte de Beaune.

BRANDTEIGRINGE

60 g Butter in kleinen Würfeln
60 ml Wasser
75 ml Milch
¼ TL Salz
½ TL Zucker
75 g Mehl, gesiebt
2 Eier

Die Butterwürfel mit dem Wasser, der Milch, Salz und Zucker in einen Topf geben. Bei starker Hitze zum Kochen bringen und dabei ständig rühren. Vom Feuer nehmen und unter starkem Schlagen rasch das gesiebte Mehl auf einmal untermischen. Wenn die Mischung glatt ist, wieder auf den Herd stellen und so lange rühren, bis ein Teil der Flüssigkeit verdampft ist und sich ein zäher, fester Kloß bildet. Dieses Austrocknen ist entscheidend für einen guten Brandteig. Den Teig in eine Schüssel geben, abkühlen lassen. Die Eier, eines nach dem anderen, unterrühren, bis die Mischung glänzt und geschmeidig ist. Mit einer Spritztüte, deren Tülle 1 cm groß ist, Ringe von knapp 5 cm Durchmesser in einigem Abstand auf ein gebuttertes Backblech spritzen. Im Ofen bei 200°C, Gas Stufe 6, backen. Um Dampf zu erzeugen, gießt man eine Tasse Wasser in den Backofen. Nach 5 Minuten die Ofentür einen Spalt öffnen, damit der Dampf entweichen kann. Nach 10 Minuten sollten die Ringe aufgegangen und knusprig sein.

LAUCHPÜREE

1 kg Lauchstangen, gewaschen
200 g Butter
3 EL crème double
Salz und frisch gemahlener schwarzer Pfeffer

Die dunkelgrünen Teile von den Lauchstangen entfernen, den Rest in feine Scheiben schneiden. In der Butter in einem zugedeckten Topf 10 Minuten anschwitzen, bis sie weich sind. Mit der *crème double* in einem Mixer zu einem glatten Püree verarbeiten. Durch ein feines Sieb streichen. Abschmecken, dann das Püree mit einem kleinen Schneebesen schlagen, bis es vollkommen glatt ist.

WILDFOND

1 kg Abschnitte von Wildgeflügel, Hälse, Flügel etc.
2 EL Pflanzenöl
1 Karotte, grob gehackt
60 g Zwiebel
600 ml kräftiger Rotwein
600 ml brauner Kalbsfond (Seite 178)
1 l Wasser
1 Zweig Salbei
6 Wacholderbeeren, zerdrückt
6 Koriandersamen, zerdrückt
1 bouquet garni

Die Wildabschnitte in kleine Stücke schneiden oder hacken. Das Öl in einem Topf erhitzen und die Stücke von allen Seiten anbräunen. Die Gemüse zugeben und einige Minuten anschwitzen. Den Rotwein angießen und kochen lassen, bis die Menge um ein Drittel reduziert ist. Den braunen Fond und das Wasser zugeben und zum Kochen bringen. Alles leise simmern lassen, dabei häufig den Schaum von der Oberfläche schöpfen. Nach 10 Minuten Salbei, Wacholderbeeren, Koriandersamen und *bouquet garni* hineingeben. Nach 2 ½ Stunden Simmern sollte etwa 1 l Sud geblieben sein. Diesen durch ein mit Mull ausgelegtes Sieb gießen, das Fett abschöpfen und abkühlen lassen; nicht in den Kühlschrank stellen, bevor der Fond nicht völlig erkaltet ist.

Kaffee-Zeit im Waterside Inn

Soufflés chauds aux mirabelles

Souffles Chauds aux Mirabelles

Warme Mirabellensoufflés

Diese kleinen, gelben Pflaumen, die hauptsächlich im Elsaß angebaut werden, haben einen sehr ausgeprägten Geschmack. Unter Pflaumenliebhabern gelten sie als Delikatesse.

Für sechs Personen

550 g in Sirup eingelegte Mirabellen, entsteint
150 ml Mirabellenschnaps
4 Eigelb
8 Eiweiß
Eine Prise Zucker
Puderzucker zum Bestäuben

Für die *crème pâtissière*

400 ml Milch
120 g Zucker
6 Eigelb
60 g Mehl
15 g Butterflocken

Für die Souffléformen

30 g zerlassene Butter
75 g Zucker

Herstellen der crème pâtissière

Die Milch mit 85 g Zucker verrühren und zum Kochen bringen. Mit dem restlichen Zucker die Eigelb mehrere Minuten schaumig schlagen. Das Mehl unterrühren, bis die Mischung ganz glatt ist. Dann unter ständigem Rühren die Milch angießen.
Die Mischung wieder in den Topf geben und auf starke Hitze setzen. Unter ständigem Rühren 3 Minuten köcheln lassen. Dann in eine Schüssel umgießen und einige Butterflöckchen auf die Oberfläche geben, damit sich keine Haut bildet.

Vorbereiten der Mirabellen

Den Sirup von den Mirabellen in einen Topf geben und kräftig kochen lassen, bis er um die Hälfte reduziert ist. 100 g Mirabellen beiseite stellen; den Rest in den Topf geben und 10 Minuten köcheln lassen. Durch ein Sieb streichen. Das Püree sollte eine weiche Konsistenz haben; wenn es zu flüssig erscheint, reduzieren Sie es bei mittlerer Hitze unter ständigem Rühren. Abkühlen lassen.
Die beiseite gestellten Früchte in den Mirabellenschnaps einlegen.

Vorbereiten der Souffléformen

Die sechs Souffléformen von 300 ml Fassungsvermögen mit zerlassener Butter einpinseln. Den Zucker in ein Förmchen geben und dieses so schütteln, daß die Innenfläche gut bedeckt ist. Dann den überschüssigen Zucker in die nächste Form geben und den Vorgang mit allen Formen wiederholen.
Ein Backblech in den Ofen schieben und auf 220°C, Gas Stufe 8, erhitzen.

Backen und Servieren der Soufflés

Das kalte Mirabellenpüree unter die *crème pâtissière* rühren, dann die Eigelb und den von den eingelegten Früchten abgegossenen Mirabellenschnaps untermischen.
Die Eiweiß schaumig schlagen, eine Prise Zucker zugeben und steif schlagen. Mit dem Schneebesen rasch ein Drittel des Eiweiß unter die Mischung schlagen, um sie leichter zu machen. Dann vorsichtig das restliche Eiweiß unterheben. Die Mischung in die Souffléförmchen löffeln, bis diese zu einem Drittel gefüllt sind. Die beiseite gestellten Mirabellen halbieren und auf die Förmchen verteilen. Dann bis oben mit der restlichen Mischung auffüllen, die Oberflächen mit einem Palettmesser glätten. Nun mit einer Messerspitze am Rand der Förmchen entlangfahren, um das Aufgehen der Soufflés zu erleichtern.
Die Förmchen auf das heiße Backblech stellen und 10 Minuten backen. Sofort mit Puderzucker bestäubt servieren.

Mein Weinvorschlag: Eau-de-vie blanche de Mirabelles, eisgekühlt serviert, oder ein junger Sauternes.

Raymond Blanc

Le Manoir aux Quat'Saisons

Church Road, Great Milton, Oxford, Telefon: 0044-8446-8881

Der langnasige Franzose – einer der bekanntesten Küchenchefs Großbritanniens – ist vollkommener Autodidakt. Er wurde in einem kleinen Dorf der Franche Comté geboren und verließ die Schule ohne besondere Pläne. Auf die fixe Idee, Koch zu werden, kam er, als er eines Tages durch das Fenster eines Restaurants seiner Heimat beobachtete, welches Schauspiel die Zubereitung einer Mahlzeit war. Eine Lehre in der Küche wurde ihm verweigert – mit neunzehn Jahren sei er zu alt zum Lernen –, statt dessen bot man ihm eine Stellung als Kellner an, die er hoffnungsvoll akzeptierte …

1974 bot sich ihm seine Chance in England, als die Küchenbrigade des Rose Revived kündigte und er an der Seite zweier englischer Cordon-bleu-Köche die Küche betrat. »Ich weiß noch, welche Angst ich hatte, als ich als Koch verkleidet hineinging.« Innerhalb eines Jahres wurde das Restaurant bekannt. Les Quat'Saisons – sein eigenes Lokal und ein durchschlagender Erfolg von Anbeginn – eröffnete 1977 in einer Einkaufsgegend von Oxford. Der erste Michelin-Stern wurde ihm 1979 verliehen, der zweite folgte drei Jahre später. Nebenbei machte er eine französische Bäckerei auf und träumte von einem kleinen Landhaus. Er fand es – es war nicht ganz so klein –, und 1984 eröffnete er Le Manoir aux Quat'Saisons: ein großes, schönes Herrenhaus auf dreizehn Morgen Land, das er zu einem Hotel mit zehn Schlafzimmern und einem berühmten Restaurant machte. Das Kochbuch Recipes from Le Manoir aux Quat'Saisons *erschien 1988. Als Autodidakt, sagt Raymond Blanc, habe er mehr Freiheit gehabt, viele Gerichte abzuwandeln und zu interpretieren. Welches sind die Ingredienzien seiner Küche? »Ehrlichkeit, Neugier und Freude – und sehr viel Leidenschaft.«*

MENU

SAUMON ET HUITRES EN GELEE, CREME
AIGRE AUX DEUX CAVIARS

Lachs und Austern in Gelee mit Kaviar-Sauerrahm

PIGEONNEAU EN CROUTE DE SEL AU JUS
DE TRUFFES

Tauben in Salzteigkruste mit Trüffelsaft

LAC DE CYGNES AVEC CREME A L'ANGELIQUE

Schwanensee mit Engelwurz-Creme

Saumon et Huitres en Gelee, Creme Aigre aux Deux Caviars

Lachs und Austern in Gelee mit Kaviar-Sauerrahm

Für vier Personen

2 Colchester-Austern und deren Saft
4 Lachsscheiben von je 60 g
Zitronensaft
30 g frische oder gefrorene (und aufgetaute) japanische Algen, in reichlich Wasser gespült
2 TL Lachskaviar
2 TL Kaviar
Einige Dillzweige

Für das Lachsgelee

1/4 Zwiebel, fein gehackt
1/2 kleine Lauchstange, fein gehackt
1 Selleriestange, fein gehackt
200 g Tomaten, blanchiert, enthäutet, entkernt und gehackt
1 Thymianzweig
1 Petersilienzweig
6 weiße Pfefferkörner, zerstoßen
1/4 Sternanis
400 g Lachsgräten und Bauchlappenabschnitte
60 ml Noilly Prat
300 ml klarer Fischfond oder Wasser
Salz
200 g roher Lachs, fein gehackt
2 Blatt Gelatine (bei Fischfond) oder 4 Blatt Gelatine (falls Sie Wasser verwenden)

Für Sauce und Garnitur

200 ml Sauerrahm
Saft von 1/4 Zitrone
Salz, Cayennepfeffer und Paprika
1 TL Kaviar
1 TL Lachskaviar
2 Zitronenschnitze, in kleine Dreiecke geschnitten

Ehe Sie beginnen, stellen Sie im Tiefkühlfach vier kleine Ramequins (Porzellanförmchen) kalt und im Kühlschrank vier Teller. Das Gericht kann einen Tag im voraus zubereitet werden.

Die gehackten Gemüse, alle Gewürze und Kräuter, die Fischgräten und -abschnitte in einen großen Topf geben. Noilly Prat und Fischfond angießen und zum Kochen bringen. Abschäumen und die Hitze verringern. Mit einer Prise Salz würzen und 15 Minuten simmern lassen. Dann den gehackten Lachs einrühren und weitere 10 Minuten bzw. so lange simmern lassen, bis der Sud klar ist. Inzwischen die Gelatine in etwas kaltem Wasser einweichen, dann in dem Fond auflösen. Den Fond durch ein feines Sieb gießen, das mit nassem Mull ausgelegt ist. Abkühlen lassen.

Die Austern öffnen, die aus den Schalen genommenen Tiere einige Sekunden im eigenen Saft pochieren und den Saft anschließend in den Lachsfond seihen. Die Austern halbieren.

Um die Lachsscheiben zu garen, nehmen Sie 100 ml kalten Lachsfond. Die Scheiben hineinlegen, zum Kochen bringen, den Deckel auflegen und vom Herd nehmen. 2 Minuten ziehen lassen. Dann die Lachsscheiben auf einem Tuch abtropfen lassen, mit Salz und einem Spritzer Zitronensaft würzen. Die Algen in dem gleichen Fond pochieren und dann abtropfen lassen. Den Fond abkühlen lassen, bis er zu gelieren beginnt.

Füllen der Ramequins

Die Förmchen aus dem Tiefkühlfach nehmen und 2 EL Gelee in jedes löffeln. Dann die Förmchen schwenken, bis sich auf der Innenseite eine dünne Schicht bildet – sie wird sofort fest. Mit Lachskaviar, Kaviar und Dill bestreuen. 10 Minuten in den Kühlschrank stellen, dann die Lachsfilets, die in Scheiben geschnittenen Austern und die Algen in die Mitte legen. Mit weiterem gelierendem Fond auffüllen und mindestens 2 Stunden kalt stellen, damit das Gelee erstarren kann.

Zubereiten der Sauce und Servieren

Sauerrahm in eine kleine Schüssel geben und nach Geschmack mit Zitronensaft, Salz, Cayennepfeffer und Paprika würzen.

Zum Servieren die Ramequins für eine Sekunde in heißes Wasser tauchen. Dann auf die gekühlten Teller stürzen. Ringsherum Sauce löffeln und mit etwas Paprika, Kaviar und den Zitronendreiecken dekorieren.

Mein Weinvorschlag: Chignon Bergeron 1985 von André Quemard, ein bemerkenswerter Wein aus Savoyen mit deutlich ausgeprägtem Charakter.

PIGEONNEAU EN CROUTE DE SEL AU JUS DE TRUFFES

Tauben in Salzteigkruste mit Trüffelsaft

Für vier Personen

4 Tauben von je 225 g, Lebern aufheben
4 Dreiecke aus dünn geschnittenem Rückenspeck vom Schwein
30 g Butter
1 EL Erdnußöl
8 Nelken
1 Ei, verschlagen
Eine Handvoll grobes Salz

Für den Salzteig

1 kg weißes Mehl
600 g Salz
7 Eiweiß
Etwa 150 ml Wasser

Für die Sauce

1 TL Butter
1 EL Öl
2 Schalotten, fein gehackt
100 g Champignons in dünnen Scheiben
3 EL roter Portwein
4 EL trockener Madeira
20 g Trüffeln, geschält und fein gehackt (Schalen aufheben)
4 EL Trüffelsaft
100 ml brauner Geflügelfond (Seite 57/58)
1 EL Sahne
Salz und frisch gemahlener Pfeffer

Für die Garnitur

4 Pommes Maxime (Bratkartoffelküchlein – Seite 252)
4 Scheiben foie gras, gesäubert (siehe Glossar)

Das Gabelbein entfernen, die Füße am Gelenk und die Flügel am körpernahen Knochen abschneiden. Die Vögel mit dem Speck bedecken und zusammenbinden, dann in heißer Butter und Öl ringsum anbraten, 3 Minuten pro Seite. Erkalten lassen. Hals und Flügel für die Sauce hacken.

Modellieren der Teigvögel

Mehl und Salz im Mixer vermischen und einen Teig herstellen. Die Eiweiß zugeben, den Mixer auf mittlere Geschwindigkeit einstellen und nach und nach Wasser angießen, bis der Teig gebunden ist. Eine Kugel formen, in Frischhaltefolie einwickeln und im Kühlschrank kalt stellen.

Auf einem bemehlten Brett den Teig in vier Teile teilen und jedes Teil zu einem etwa 5 mm dicken Kreis ausrollen. Vier Kreise von 23 cm Durchmesser ausschneiden. Die Abschnitte ausrollen und acht Flügelformen und vier Formen von Vogelköpfen daraus ausschneiden.
Eine erkaltete Taube auf jeden Teigkreis legen und diese vollständig einwickeln. Achten Sie darauf, daß keine Lücken entstehen. Den Rand nach unten legen. Die Teigflügel anfeuchten und auf beiden Seiten an die Formen drücken. Den Ansatz des Vogelkopfes anfeuchten und fest an die entsprechende Stelle drükken. Mit Nelken die Augen markieren. Brüste und Flügel mit grobem Salz bestreuen. Auf einem geölten Backblech kalt stellen.

Zubereitung der Sauce

Die Taubenleber 1 Minute lang in Öl und Butter braten, dann grob hacken. Die Flügel und den Hals anbräunen, die Schalotten anschwitzen, dann die Champignons zugeben und 2 Minuten garen. Mit Portwein ablöschen, den Satz vom Pfannenboden lösen. Madeira zugeben und 30 Sekunden kochen lassen. Die Trüffelschalen und den Trüffelsaft sowie den Geflügelfond zugeben und zum Kochen bringen. Alles Fett abschöpfen. Sahne und die Leber zugeben. Weitere 10 Minuten köcheln lassen und die Flüssigkeit reduzieren. Durch ein feines Sieb geben, gut ausdrücken. Dies kann einen halben Tag zuvor erledigt werden. Gehackte Trüffeln zugeben, abschmecken.

Backen und Servieren der Tauben

In dem auf 240°C, Gas Stufe 9, vorgeheizten Ofen die Tauben 25 Minuten backen; dann 5 Minuten ruhen lassen.
Für die Garnitur die *foie gras* in einer sehr heißen Bratpfanne von jeder Seite 10 Sekunden braten. Würzen und dann für weitere 2 Minuten unter den heißen Grill legen. Auf Küchenpapier abtropfen lassen und die Pommes Maxime aufwärmen. Vier heiße Teller und ein großes Tranchierbrett bereitstellen. Den Teig ringsum mit zerlassener Butter einpinseln. Die Tauben auf dem Tranchierbrett anrichten und vier Pommes Maxime, gekrönt mit je einer Scheibe *foie gras*, ringsum anordnen. Nun zeigen Sie Ihren Gästen dieses kleine Kunstwerk, bevor Sie es anschneiden.
Die Tauben müssen aus ihrer nicht eßbaren Salzteigkruste befreit werden (diese dient nur dazu, alle Aromen zu bewahren und das Fleisch saftig zu halten). Nehmen Sie die Köpfe ab, öffnen Sie die Salzteigkruste und heben Sie die Tauben heraus. Das Küchengarn entfernen und die Tauben tranchieren. Die Sauce darübergießen.

Mein Weinvorschlag: Ein roter Côte de Beaune, ein Volnay les Brouillards oder ein Pernand-Verglesses.

Lac des Cygnes avec Creme a l'Angelique

Schwanensee mit Engelwurzcreme

Für vier Personen

Für die Engelwurzcreme

30 g frische Engelwurz, fein gehackt
1 Vanilleschote, längs gespalten
500 ml Milch
6 Eigelb
100 g Zucker

Für das Schokoladensorbet

300 g extra bittere Schokolade
200 ml Wasser
150 ml schwerer Zuckersirup (siehe unten)

Für die pochierten Meringues

300 ml Milch
1 Vanilleschote, längs gespalten
3 große Eiweiß
60 g Zucker

Für den Brandteig

500 ml Milch
Eine Prise Salz
1 TL Zucker
65 g Butter in Würfeln
100 g Mehl, gesiebt
3 Eier

Für die Garnitur

30 g kandierte Engelwurz, fein gehackt
Puderzucker

Zubereitung der Engelwurzcreme

Die Milch mit Engelwurz und Vanille 2–3 Minuten köcheln lassen. Danach 5 Minuten ziehen lassen. Eigelb und Zucker verschlagen, dann langsam die Milch angießen und bei milder Hitze rühren, bis die Mischung andickt. Durchseihen, kalt stellen.

Zubereitung des Schokoladensorbets

Die Schokolade im *bain-marie* schmelzen. Das kalte Wasser und den Zuckersirup hinzufügen und unter ständigem Rühren bis zum Siedepunkt erhitzen. Durch ein feines Spitzsieb gießen und abkühlen lassen. Die Sorbetmischung in einen Eisbereiter geben oder im Tiefkühlfach gefrieren lassen.

Pochieren der Meringues

Die Milch mit der Vanilleschote 4–5 Minuten köcheln lassen, dann vom Feuer nehmen. Die Eiweiß nicht zu steif schlagen, dann den Zucker zugeben und sehr steif schlagen. Aus der Masse mit zwei Löffeln Klößchen formen – Sie brauchen acht – und in die Vanillemilch legen. Einige Minuten kurz unter dem Siedepunkt ziehen lassen und wenden. Mit einem Schaumlöffel herausnehmen und auf einem Tuch abtropfen lassen.

Formen von Schwanenhals und -flügeln aus dem Brandteig

Einen Brandteig herstellen, indem Sie die Milch, das Salz, den Zucker und die Butter in einen Topf geben und zum Kochen bringen. Alles Mehl auf einmal zugeben und schlagen, bis der Teig sich vom Topf löst. Leicht abkühlen lassen, dann die Eier, eins nach dem anderen, unterschlagen.
Den Teig in eine Spritztüte mit 2 mm großer Tülle füllen und vier große »S«-Formen für die Schwanenhälse und acht kleinere auf ein leicht gebuttertes Backblech spritzen. Im Ofen bei 200°C, Gas Stufe 6, 2 Minuten backen. Abkühlen lassen.
Eine andere Spritztüte mit einer Tülle von 1,5 cm nehmen und vier Haselnußformen (von etwa 4 cm Durchmesser) und acht kleinere Formen (2 cm) auf ein gebuttertes Backblech spritzen. 5–7 Minuten backen, dann den Ofen auf geringste Hitze schalten und den Teig 5 Minuten trocknen lassen. Abkühlen lassen, dann mit einem Sägemesser die kleinen und die größeren Teigkugeln aufschneiden. Das nicht gegarte Innere herauskratzen.

Anrichten der Schwäne

Die Engelwurzcreme auf vier große Teller löffeln und den Rand ringsum mit kandierter Engelwurz bestreuen. Seitlich auf jeden Teller zwei pochierte Meringues legen. Schokoladensorbet in eine Hälfte jeder Brandteigkugel löffeln, die andere Hälfte längs durchschneiden und wie zwei Flügel auf dem Sorbet arrangieren. In jedes Sorbet einen Hals stecken. Mit Puderzucker bestäuben und einen großen Schwan und zwei kleine auf jedem Teller anrichten.

Mein Weinvorschlag: Essencia von Andrew Quady in Kalifornien, basierend auf einer Muskattraube und mit einem Hauch von Orangenaroma.

Schwerer Zuckersirup

200 g Zucker
200 ml Wasser

Zucker und Wasser zum Kochen bringen, rühren, damit sich der Zucker auflöst, dann 1 Minute kochen lassen.

Brian Turner

TURNER'S

87-89 Walton Street, London SW 3, Telefon: 0044-1- 5846711

Brian Turner kam durch eine Lastwagenfahrerkneipe in Leeds zum Kochen, die von der Familie seines Vaters geführt wurde und in der das Essen einfach und deftig war. Nach diesen ersten Anfängen ging er zur gastronomischen Ausbildung aufs College und in Londoner Institutionen wie Simpson's im Strand, den Savoy Grill und das Claridges Hotel. Das Palasthotel Beau-Rivage in Lausanne erweiterte sein Spektrum. Dann, im Alter von fünfundzwanzig Jahren, trat er in das Capital Hotel ein und erkochte 1975 einen Michelin-Stern für das Restaurant; seine Speisekarte wechselte täglich. »Meine Speisen kommen heute wie damals vom Markt – und von Herzen. Ich will, daß die Leute davon begeistert sind«, sagt er. Während seiner Jahre im Capital eröffnete er zwei weitere Restaurants – das Greenhouse und Le Métro –, ehe er fortging, um sein eigenes Restaurant zu gründen.

Turner's in der Walton Street liefert den Beweis für seine Überzeugung, daß britische Küchenchefs ebenso kreativ sind wie die französischen, ohne diese in irgendeiner Weise zu kopieren. In einer komfortablen Umgebung bietet er ein Gourmet-Menü, doch man kann auch phantasievoll ausgewogen à la carte *essen. Immer gibt es Tagesspezialitäten, die sich nach den besten Angeboten des Marktes richten, und ein perfektes Käsetablett. 1988 eröffnete er ein zweites Restaurant, Le Meridiana in Fulham. Brian Turner unterstützt die britischen Köche und setzt sich für einen hohen Qualitätsstandard seines Berufsstandes ein. In diesem Sinne arbeitet er nicht nur mit seiner eigenen Brigade, sondern ist außerdem Chefprüfer für die »City and Guilds«-Berufsqualifikation. Außerdem ist er Mitglied der Académie Culinaire de France und verspürt eine große Affinität zu den Küchenchefs von Bordeaux.*

MENU

BRANDADE DE SOLE AUX HARICOTS VERTS
Seezungencreme mit Knoblauch auf Prinzeßbohnen

SELLE D'AGNEAU FARCIE AUX HERBES AVEC SAUCE AUX ROGNONS
Lammsattel mit Kräuterfüllung und Nierensauce

SORBET AU SUREAU A LA COMPOTE DE FRUITS ROUGES
Holunderblütensorbet mit roten Früchten

Brandade de sole aux haricots verts

Selle d'agneau farcie aux herbes avec sauce aux rognons

Sorbet au sureau à la compote de fruits rouges

Brandade de Sole aux Haricots Verts

Seezungencreme mit Knoblauch auf Prinzeßbohnen

Für vier Personen

4 Seezungenfilets, zusammen 250 g
1 ungeschälte Kartoffel von 120 g
150 ml Milch
1 Bund Frühlingszwiebeln, weiße Teile gehackt
2 Knoblauchzehen
2 Blatt Gelatine, eingeweicht
Salz, frisch gemahlene Muskatnuß und schwarzer Pfeffer
1 TL Walnußöl
150 ml Sahne, geschlagen

Für die Garnitur

250 g Prinzeßbohnen, leicht gekocht
30 g Schalotten, gehackt
2 EL Olivenöl
30 g Schnittlauch, gehackt
Gehacktes Tomatenfleisch

Die Kartoffel in der Schale 25 Minuten oder so lange kochen, bis sie gerade gar ist. Inzwischen die Seezungenfilets nebeneinander in eine große, flache Form legen. Die Milch darübergeben und mit den gehackten Zwiebeln und den in Scheiben geschnittenen Knoblauchzehen bestreuen. Zudecken und im Ofen bei 180°C, Gas Stufe 4, 10 Minuten garen.
Die Filets und die Knoblauchscheiben beiseite stellen und die Milch in einen kleinen Topf seihen. Die eingeweichten Gelatineblätter hineingeben und erhitzen, damit sie sich auflösen.
Die Kartoffel schälen, wenn sie so weit abgekühlt ist, daß man sie anfassen kann (aber nicht kalt), und in einen Mixer geben. Die Seezungenfilets und Knoblauchscheiben zugeben, dann die Milch. Glattrühren und nach Geschmack mit Salz, etwas geriebener Muskatnuß, Pfeffer und Nußöl würzen. Die geschlagene Sahne unterziehen, abschmecken.

Anrichten

Die gekochten grünen Bohnen und die rohen Schalotten mischen und würzen. Auf Tellern anrichten und mit dem mit Schnittlauch verrührten Öl übergießen. Die *brandade* auf die Bohnen geben. Mit gehackten Tomatenwürfeln geben Sie dem Gericht etwas Farbe.

Mein Weinvorschlag: Ein voller Meursault wie Les Cassetêtes von Roland Thévenien.

Selle d'Agneau Farcie aux Herbes avec Sauce aux Rognons

Lammsattel mit Kräuterfüllung und Nierensauce

Für sechs Personen

1 Lammsattel von etwa 2 kg (vor dem Ausbeinen)
120 g mageres Kalbfleisch
1 Ei
2 EL crème double
Salz und frisch gemahlener schwarzer Pfeffer
Mindestens 30 g frische Kräuter – Estragon, Schnittlauch, Thymian und Kerbel
60 g Spinat
4 sehr dünne Scheiben Rückenspeck vom Schwein, groß genug, um den Sattel zu bedecken
175 g Zuckerschoten
1 EL Walnußöl

Für die Lammnierensauce

1 Schalotte, gehackt
30 g Butter
80 ml trockener Rotwein
300 ml reduzierter Lammfond (Seite 164)
4 Lammnieren, gehäutet und gesäubert

Sämtliche papierähnliche Haut vom Lammsattel abziehen und diesen dann von unten vollkommen ausbeinen (oder das vom Metzger machen lassen). Alles überschüssige Fett von den Filets und so viel Fett wie möglich von den Bauchlappen entfernen (ohne ein Loch in das Fleisch zu schneiden). Benutzen Sie einen Fleischklopfer oder die flache Seite eines Hackmessers, um die Bauchlappen flachzuklopfen (diese werden die Füllung halten).
Das Kalbfleisch und den Spinat im Mixer zerkleinern, das Ei und dann die *crème double* unterrühren. Die Mischung würzen und reichlich von den gehackten Kräutern hinzufügen. Den Sattel mit der Kräutermischung füllen, mit den Bauchlappen zusammenhalten.
Den Schweinespeck um die magere Seite des Lammsattels wickeln und die Rolle an mehreren Stellen sorgfältig zusammenbinden. Den Sattel über Nacht ruhen lassen, damit das Aroma der Kräuter das Fleisch durchdringen kann.

Braten des Lammsattels

Das Fleisch, das Zimmertemperatur haben sollte, im auf 200°C, Gas Stufe 6, vorgeheizten Ofen auf einem Rost 35 Minuten braten. Vor dem Aufschneiden 10 Minuten ruhen lassen.

Zubereitung der Lammnierensauce

Inzwischen die Schalotte in 15 g Butter glasig werden lassen. Den Rotwein angießen, kochen lassen, bis er auf die Hälfte reduziert ist, dann den Lammfond zugeben. Die Nieren in kleine Würfel schneiden und in einer anderen Pfanne in der restlichen Butter bei starker Hitze rasch sautieren. Wenn sie gar sind, in die Sauce geben.

Anrichten

Die Zuckerschoten in kochendem Wasser 1 Minute blanchieren, dann abtropfen lassen und unter fließendem kaltem Wasser abschrecken. Etwas Nußöl über die Erbsen geben, würzen und auf den Tellern arrangieren. Den Sattel in vier dicke Scheiben schneiden und eine auf jedem Teller anrichten. Etwas Sauce rings um das Fleisch gießen.

Mein Weinvorschlag: Ein Côte Chalonnaise, vorzugsweise ein Givry, da dieser sehr fruchtig ist.

Sorbet au Sureau a la Compote de Fruits Rouges

Holunderblütensorbet mit roten Früchten

Der wild wachsende Holunder entspricht sehr dem englischen Geschmack. Das Aroma erinnert ein wenig an Muskat.

Für sechs Personen

500 g Holunderblüten
500 g Zucker
Zitronensaft nach Geschmack
Etwa 500 g vorbereitete rote Beeren – Erdbeeren, Himbeeren, Blaubeeren und Brombeeren
Winzige Mandel»tulpen«
(nach Wunsch – Seite 179)
Minze zum Garnieren (nach Wunsch)
Sahne zum Garnieren (nach Wunsch)

Für das Sorbet

300 ml Holunderblütensirup (siehe Rezept)
150 ml mittlerer Zuckersirup (siehe rechts)
600 ml Wasser
Zitronensaft nach Geschmack

Für die Fruchtmarinade

60 g Erdbeeren
60 g Himbeeren
120 ml Rotwein
½ Zimtstange
Geriebene Schale von ½ Zitrone und ½ Orange

Herstellen des Holunderblütensirups

Die Blüten verlesen und mit dem Zucker in eine Schüssel geben. Über Nacht ziehen lassen. Am nächsten Tag den Sirup abmessen und die gleiche Menge Wasser zugeben – etwa 600 ml. Zum Kochen bringen und abschäumen. Nach Geschmack etwas Zitronensaft zugeben. Erkalten lassen, dann durchseihen, um die Blüten zu entfernen, und in eine Flasche füllen.

Herstellen des Holunderblütensorbets

Den abgemessenen Holunderblütensirup (300 ml), Zuckersirup und Wasser mischen und nach Geschmack Zitronensaft zugeben. In einen Eisbereiter geben oder ins Tiefkühlfach stellen. Mehrmals umrühren, ehe die Masse erstarrt.

Einlegen der roten Früchte

Erdbeeren und Himbeeren pürieren und mit dem Rotwein, der Zimtstange und den geriebenen Zitrusschalen in einen Topf geben. Zum Kochen bringen, dann vom Feuer nehmen und durch ein Sieb in eine flache Schüssel geben. Sehr vorsichtig die vorbereiteten Früchte hineinlegen und über Nacht im Kühlschrank ziehen lassen.

Anrichten

Die roten Früchte mit ein wenig eigenem Saft auf Teller löffeln. Bällchen von Holunderblütensorbet daneben anrichten. Kleine Kugeln können Sie mit einem Melonenausstecher formen und, falls Sie möchten, in Mandel»tulpen« legen. Mit Minzblättern garnieren. Wenn Sie möchten, können Sie die Sauce mit Schlagsahne verzieren.

Mein Weinvorschlag: Champagner ist eines meiner Lieblingsgetränke, und ich würde zu diesem Dessert Crémant de Cramant reichen.

Mittelschwerer Zuckersirup

700 g Zucker
1 l Wasser

Den Zucker in einen Topf geben und das Wasser angießen. Zum Kochen bringen, leicht rühren, damit sich der Zucker auflöst, und dann ohne Rühren 2 Minuten kochen lassen.

David Wilson

THE PEAT INN

Peat Inn Cupar, Fife, Schottland, Telefon: 0044-334-84206

Wenn man in Schottland über Weinkeller spricht, wird an erster Stelle das Peat Inn genannt. Dabei war das ein ziemlich heruntergekommenes Gasthaus, als David Wilson es 1972 übernahm. Zwei Jahre zuvor hatte ihn seine Liebe zu Essen und Wein dazu gebracht, eine Marketing-Karriere aufzugeben, um Koch zu werden. Das geschah, als er Ende Zwanzig war. Zwei Jahre lang arbeitete er in guten Restaurants in England, ehe er ins heimische Schottland zurückkehrte, um das Peat Inn zu kaufen. An einer Straßenkreuzung gelegen, zirka eine Autostunde von Edinburgh entfernt, war es nicht gerade prädestiniert für das, was David Wilson daraus gemacht hat: ein berühmtes Restaurant mit acht luxuriösen Suiten. Mit seiner Frau Patricia renovierte er das alte Gasthaus und entwickelte gleichzeitig seine Kochtechnik und seinen Stil durch Arbeitsferien in Frankreich weiter.

David Wilsons Küche basiert auf der Liebe zu lebhaften Aromen in Verbindung mit erstklassigen Zutaten, die er mit großem Eifer aufstöbert. Er benutzt die traditionellen schottischen Produkte – Hülsenfrüchte und Innereien – wie auch die ausgefalleneren; davon zeugen verschiedene Wildpilze und sogar lokale Trüffeln in seinen Gerichten. Das Peat Inn setzt in Schottland die gastronomischen Maßstäbe und ist inzwischen seiner Küche wegen international berühmt. 1985 erhielt es zwei Egon-Ronay-Sterne und 1987 einen Michelin-Stern. Und da ist auch noch der Weinkeller – mit über Jahre hinweg sorgfältig ausgewählten Flaschen zu erschwinglichen Preisen: eine prämierte Weinkarte, die auf David Wilsons großer Liebe zu Wein beruht.

MENU

LITTLE FLAN OF ARBROATH SMOKIE WITH
SHREDDED VEGETABLES AND CITRUSVINAIGRETTE

*Kleine Flans von Arbroath Smokie mit
geraspelten Gemüsen und Zitrusvinaigrette*

BREAST OF SCOTTISH PIGEON WITH
PULSES AND WILD MUSHROOMS

*Schottische Taubenbrüste mit Hülsenfrüchten
und Wildpilzen*

CARAMELISED APPLE WAFERS WITH
CARAMEL SAUCE

Karamelisierte Apfelwaffeln mit Karamelsauce

Little Flan of Arbroath Smokie with Shredded Vegetables and Citrus Vinaigrette

Kleine Flans von Arbroath Smokie mit geraspelten Gemüsen und Zitrusvinaigrette

Dieser leichten Vorspeise geben die Gemüse einen Kontrast in Konsistenz und Farbe. Variieren Sie die Wurzelgemüse je nach Jahreszeit.

Für sechs Personen

1 großer Arbroath Smokie
(geräucherter Schellfisch),
nach dem Häuten und Entgräten etwa 275 g
3 Eier
200 ml crème fraîche
Saft von ½ Zitrone
Frisch gemahlener weißer Pfeffer

Für die geraspelten Gemüse

1 Karotte
1 Zucchini
1 kleine rote Bete

Für die Zitrusvinaigrette

2 Orangen
1 Zitrone
100 ml Olivenöl, extra vergine

Den geräucherten Schellfisch im Ofen bei 150°C, Gas Stufe 2, erwärmen; das erleichtert das Abziehen der Haut und das Halbieren des Fisches. Alle Gräten entfernen und das Fleisch in einen Mixer geben. Pürieren, bis es glatt ist, dann die Eier zugeben und erneut pürieren. Die *crème fraîche* hinzufügen und nochmals pürieren. Den Zitronensaft unterrühren und nach Geschmack würzen.

Vorbereiten von Gemüsen und Vinaigrette

Karotte, Zucchini und rote Bete getrennt voneinander sehr fein raspeln und jedes Gemüse in einer Schüssel für sich beiseite stellen.
Orangen und Zitrone schälen und dabei auch die weiße Haut außen an den Früchten entfernen. Jedes Segment halbieren und enthäuten. Das Fruchtfleisch in einen Mixer geben und zu Mus zerkleinern, dann vorsichtig das Olivenöl untermischen. Durch ein feines Sieb in eine Schüssel passieren. Bis zum Gebrauch kalt stellen.

Backen und Servieren der Flans

Die Fischmischung in gut ausgebutterte Ramequins (Porzellanförmchen) von etwa 150 ml Fassungsvermögen löffeln. Die Förmchen in eine Bratreine stellen und bis zu halber Höhe der Förmchen kochendes Wasser in die Reine gießen. Das Wasser auf dem Herd wieder zum Kochen bringen, dann bei 150°C, Gas Stufe 2, in die Mitte des Ofens stellen. 20 Minuten oder so lange garen, bis die Mischung fest geworden ist.
Die Flans auf vorgewärmte Teller stürzen, mit den drei verschiedenfarbigen, rohen Gemüsen garnieren, die Zitrusvinaigrette über die Gemüse löffeln. Sofort servieren.

Mein Weinvorschlag: Dieses Gericht braucht einen Wein mit etwas Säure – eine Rieslingtraube oder eine weiße Sauvignontraube. Gute Rieslinge sind Trimbachs Clos St-Hune oder Dopff von Moulin Schoenenberg. Auch die neueren Graves-Weine aus dem Bordeauxgebiet mit einem höheren Prozentsatz von weißen Sauvignontrauben sind ausgezeichnet.

Anmerkung: Ein Arbroath Smokie ist eine schottische Delikatesse. Es handelt sich um einen Schellfisch, der heiß geräuchert wird, und zwar ohne Kopf, aber ansonsten im Ganzen.

Breast of Scottish Pigeon with Pulses and Wild Mushrooms

Schottische Taubenbrüste mit Hülsenfrüchten und Wildpilzen

Ein Gericht, das traditionelle schottische Zutaten verwendet – einschließlich der Pilze – zubereitet und serviert auf neue Art.

Für sechs Personen

6 Tauben
30 g Butter

Für den Taubenfond

30 g Butter
1 Karotte, grob gehackt
1 Zwiebel, grob gehackt
1 Selleriestange, grob gehackt
Ein bouquet garni
4 Wacholderbeeren, zerdrückt

Für die Küchlein

120 g gemischte Hülsenfrüchte: grüne oder braune Linsen, Perlgraupen und enthülste Erbsen
120 g Karotten, fein gewürfelt
120 g Zwiebeln, fein gewürfelt
1 kleine Knoblauchzehe, fein gewürfelt
1 Zweig frischer Thymian
1 EL crème fraîche
Salz und frisch gemahlener schwarzer Pfeffer

Für die Pilzsauce

60 g wilde Pilze, geputzt
150 ml Gemüsefond
Eine frische Trüffelscheibe
60 g kalte Butter, gewürfelt
Salz und frisch gemahlener schwarzer Pfeffer

Die Taubenbrüste entfernen, die Haut daran lassen. Das Fleisch von den Beinen schneiden und alles restliche Fleisch von den Karkassen schaben, damit Sie 120 g Fleisch für die Küchlein haben.
2 Karkassen hacken, in der Butter anbräunen, die feingehackten Gemüse zugeben und mit Wasser bedecken. Das *bouquet garni* und die Wacholderbeeren zugeben und 30 Minuten simmern lassen, dann abseihen.

Herstellen der Küchlein aus Hülsenfrüchten

Die Hülsenfrüchte waschen und mit der gewürfelten Karotte und Zwiebel und dem Knoblauch in einen Topf geben. Mit etwa 300 ml Taubenfond bedecken und den Thymianzweig zugeben. Zugedeckt etwa 30 Minuten simmern lassen. Falls nötig, weitere Brühe zugeben. Wenn die Hülsenfrüchte gar sind, sollte alle Brühe gerade eben absorbiert sein. Das aufbewahrte Fleisch von den Beinen und Karkassen in einen Mixer geben und zu einer Paste zerkleinern. Die *crème fraîche*, Salz und Pfeffer zugeben und gut vermischen; das Püree unter die Hülsenfrüchte rühren. Abschmecken.
Nehmen Sie flache, beschichtete Förmchen von etwa 10 cm Durchmesser und 2 cm Tiefe. Die Hülsenfrüchtemischung hineinlöffeln und die Oberflächen glattstreichen. Die Förmchen in eine Bratform stellen und kochendes Wasser in diese gießen. Vorsichtig auf dem Herd kochen, bis die Mischung etwas fest geworden ist – etwa 5–6 Minuten. Warm stellen.

Zubereitung der Pilzsauce

Die wilden Pilze in einen Topf geben und mit Gemüsebrühe bedecken. Die Trüffelscheibe zugeben und etwa 10 Minuten simmern lassen. Durch ein Sieb in einen kleinen Topf geben, dabei alle Pilzflüssigkeit gut ausdrücken. Bei milder Hitze um etwa ein Drittel reduzieren, Geschmack und Konsistenz überprüfen. Unmittelbar vor dem Servieren nach und nach die kalten Butterwürfel unterschlagen, falls nötig nachwürzen.

Braten der Taubenbrüste

In einer Bratpfanne die Butter erhitzen und die Brüste von beiden Seiten anbräunen. Auf ein Backblech legen, die Hautseite nach oben, und im auf 230°C, Gas Stufe 8, vorgeheizten Ofen nur 5–6 Minuten braten, da sie innen noch weich und rosa sein müssen. Aus dem Ofen nehmen und ruhen lassen.

Anrichten

Die Haut von den Taubenbrüsten abziehen und die Brüste in dünne Scheibchen schneiden – etwa sechs Scheiben von jeder Brust. Zum Servieren die Küchlein aus den Förmchen auf vorgewärmte Teller stürzen. Darauf die Scheiben der Taubenbrüste in Form von Blütenblättern anrichten. Mit Sauce umgeben und servieren.

Mein Weinvorschlag: Da dieses Gericht relativ preiswert ist, könnten Sie sich dazu einen wirklich guten Burgunder leisten, Clos de la Roche von der Domaine Dujac oder den Gevrey-Chambertin Clos St-Jacques von Rousseau.

Caramelised Apple Wafers with Caramel Sauce

Karamelisierte Apfelwaffeln mit Karamelsauce

Ein einfaches, aber köstliches Dessert, das die Süße von Karamel mit der Säure von Äpfeln verbindet.

Für sechs Personen

200 g fertiger Blätterteig
6 Granny Smith oder knackige Dessertäpfel
450 g Zucker
150 ml kochendes Wasser
½ Vanilleschote
6 Minzeblätter zum Garnieren

Für die Karamelsauce

400 g Kondensmilch
80 g Butter
225 g Zucker
3 EL Ahornsirup
1 EL flüssige Glukose
½ Vanilleschote
600 ml kochendes Wasser

Zubereitung der Sauce

Die Kondensmilch in einen Topf gießen und die Butter in Stücken, den Zucker, den Ahornsirup, die Glukose und die halbe Vanilleschote hineingeben. Auf die Herdplatte stellen und ständig rühren, bis die Mischung kocht. Dann die Hitze verringern und die Sauce unter ständigem Rühren 20 Minuten leicht simmern lassen. Vom Feuer nehmen und nach und nach das kochende Wasser unterrühren. Gut vermischen, dann durch ein Sieb in eine Schüssel gießen und abkühlen lassen.

Vorbereiten des Teigs

Den Teig auf einer leicht bemehlten Fläche zu einem 30 × 35 cm großen Stück von 2 mm Dicke ausrollen. Auf ein Backblech legen und im Kühlschrank etwa 10 Minuten ruhen lassen. Den Teig mit zwei Gewichten von je 500 g beschweren, damit er nicht aufgehen kann.

Im Ofen bei 200°C, Gas Stufe 6, 10 Minuten backen, bis der Teig tiefgolden und knusprig ist. Aus dem Ofen nehmen und leicht abkühlen lassen, dann zu zwölf Rechtecken von je 5 × 10 cm schneiden.

Sechs der Rechtecke mit Puderzucker bestäuben, dann eine Nadel erhitzen, bis sie rotglühend ist, und mit der heißen Nadel ein Diamantmuster in den Puderzucker kratzen.

Karamelisieren der Äpfel

Die Äpfel schälen, Kerngehäuse entfernen, in etwa 2 cm große Würfel schneiden. Den Zucker in einen Topf geben und bei milder Hitze kochen, bis er geschmolzen und karamelisiert ist – das dauert etwa 5–6 Minuten. Vorsichtig das kochende Wasser unterrühren, dann die halbe Vanilleschote zugeben und gut vermischen. Die Apfelwürfel hineingeben und 2–3 Minuten leicht kochen lassen, bis sie golden sind, aber noch fest.

Anrichten

Die Teigplatten, die kein Puderzuckermuster haben, auf vorgewärmte Teller legen. Die karamelisierten Äpfel mit einem Schaumlöffel daraufgeben. Die gezuckerten Teigplatten obenauf legen. Warme Karamelsauce ringsherum gießen und je eine Ecke des Gebäcks mit einem Blatt Minze garnieren. Sofort servieren.

Mein Weinvorschlag: Dieses süße Dessert braucht und verdient einen guten Sauternes oder Barsac. Keinen klassischen Jahrgang, den man vielleicht besser allein trinken sollte, aber einen guten Wein wie den Château Climens 1979.

Spanien

Die Aromen Spaniens – Olivenöl und Tomaten – gewinnen in den Händen spanischer Meisterköche neue Raffinesse. Aus dem Norden kommen neue Ideen, doch noch immer regiert der Regionalstolz.

Juan Arzak

ARZAK

Alto de Miracruz 21, 20015 San Sebastián, Telefon: 0034-43-278465

Der bekannteste der spanischen Meisterköche, Juan Arzak, ist Sohn und Enkel von Gastronomen. Er wuchs in San Sebastián auf. Seine Mutter wurde Witwe, als ihr Sohn neun Jahre alt war, und führte den Familienbetrieb weiter. Er jedoch hatte nicht die Absicht, diesen zu übernehmen, und begann eine Ausbildung als Architekt.

Ein Freund überredete ihn schließlich, die Gastronomieschule in Madrid zu besuchen und die Tradition der Familie fortzusetzen. Danach bereiste er die Costa Brava, England und, was am wichtigsten war, Frankreich, wo er die Techniken erlernte, die er später zur Erneuerung der spanischen Küche anwenden sollte. Seine Heirat ermutigte ihn, heimzukehren und mit Hilfe seiner Frau das Familienrestaurant zu führen.

San Sebastián ist ein idealer Ort für einen Küchenchef mit neuen Ideen. Die Basken respektieren zwar die katalanische Tradition, sind aber gleichzeitig stolz darauf, für Bereicherungen aus dem Ausland offen und so die Vorhut der gastronomischen Entwicklung in Spanien zu sein. 1974 wurde Juan Arzaks Begabung gleich zweifach belohnt: Er erhielt den nationalen Gastronomiepreis als bester Küchenchef und den ersten Michelin-Stern für sein Restaurant. Eines seiner Talente besteht darin, öffentliche Aufmerksamkeit auf sich zu ziehen, und er versteht es, für seine Ideen zu werben. Die nouvelle cuisine *kam durch ihn nach Spanien, und er ist der aufsehenerregendste und erfolgreichste einer Gruppe baskischer Küchenchefs, die die Botschaft von Frische und Leichtigkeit mit den traditionellen spanischen Zutaten und Methoden verbunden haben. Die Folge war ein neuer und zugleich echt spanischer Stil. 1976, mit dreiunddreißig Jahren, erhielt Juan Arzac seinen zweiten Michelin-Stern.*

MENU

ENSALADA DE BOGAVANTE DE ARZAK

Warmer Hummersalat Arzak

BEGUI-AUNDI A LA PARILLA CON SU TINTA
Y PIMIENTOS DULCES

*Gegrillter Tintenfisch in seiner Tinte
mit grünem Paprika*

LECHE FRITA

Knusprige Milchquadrate

Ensalada de Bogavante de Arzak

Warmer Hummersalat Arzak

Für zwei Personen

1 lebender Hummer von 700 g
Salz
60 ml Walnußöl
4 TL Sherryessig

Für die rosa Mayonnaise

2 EL frisch ausgepreßter Orangensaft
100 ml Mayonnaise
1 EL Tomatenketchup
1 EL Sahne

Für den Salat

Kopfsalat
Endiviensalat
Brunnenkresse
Weißes von Lauchstangen
Frühlingszwiebeln
Kerbel

Vorbereiten und Kochen des Hummers

Einen Topf mit Salzwasser zum Kochen bringen. Den Hummer mit dem Kopf voran hineinwerfen und ca. 10 Minuten simmern lassen. Herausnehmen und etwas abkühlen lassen (legen Sie ihn auf den Rücken, damit die Säfte im Panzer bleiben). Mit einem starken Messer den Hummer über dem Schwanz zerteilen. Den Schwanz von der Innenseite her mit einer Schere aufschneiden und das Fleisch im Ganzen herauslösen. Den Brustpanzer auf der Unterseite von unten nach oben öffnen. Die Leber und den eßbaren Teil herausnehmen (den Magen wegwerfen!) und in eine feuerfeste Form geben. Das Schwanzfleisch in saubere Ringe schneiden. Die Scheren vorsichtig aufbrechen und die Schalen entfernen, wobei das Fleisch möglichst intakt bleiben soll. Alles Hummerfleisch in die Form geben und mit 2 EL Walnußöl und 2 TL Sherryessig anmachen.

Herstellen der rosa Mayonnaise

Den Orangensaft unter die Mayonnaise rühren, dann nacheinander das Ketchup und die Sahne. Abschmekken und die Farbe prüfen.

Anrichten

Wählen Sie genügend Kopfsalat, Endiviensalat und Brunnenkresse aus, um sie attraktiv auf zwei Tellern anzurichten. Die Blätter vorher in einer Schüssel mit Walnußöl und Sherryessig anmachen und leicht salzen. Auf den bereitgestellten Tellern arrangieren.

Den Hummer in seiner Vinaigrette im Ofen bei 225° C, Gas Stufe 9, 2 Minuten lang nur wärmen. Das Hummerfleisch auf dem Salat anrichten. Die rosa Mayonnaise durchrühren, über das Fleisch löffeln und mit gehacktem Lauch und Frühlingszwiebeln bestreuen. Mit dem Kopf und etwas Kerbel dekorativ garnieren.

Mein Weinvorschlag: Txakolí Txomin Echaniz, ein baskischer Wein, der in Meeresnähe wächst.

Begui-Aundi a la Parilla con su Tinta y Pimientos Dulces

Gegrillter Tintenfisch in seiner Tinte mit grünem Paprika

Für vier Personen

4 Tintenfische von je etwa 400 g
3 Schalotten
3 EL feingehackte Petersilie
250 ml Olivenöl
4 grüne Paprikaschoten, in Julienne-Streifen
2 Zwiebeln, in Julienne-Streifen
1 Zweig Rosmarin

Für die Sauce aus Rotwein und Tinte

100 ml Olivenöl
1 1/2 Zwiebeln, gehackt
2 grüne Paprikaschoten, entkernt und gehackt
2 Knoblauchzehen, fein gehackt
2 Tomaten in Scheiben
2 Zweige frischer Rosmarin
120 ml Rotwein
Tinte der Tintenfische

Ziehen Sie mit Hilfe der Tentakel das Innere der Tintenfische heraus. Die Tintenbeutel beiseite stellen und darauf achten, daß sie nicht zerreißen. Die Tentakel über den Augen abschneiden und beiseite stellen. Allen anderen Inhalt wegwerfen. Die Körper der Tintenfische leicht biegen, um an die knochige Struktur im Inneren zu kommen, und diese herausziehen. Mit salzigen Händen die Haut abreiben. Die Seitenflossen der Tintenfische abschneiden und den Körper auf einer Seite da, wo die Flossen saßen, aufschneiden. Die Körper flach auslegen. Mit einem schräg gehaltenen Messer eine Reihe kleiner Einschnitte in das Fleisch machen, dann das Messer umdrehen und erneut Einschnitte machen, so daß ein Diamantmuster auf dem Fleisch entsteht. Dasselbe auf der anderen Seite wiederholen.

Die Körper und Tentakel mit den gehackten Schalotten, Petersilie und 250 ml Öl in eine Schüssel geben und 12 Stunden marinieren lassen.

Herstellen der Rotwein-Tinten-Sauce

In einem Topf 100 ml Öl erhitzen und die Zwiebeln und Paprikaschoten, feingehackten Knoblauch, Tomatenscheiben und Rosmarinzweige hineingeben. Die Flossen des Tintenfischs zugeben und leise simmern lassen, bis die Zwiebeln weich sind. Den Rotwein angießen und 5 Minuten leicht simmern lassen. Die Flossen herausnehmen und die beiseite gestellte Tinte zugeben. Dann die Flüssigkeit durch ein feines Sieb in einen sauberen Topf umgießen.

Vorbereitung des Gemüsebetts für die Tintenfische

Die Paprikaschoten von Stengeln und Kernen befreien und in feine Julienne-Streifen schneiden. Die Zwiebeln halbieren und beide Enden abschneiden. In ähnliche Julienne-Streifen schneiden. Für 3 Minuten in kochendes Wasser legen, dann sehr gut abtropfen lassen und auf einer Servierplatte warm stellen.

Grillen der Tintenfische

Einen Spieß durch das Innere jedes Tintenfisches stecken und die Tintenfische auf einen heißen Grill legen, daneben die Tentakel legen; die angeschnittenen Seiten sollen der Glut zugewandt sein. Wenn die Teile leicht gebräunt sind, umdrehen und auch von der anderen Seite ein wenig anbräunen lassen.

Anrichten

Zum Servieren die Tintenfische auf das warme Bett aus Zwiebeln und grünem Paprika legen und die Spieße herausziehen. Die Tentakel ringsum anrichten und die erhitzte Sauce um die Tintenfische herum gießen. Mit einem frischen Rosmarinzweig garnieren.

Mein Weinvorschlag: Ein leichter Rotwein, da die Sauce mit Rotwein zubereitet ist; wir servieren einen Rioja Alta.

Leche Frita

Knusprige Milchquadrate

Dieses traditionelle baskische Gericht, innen cremig, außen knusprig, findet man heute in ganz Spanien. Manchmal serviert man es mit Konfitüre oder Fruchtpüree.

Für sechs Personen

1 l Milch
50 g Stärkemehl
50 g Mehl
200 g Zucker
1 Vanilleschote, gespalten
1 Zimtstange
1 Streifen Zitronenschale

Zum Braten

3 Eier, verquirlt
Mehl zum Panieren
Öl zum Braten
Puderzucker zum Bestäuben

Vorbereiten der Quadrate

Von der Milch so viel wegnehmen, daß Sie damit in einer Schüssel mit Stärkemehl, Mehl und Zucker eine Paste herstellen können. Die restliche Milch mit Vanilleschote, Zimtstange und Zitronenschale erhitzen und 10 Minuten ziehen lassen. Dann Vanilleschote, Zimtstange und Zitronenschale herausnehmen. Etwas heiße Milch in die Paste rühren, dann die Mischung in den Topf zurückgeben. Bei geringer Hitze 5 Minuten simmern lassen, dabei ständig rühren, damit sich keine Klümpchen bilden und nichts anbrennt.
Von der Mischung so viel in eine flache Form gießen, daß sie etwa einen Fingerbreit hoch ist. Stehen lassen, bis sie ganz kalt ist.

Braten und Servieren der »Milch«

Die Masse in Quadrate schneiden, pro Person zwei Stück. In verquirltem Ei und dann in Mehl wenden, überschüssiges Mehl abschütteln. Das Öl erhitzen und die Quadrate rasch braten, bis sie auf beiden Seiten knusprig und golden sind. Mit Zucker bestäuben und sofort servieren.

Mein Weinvorschlag: Ein Trajinero de López Hermanos aus der Gegend von Málaga, hergestellt aus der Pedro Ximenes Traube, sehr kalt serviert.

Josep Boix

Boix

Carretera Lérida-Puigcerdá, Martinet, 225724 Lérida, Telefon: 0034-73-515050

Josep Boix wurde in Martinet in der Provinz Lérida geboren, hoch in den Pyrenäen, wo seine Eltern seit Beginn des Jahrhunderts ein Gasthaus besaßen. Sein familiärer Hintergrund ermutigte ihn, Koch zu werden – einer der Onkel seines Vaters war Küchenchef im Can Martin in Barcelona gewesen, einem der besten Restaurants seiner Zeit. Im Alter von vierzehn Jahren begann er als Lehrling in Barcelona im Hostal de la Perdix; darauf folgte das Hotel Colón. Nach dem Militärdienst heiratete er und eröffnete 1975 mit seiner Frau Loles das Hotel-Restaurant Boix. Ihre Bemühungen und ihr guter Geschmack in der Gestaltung des Speisesaals sind die Stützpfeiler eines Projekts, an dem beide sehr hängen. Das Restaurant hat große Fenster, die auf einen kleinen Fluß hinausgehen, und eine heitere Terrasse, deren Ausstattung die Besitzer selbst charmant als »Gebirgsstil« bezeichnen.

Josep Boixs größte Leidenschaft ist die Lektüre alter Kochbücher. Er entnimmt ihnen immer wieder neue Geheimnisse, die ihm in seiner Jugend verborgen blieben. Sie verstärken auch sein Zugehörigkeitsgefühl zur katalanischen Tradition, denn er wollte immer an der Renaissance der regionalen Küche teilhaben. Einen Teil seines Erfolges schreibt er seinen lokalen Lieferanten zu, die ihm »die seltensten Kräuter, die frischesten Pilze und die besten Gemüse der Jahreszeit« bringen.

Am meisten Freude macht es ihm, »wenn nach tagelanger Vorbereitung alles genau zusammenstimmt: Geschmack, Aroma, Farbe und so weiter, und ein neues Gericht entstanden ist«. Kein Wunder also, daß das Restaurant Boix in den nationalen Führern aufsteigt – 8/10 in Gourmetour, seit 1985 vier Sonnen im Guía del Viajero und 1983 der erste Michelin-Stern.

MENU

SALTEADO DE CIGALAS Y SETAS

Sautierte Scampi und wilde Pilze

PICHON A LA VINAGRETA

Taube mit heißer Vinaigrette nach altkatalanischer Art

HELADO DE CANELA Y MANZANA GOLDEN AL HORNO

Zimteis mit glasierten Golden Delicious

Salteado de Cigalas y Setas

Sautierte Scampi und wilde Pilze

Für vier Personen

12 große, frische Scampi, geschält
200 g Steinpilze
200 g Feldschwindlinge
200 g Pfifferlinge
200 g Grünlinge
2 EL Olivenöl
Das Weiße von 4 Frühlingszwiebeln, fein gehackt
4 EL Gänsefett
Salz und frisch gemahlener Pfeffer
Einige rote Radicchioblätter zum Garnieren
Petersilienzweige zum Garnieren

Die Pilze dreimal mit frischem Wasser säubern und vorsichtig trockentupfen, je nach Größe vierteln. Das Olivenöl in einer großen Pfanne erhitzen und die Pilze hineingeben. Bei starker Hitze sautieren, bis sie golden werden; gegen Ende die Frühlingszwiebeln zugeben. In einer anderen Pfanne die Scampi leicht in dem Gänsefett braten und mit Salz und Pfeffer würzen.

Anrichten

Auf vier Tellern etwas von jeder Pilzart verteilen und je drei Scampi dazulegen. Etwas Gänsefett darüberträufeln. Die Teller mit frischen Radicchioblättern und krauser Petersilie garnieren.

Mein Weinvorschlag: Milmanda 1986 aus Torres.

Pichon a la Vinagreta

Tauben mit heißer Vinaigrette nach altkatalanischer Art

Für vier Personen

4 junge Tauben
Salz und frisch gemahlener schwarzer Pfeffer
200 ml Olivenöl
1 Zwiebel in Scheiben
750 ml Fleischbrühe (siehe rechts)
200 ml Sherryessig
2 Knoblauchzehen
1 Lorbeerblatt
10 g schwarze Pfefferkörner
2 EL gelierter Fleischfond (Seite 251)

Für die Gemüse

1 l Wasser
100 g Zucker
200 g Perlzwiebeln
200 g neue Kartoffeln
Olivenöl
Salz

Die Tauben säubern, innen und außen mit Salz würzen und zusammenbinden. In einer Kasserolle, in die sie gerade hineinpassen, das Öl erhitzen und die Tauben hineinlegen. Von allen Seiten bräunen. Die Zwiebelscheiben, die Brühe, Essig, Knoblauch, Lorbeerblatt und Pfefferkörner zugeben. Die Kasserolle zudecken und etwa 2 Stunden simmern lassen, bis die Tauben gar sind und die Brühe reduziert ist.
Wasser und Zucker bei geringer Hitze in einem Topf verrühren, bis der Zucker sich aufgelöst hat. Zum Kochen bringen, die Perlzwiebeln hineingeben und 15 Minuten garen. Die neuen Kartoffeln leicht in Öl braten, dabei die Pfanne schütteln, damit sie nicht ansetzen.

Anrichten

Die Tauben aus der Kasserolle nehmen, wenn sie gar sind. Die Sauce in einen Topf seihen, abschmecken und den gelierten Fleischfond zugeben. Reduzieren lassen, bis eine reiche, dickliche Sauce entstanden ist.
Inzwischen die Tauben in der Mitte längs teilen. Die Hälften auf eine große vorgewärmte Platte legen. Die glasierten Zwiebeln an einem Ende der Platte anrichten, die gebratenen Kartoffeln am anderen. Die Sauce über die Tauben gießen.

Mein Weinvorschlag: Campillo 1982 aus Rioja.

CALDO DE CARNE

Fleischbrühe

1 kg Kalbsknochen, gehackt
2 Geflügelkarkassen
500 g gehacktes Kalbfleisch
3 Zwiebeln, gehackt
2 Karotten, gehackt
Das Weiße von 1 Lauchstange, gehackt
1 Knoblauchzehe, gehackt
Eine Handvoll Thymian
Eine Handvoll Petersilie

Die Knochen und die Geflügelkarkassen in kaltem Wasser waschen. Alles in einen großen Suppentopf geben, mit reichlich Wasser bedecken und langsam erhitzen. Schaum abschöpfen. Bei sehr geringer Hitze 8 Stunden simmern lassen, dann durch ein feines Sieb gießen.

HELADO DE CANELA Y MANZANA GOLDEN AL HORNO

Zimteis mit glasierten Golden Delicious

Für vier Personen

4 Golden-Delicious-Äpfel
50 g Zucker
50 g Butter
60 g Zucker zum Bestreuen
30 g Zimtpulver

Für das Zimteis

250 ml Milch
15 g Zimtpulver
5 Eigelb
75 g Zucker
175 ml crème double

Zubereitung des Zimteises

In einem Topf die Milch mit dem Zimt zum Kochen bringen. Inzwischen in einer Schüssel die Eigelb mit dem Zucker verschlagen. Wenn die Milch zum Kochen kommt, diese unter ständigem Rühren über die Eigelb gießen. Dann wieder in den Topf geben und unter ständigem Rühren wieder zum Kochen bringen. Wenn der Siedepunkt erreicht ist, die *crème double* angießen, dabei ständig weiterrühren. Vom Feuer nehmen und erkalten lassen.
Wenn die Mischung kalt ist, in einen Eisbereiter geben – es dauert ungefähr 35 Minuten, bis das Eis fertig ist. Sie können die Mischung auch im Tiefkühlfach gefrieren lassen; rühren Sie sie mehrmals durch, ehe sie erstarrt.

Vorbereiten der glasierten Äpfel

Die Äpfel schälen, entkernen und vierteln, dann mit dem Zucker und so viel Wasser, daß sie gerade bedeckt sind, etwa 15 Minuten garen. Die Äpfel herausnehmen, trockentupfen und die Viertel in Scheiben schneiden. Die Apfelscheiben auf einem großzügig gebutterten Backblech auslegen. Mit einer Mischung aus Zucker und Zimtpulver bestreuen und im Ofen bei 200° C, Gas Stufe 6, 5 Minuten backen.

Anrichten

Die heißen Apfelscheiben überlappend auf jedem Teller anrichten und dann eine Kugel Zimteis in die Mitte setzen.

Mein Weinvorschlag: Ein Jahrgangschampagner von Henry Abele.

Ramón Ramirez

El Amparo

Puigcerdá 8, 28001 Madrid, Telefon: 0034-1-431 6456

Ramón Ramirez ist Inhaber von zwei Michelin-Sternen; eine Auszeichnung, die in Spanien nur fünf weiteren Restaurants verliehen wurde. Er wurde in Málaga geboren und hatte keinerlei Beziehung zur Gastronomie. Koch zu werden kam ihm erst in den Sinn, als er in England drei Jahre als Kellner arbeitete, um die Sprache zu erlernen. Das Metier gefiel ihm, doch die Speisen beeindruckten ihn nicht – er war davon überzeugt, das besser zu können. Nach seiner Rückkehr nach Madrid im Jahre 1976 wurde er Küchenmanager im Boqui, das Freunde von ihm eröffnet hatten. Er blieb dort bis 1978. Anfangs lernte er auf eigene Faust und durch Telefonanrufe bei seiner Tante Gabrielle, die eine gute Köchin und großzügige Gastgeberin war. Nachdem er jedoch 1977 Les Prés d'Eugénie besucht hatte, war er so beeindruckt, daß er sich »der modernen Küche auf höchstem Niveau« verschrieb. Dort kam ihm auch die Idee, El Amparo in Madrid zu eröffnen, was er 1979 verwirklichte. Mit Firmin Arrambide im französischen Baskenland, den er als Mentor betrachtet, ist er eng befreundet. Dies führte zu seiner Beteiligung an der baskischen Gruppe, die Ideen der nouvelle cuisine *einführte und an den spanischen Stil anpaßte. Einer der Initiatoren dieser Bewegung, ein junger Koch namens Ramón Roteta, arbeitet nun seit zwei Jahren bei ihm im El Amparo.*

Sein Stil hat eine deutliche spanische Wurzel – sowohl andalusisch als auch baskisch –, und er hat beträchtlich dazu beigetragen, die spanische Küche im Ausland bekannt zu machen. 1987, als Ramón Ramirez dreiunddreißig war, gewann das El Amparo den zweiten Michelin-Stern. Mit neunzehn von zwanzig möglichen Punkten des Gault Millau ist es als zweitbestes Restaurant Madrids anerkannt.

MENU

ROLLITOS DE LANGOSTO CON SALSA DE SOJA

Frühlingsrollen mit Langusten und Sojabutter

LUBINA AL TOMILLO Y COMPOTA DE TOMATE

Seebarsch mit Thymian und Tomatenkompott

DATILES FRESCOS RELLENOS DE CHANTILLY CON MOUSSE Y HELADO DE ALMENDRA

Gefüllte Datteln mit Mandelmousse und Eis

Rollitos de langosto con salsa de soja

Rollitos de Langosto con Salsa de Soja

Frühlingsrollen mit Langusten und Sojabutter

Für sechs Personen

1,2 kg Langustenfleisch
2 Karotten
2 Lauchstangen
6 Teigquadrate aus Reismehl für Frühlingsrollen, je 20 × 20 cm
Öl zum Fritieren
Petersilienzweige zum Garnieren

Für die Sojabutter

60 ml Sojasauce
120 ml Sherryessig
500 g Butter
Salz und frisch gemahlener schwarzer Pfeffer
Geriebene Schale von 1 Zitrone

Vorbereiten der Frühlingsrollen

Karotten und Lauch in Julienne-Streifen schneiden. In kochendem Wasser 2 Minuten blanchieren, dann abtropfen lassen.
Die rohen Langusten schälen; diese Hummer-ohne-Scheren haben alles Fleisch im Schwanz. Schneiden Sie die Schwänze in Stücke von je etwa 50 g.
Jedes Teigquadrat in vier Quadrate schneiden. Langustenfleisch und Gemüse-Julienne darauf verteilen. Den Teig über die Füllung ziehen, die Ecken nach innen klappen und zusammenrollen.

Zubereiten der Sojabutter

Die Sojasauce und den Sherryessig in einen Topf geben und kochen lassen, bis die Flüssigkeit auf die Hälfte reduziert ist. Die Butter rühren, bis sie weich ist, und nach und nach die warme Flüssigkeit untermischen. Mit Salz, Pfeffer und geriebener Zitronenschale würzen.

Fritieren der Frühlingsrollen und Servieren

Den Boden von sechs Tellern ganz mit Sojabutter überziehen.
Fritieren Sie die Frühlingsrollen in sehr heißem Öl 2–3 Minuten, bis sie golden sind. Auf einem Tuch abtropfen lassen, dann die Rollen sternförmig auf den Tellern anrichten und mit Petersilienzweigen garnieren. Im Restaurant richten wir die Frühlingsrollen in der entsprechenden Jahreszeit mit frischen dicken Bohnen an und garnieren sie mit diamantförmig geschnittenem rotem Paprika.

Mein Weinvorschlag: Albariño de Santiago Ruiz.

Lubina al Tomillo y Compota de Tomate

Seebarsch mit Thymian und Tomatenkompott

Für sechs Personen

1,2 kg Seebarsch, ausgenommen und geschuppt
1 kg Tomaten
2 kleine Zwiebeln, gehackt
Olivenöl zum Braten
Salz und frisch gemahlener schwarzer Pfeffer
7 Zweige frischer Thymian
Gehackte Petersilie

Die Tomaten nacheinander rasch in kochendem Wasser blanchieren, dann abhäuten und halbieren. Die Kerne entfernen, in Viertel schneiden.
Die gehackten Zwiebeln in etwas Olivenöl bei geringer Hitze braten. Wenn sie beginnen, braun zu werden, die Tomatenstücke zugeben. 10 Minuten braten, dann mit Salz und Pfeffer und einem der Thymianzweige würzen.
Vom Seebarsch Kopf und Schwanz abschneiden, den Fisch an der Mittelgräte halbieren und jede Seite in je drei Portionen schneiden. Mit Salz würzen. In einer feuerfesten Form bei geringer Hitze in sehr wenig Öl anbraten – der Fisch soll mit der Haut nach oben in der Form liegen. 2 Minuten braten. Dann die Hautseite nach unten wenden und die Form in den auf 180° C, Gas Stufe 5, vorgeheizten Ofen stellen. 4 Minuten garen. Im Restaurant verzieren wir den Fisch, indem wir mit einem rotglühenden Eisen oder Spieß ein diamantförmiges Muster einbrennen.
Inzwischen sechs Zweige Thymian kurz in heißem Öl braten.

Anrichten

Wenn der Seebarsch fertig ist, legen Sie ihn in die Mitte eines vorgewärmten Tellers und löffeln das Tomatenkompott ringförmig um ihn herum. Mit gehackter Petersilie bestreuen. Auf jede Portion einen Zweig Thymian legen.

Mein Weinvorschlag: El Rosal.

Datiles Frescos Rellenos de Chantilly con Mousse y Helado de Almendra

Gefüllte Datteln mit Mandelmousse und Eis

Für sechs Personen

36 frische Datteln
42 makellose Himbeeren oder Erdbeeren

Für das Mandeleis

500 ml Milch, gewärmt
4 Eigelb
150 g Zucker
100 g gemahlene Mandeln
60 ml Amaretto
50 ml Schlagsahne

Für die Schlagsahne

100 ml Schlagsahne
50 g Zucker

Für die Mandelmousse

50 g Butter
100 g gemahlene Mandeln
100 g Zucker
2 Eier
60 ml Amaretto

Herstellen des Mandeleises

Die Milch erwärmen. Die Eigelb mit dem Zucker in einer Schüssel schaumig schlagen, dann die heiße Milch darübergießen. In einem *bain-marie* mit simmerndem Wasser rühren, bis die Mischung andickt; darauf achten, daß sie nicht kocht. Die gemahlenen Mandeln und den Amaretto zugeben, abkühlen lassen. Dabei gelegentlich umrühren. Wenn die Mischung kalt ist, die Sahne schlagen und unterheben. Im Eisbereiter gefrieren lassen oder ins Tiefkühlfach stellen, dabei mehrfach umrühren, ehe die Masse fest wird.

Füllen der Datteln und Zubereiten der Mousse

Die Datteln schälen, der Länge nach einschneiden und die Kerne entfernen. Die Sahne mit dem Zucker schlagen. In eine Spritztüte mit sternförmiger Tülle geben und in die Datteln spritzen. Jeweils eine Beere in die Mitte der Füllung setzen.
Für die Mousse die Butter mit den gemahlenen Mandeln und dem Zucker im Mixer zu einer Creme verrühren. Eier und Amaretto zufügen und gut vermischen. Mit der Mandelmousse den Boden der sechs Teller bedecken.

Anrichten

Die Teller etwa 2 Minuten lang in ca. 30 cm Entfernung unter einen mittelheißen Grill stellen. Die Mischung wird dabei braun und bekommt eine fast kuchenartige Konsistenz, und die Teller werden sehr heiß.
Rasch jeweils sechs Datteln sternförmig auf einem Teller anrichten, eine Kugel Eis in die Mitte geben und mit einer weiteren Beere garnieren. Sofort servieren.

Mein Weinvorschlag: Celebration Cream Sherry von Domecq.

Lubina al tomillo y compota de tomate

El Amparo

El Amparo

Dátiles frescos rellenos de chantilly con mousse y helado de almendra

José Monje

Via Veneto

Granduxer 10, 08021 Barcelona, Telefon: 0034-3-2007244

José Monje ist maître d'hôtel *von Barcelonas führendem Restaurant. Als Zwölfjähriger verließ er sein Dorf in den Pyrenäen von Lérida, um in die nächstgelegene Stadt zu gehen, nach Barcelona. Dort arbeitete er in einem Restaurant am Plaza de Colón, füllte Kühlschränke auf, wusch Geschirr und begann eine Karriere, die er ganz in den Dienst der spanischen Küche stellte. Eine Reihe von Lokalen und Küchen folgten, bis 1967 das Via Veneto eröffnet wurde. Am Eröffnungstag war er dort Kellner, und er ist noch immer da – in einer ganz anderen Rolle! Er ist Geschäftsführer, und 1980 wurde er zum Alleininhaber. Das luxuriöse Restaurant im Stil der »Belle Epoque« fügt sich wunderbar ein in eine Stadt, die für die Jugendstil-Bauten Gaudís berühmt ist. »Wie die Küche«, sagt er »ist auch das Restaurant ohne falsche Prätentionen.« Spektakuläre, überfrachtete Gerichte sind einer authentischen regionalen Küche gewichen, die ein besseres Restaurant noch vor zehn Jahren verachtet hätte – zubereitet mit Liebe zum Detail und den allerbesten Zutaten. Er glaubt, daß das Kochen »den Eigengeschmack der Zutaten nicht verhüllen oder überdecken sollte«. Seinen Erfolg kennzeichnen ein Michelin-Stern seit 1969 und der Nationale Gastronomiepreis im Jahre 1984. Die Küche liegt jetzt in den talentierten Händen von José Muniesa. Dieser wurde von ihm entdeckt und zur Ausbildung zu den besten baskischen Meisterköchen, in die Schweiz und zu Jacques Pic in Valencia geschickt. 1986 wurde er mit fünfundzwanzig Jahren Chefkoch. Beide arbeiten begeistert zusammen.*

MENU

ERIZOS DE MAR DE CADAQUES GRATINADOS

Gratinierte Seeigel

SALMON FRESCO ASADO AL HORNO CON
MADERA DE PINO A LA MANTEQUILLA
DE ESTRAGON

*Auf Pinienholz geräucherter Lachs mit
Butter-Estragon-Sauce*

BUNUELOS DE HOJALDRE RELLENOS
DE CREMA CATALANA

Gebäck mit katalanischer Cremefüllung

Erizos de Mar de Cadaques Gratinados

Gratinierte Seeigel

Für vier Personen

72 Seeigel
15 g Butter
3 Schalotten, fein gehackt
500 ml crème double
Salz
Cayennepfeffer
120 ml Brandy

Die Seeigel öffnen, indem Sie sie mit einer starken Schere in der Mitte ringsum aufschneiden. Mit einem Teelöffel die rosa Eier (das Corail) herauskratzen. 24 der schönsten halben Schalen zum Füllen aufheben.

In einer Pfanne die Butter zerlassen und die Schalotten darin weich werden lassen. Das Corail der Seeigel zugeben und noch 1–2 Minuten braten, dann die Sahne angießen und mit Salz und Cayennepfeffer würzen. Eine weitere Minute bei sehr geringer Hitze garen lassen, dann durch ein feines Sieb streichen.

Anrichten

Die schönsten halben Schalen auf einem Backblech arrangieren. Den Brandy anwärmen, anzünden und in die bereitgestellten Schalen gießen. Das Blech mit den Schalen in den auf 200° C, Gas Stufe 6, vorgeheizten Ofen stellen und 3–4 Minuten erhitzen – dadurch werden sie aromatisiert.

Die Schalen mit dem Seeigelpüree füllen und kurz unter den heißen Grill stellen, bis sie oben leicht Farbe angenommen haben. Sehr heiß servieren.

Mein Weinvorschlag: Ein weißer Raimat Chardonnay, der aus »la terra firma« kommt, der katalanischen Weingegend von Lérida, und der ausschließlich aus Chardonnay-Trauben besteht.

Salmon Fresco Asado al Horno con Madera de Pino a la Mantequilla de Estragon

Auf Pinienholz geräucherter Lachs mit Butter-Estragon-Sauce

Für vier Personen

4 frische Lachssteaks von je 250 g
Butter zum Einfetten
Eine Auswahl gedünsteter Gemüse
Öl zum Braten
Einige Safranfäden zum Garnieren

Für die Lachsmarinade

20 g Zucker
100 g Salz
100 g grüne Paprikaschoten, fein gehackt
2 Lorbeerblätter, zerbröselt
1 Zweig Thymian

Für die Butter-Estragon-Sauce

1 Schalotte
250 g kalte Butter, in Würfel geschnitten
250 ml trockener Weißwein
2 EL feingehackte Estragonblätter
250 ml Fischfond (Seite 161)

Etwa 6 Stunden im voraus die Marinade herstellen und die Lachssteaks hineinlegen.

Vorbereiten der Sauce

Die Schalotte sehr fein hacken, in etwas Butter sautieren, bis sie weich ist, dann den Weißwein und die Estragonblätter zugeben. Kochen lassen, bis die Flüssigkeit um zwei Drittel reduziert ist.

Den Fischfond angießen und erneut 10 Minuten einkochen lassen: 150 ml Flüssigkeit sollten übrigbleiben. Durch ein Sieb gießen, um Schalotte und Estragon zu entfernen, und in einen sauberen Topf geben.

Räuchern der Lachssteaks

Einen kleinen Behälter mit Sägespänen von Pinienholz in den Ofen stellen und erwärmen, während der Ofen auf höchste Temperatur vorgewärmt wird.

Die Lachssteaks mit einem Tuch abtupfen und auf ein leicht gebuttertes Backblech legen. Den Lachs im Ofen 10 Minuten backen. Auch ohne zu brennen, geben die Späne von Pinienholz dem Fisch ein angenehmes Aroma. Die Fischsteaks herausnehmen.

Herstellen von Garnitur und Sauce

Während der Fisch gart, kleine Gemüse der Saison dünsten. Aus den vier Stücken Fischhaut Rollen binden und in reichlich Öl sehr knusprig braten, dann auf Küchenpapier abtropfen lassen. Zum Fertigstellen der Sauce die reduzierte Flüssigkeit auf sehr geringe Hitze stellen und die Butter nach und nach unterschlagen; geben Sie die nächsten Würfel zu, ehe die ersten geschmolzen sind, damit die Sauce sehr glatt und samtig wird.

Anrichten

Verteilen Sie die Butter-Estragon-Sauce auf vier Teller und legen Sie die Lachssteaks darauf.
Ringsum die gedünsteten Gemüse anrichten, auf jedes Steak eine knusprige Hautrolle und einige Safranfäden legen.

Mein Weinvorschlag: Trinken Sie den Chardonnay zu beiden Gängen.

Bunuelos de Hojaldre Rellenos de Crema Catalana

Gebäck mit katalanischer Cremefüllung

Dieses Gebäck wird in heißem Öl ausgebacken. Die Füllung ist eine üppige Zimtcreme, und es wird dekorativ auf schokoladenüberzogenen Tellern serviert.

Für vier Personen

250 g fertiger Blätterteig
1 l Olivenöl zum Fritieren
250 g Milchschokolade
100 g Puderzucker

Für die katalanische Creme

375 ml Milch
½ Zimtstange
½ Vanilleschote, gespalten
Schale von einer Zitrone
30 g Stärkemehl
6 Eigelb
120 g Zucker

Herstellen der katalanischen Creme

150 ml Milch beiseite stellen, den Rest mit Zimtstange, Vanilleschote und Zitronenschale zum Kochen bringen. Inzwischen aus Stärkemehl und der beiseite gestellten Milch eine Paste rühren und die Eigelb und den Zucker untermischen.
Die heiße Milch über diese Mischung gießen, dann wieder in den Topf geben und bei geringer Hitze unter ständigem Rühren mit einem Holzlöffel erhitzen, bis die Mischung den Siedepunkt erreicht. Vom Feuer nehmen, durch ein Sieb gießen und abkühlen lassen.

Herstellen des Gebäcks

Den Blätterteig etwa 4 mm dick ausrollen und Kreise von 4 cm Durchmesser ausstechen. Das Olivenöl sehr heiß werden lassen und das Gebäck immer wenig auf einmal, darin fritieren, bis es golden und aufgegangen ist. Auf einem Tuch abtropfen lassen und auf einer Seite aufschlitzen.

Anrichten

Servieren Sie das Gebäck frisch fritiert, lauwarm oder kalt. Mit einer Spritztüte jedes Stück mit katalanischer Creme füllen.
Die restliche Creme in die Mitte von vier Tellern geben und dann die Ränder der Teller mit einem Muster aus geschmolzener Milchschokolade garnieren – Sie erleichtern sich die Sache, wenn Sie das erledigen, ehe Sie die Krapfen fritieren. In die Mitte jedes Tellers vier *buñuelos* legen und mit Puderzucker bestäuben.

Mein Weinvorschlag: Grand Cru Cava von Juvé y Camps aus Sant Sadurní de Noia, hergestellt nach der *méthode champenoise.* Der Grand Cru, der beste Cava des Hauses Juvé y Camps, wird nur von außergewöhnlich guten Jahrgängen in kleinen Mengen produziert.

Pedro Subijana

AKELARRE

Barrio de Iguerdo, 20008 San Sebastián, Telefon: 0034-43-212052

Pedro Subijana, Baske von Geburt, hatte schon im Alter von siebzehn Jahren beschlossen, eine Laufbahn als Koch einzuschlagen. Er besuchte die Gastronomieschule in Madrid. Sechs Jahre später wurde der glänzende Schüler selbst Lehrer; er zeigt großes Interesse an der Ausbildung der nächsten Generation von Köchen und ist Berater der Hotelfachschule in San Sebastián. Nach dem Militärdienst, den er als Koch für den Gouverneur von Guipúzcoa ableistete, wurde er Chefkoch im Mesón de Idiáquez in Tolosa – und heiratete.

Das Paar nahm ein gemeinsames Projekt in Angriff: Im Restaurante de Frontón Galarreta in Hernani arbeitete Subijana als Küchenchef, während seine Frau für den Speisesaal zuständig war. Doch als in Madrid das Zalacaín eröffnete, konnte er nicht widerstehen, und er folgte dem Ruf Urdiains, um sich für ein Jahr dessen Küchenbrigade anzuschließen. 1975 kehrte er in seine Heimatstadt zurück, um das Restaurant Akelarre zu leiten, dessen Ruf er begründet hat.

Er ist einer der Küchenchefs, die sich am meisten mit der baskischen Kochtradition und der Bewegung zur Erneuerung der spanischen Küche identifizieren. Was hält Pedro Subijana von den Auswüchsen der nouvelle cuisine? *»Mit der Zeit begann ich diese gekünstelte Zurschaustellung zu verabscheuen, denn sie richtet sich gegen das Kochen selbst, und der Geschmack des Gerichts zählt nichts.« Mit neunundzwanzig Jahren errang er seinen ersten Michelin-Stern, und ein Jahr später, 1979, den nationalen Gastronomiepreis als bester Koch. 1980 erwarb er das Akelarre und konzentriert sich seither darauf, seine Küche ständig zu verbessern. Der Premio Club de Gourmets erkannte seine Leistung an, indem er ihn 1982 zum besten Koch Spaniens wählte, und ein zweiter Michelin-Stern folgte 1983.*

MENU

ENSALADA TEMPLADA CON PASTA, ANGULAS
Y PIPARRAS

Warmer Salat mit Teigwaren, Glasaalen und eingelegten Paprikaschoten

MERLUZA EN SALSA VERDE

Seehecht in grüner Sauce

CANUTILLOS FRITOS CON INTXAURSALSA

Gebratene Tütchen mit baskischer Walnußsauce

Ensalada Templada con Pasta, Angulas y Piparras

Warmer Salat mit Teigwaren, Glasaalen und eingelegten Paprikaschoten

Für vier Personen

200 g Glasaale
1 Knoblauchzehe
1–2 EL Olivenöl
8 piparras *(kleine, schlanke Paprikaschoten, die nicht scharf sind), in leichtem Weinessig eingelegt*
100 g Tagliatelle
1–2 EL geklärte Butter (siehe Glossar)
Frisch gemahlener schwarzer Pfeffer
Einige Tropfen Zitronensaft
Einige Tropfen Cidre-Essig

Traditionell benutzt man im Baskenland Steingutgeschirr. Reiben Sie das Geschirr mit einer durchgeschnittenen Knoblauchzehe aus. Die jungen Aale (die man kurz blanchiert kauft) hineinlegen und mit Olivenöl beträufeln.
Die eingelegten Paprikaschoten in kleine Quadrate von etwa 1 cm schneiden und mit den Aalen vermischen. Mit etwas Weinessig der Marinade beträufeln. Die Tagliatelle *al dente* kochen und abgießen. In etwas geklärter Butter wenden und mit gemahlenem Pfeffer und einigen Tropfen Zitronensaft und Cidre-Essig würzen.

Anrichten

Die angerichteten Aale in die Mitte eines Tellers löffeln. Die Tagliatelle ringsum anrichten und servieren, solange sie noch warm sind.

Mein Weinvorschlag: Ein leichter Rotwein wie der Remelluri 1983.

Anmerkung: Angulas (Glasaale) sind eine berühmte baskische Spezialität, so dünn und durchsichtig, daß sie wie silberne Spaghetti aussehen. Man kann sie auch in anderen Ländern fangen, aber sie kommen selten in den Handel, außer in Spanien, wo man sie vor dem Verkauf ganz kurz blanchiert. Gelegentlich findet man sie tiefgekühlt, aber dann sind sie nicht so gut.

Merluza en Salsa Verde

Seehecht in grüner Sauce

Für vier Personen

4 Seehechtfilets von je 120–150 g mit Haut
16 Kokotxas de Merluza (Backen vom Seehecht)
Salz und eine Prise Zucker
250 ml Wasser
100 ml Öl plus 1 EL
1 Frühlingszwiebel, gehackt
1 rote Chilischote
1 kg junge Erbsen in den Schoten (enthülst ca. 200 g)
3 Knoblauchzehen in Scheiben
16 große Venusmuscheln
1 EL Txakoli oder ein anderer trockener Weißwein
1 Handvoll gehackte, gekühlte Petersilie

Den Seehecht mit Salz würzen und bis zur Weiterverwendung kalt stellen. Das Wasser zum Kochen bringen. Salz, Zucker, 1 EL Olivenöl und die Frühlingszwiebel hineingeben. Wenn es kocht, die Erbsen hineingeben und 10 Minuten simmern lassen.

Zubereitung des Seehechts

Nehmen Sie ein Steingutgeschirr und stellen Sie es auf milde Hitze. Das Öl hineingießen; wenn es warm ist, Knoblauch zugeben. Wenn der Knoblauch schön golden ist, den Chili zufügen und nach ein paar Sekunden vom Herd nehmen und das Öl durch ein Sieb gießen, Knoblauch und Chili herausnehmen.
Die Hälfte des Öls wieder in das Gefäß geben und erneut vorsichtig erhitzen. Die Seehechtstücke mit der Haut nach oben hineinlegen, ebenso die Backen und die Venusmuscheln, die rings um den Fisch gelegt werden.
Das Gefäß mit beiden Händen vorsichtig schwenken, während Sie gleichzeitig die Temperatur erhöhen. Dann die Seehechtstücke, die Backen und die Muscheln umdrehen und das restliche Öl zugeben.
Die Hitze aufrechterhalten, weiterschwenken und die abgetropften Erbsen hinzufügen (das Kochwasser aufheben). Die Sauce muß dicklich und geschmeidig werden. 2 EL von dem Kochwasser der Erbsen und 1 EL Weißwein zugeben. Zum Kochen bringen und darauf achten, daß der Fisch nicht ansetzt. Mit reichlich Petersilie bestreuen.

Mein Weinvorschlag: Txakoli, ein trockener Weißwein aus einer Traube, die lokal in Meeresnähe wächst.

Anmerkung: Kokotxas sind eine baskische Spezialität, die man in Deutschland wahrscheinlich nicht solo kaufen kann. Nehmen Sie als Ersatz Jakobsmuscheln, aber ohne den orangefarbenen Rogensack.

Canutillos Fritos con Intxaursalsa

Gebratene Tütchen mit baskischer Walnußsauce

Intxaursalsa ist ein baskisches Weihnachtsdessert; das gibt diesem Gericht eine festliche Note.

Für sechs Personen

120 ml Milch
50 ml Öl
Einige Tropfen Weinessig
Eine kleine Prise Salz
250 g Mehl
Geschmacksneutrales Öl zum Fritieren

Für die Walnußsauce

500 ml Milch
100 g Zucker
½ Zimtstange
Ein kleiner Streifen Zitronenschale
100 g geschälte Walnüsse
30 g frisches Brot ohne Rinde, leicht getoastet und zerbröselt
120 ml Sahne

Für die süße Creme

2 Eigelb oder 1 Ei
60 g Zucker
20 g Stärkemehl
250 ml Milch
Ein Stück Vanilleschote
Ein Streifen Zitronenschale
15 g Butter in kleinen Stücken

Vorbereiten der Walnußsauce

Die Milch mit Zucker, Zimtstange und Zitronenschale zum Kochen bringen. Die Walnüsse im Mörser zerstoßen oder auf einer Marmorplatte mit einem Nudelholz zerdrücken. (Falls Sie sie im Mixer zerkleinern, mahlen Sie sie nicht zu stark, weil sie sonst ölig werden.)
Die Walnüsse in die Milch geben und 30 Minuten simmern lassen. Die Brotbrösel zufügen, weitere 30 Minuten simmern lassen.
Zum Schluß die Sahne angießen und nochmals 5 Minuten köcheln. Erkalten lassen, aber vor dem Servieren die Zimtstange und die Zitronenschale herausnehmen.

Herstellen der süßen Creme

Die Eigelb in eine Schüssel geben und verquirlen; Zucker und Stärkemehl zugeben. Etwas von der Milch unterschlagen, um eine glatte Paste zu erhalten. Die restliche Milch mit Vanilleschote und Zitronenschale zum Kochen bringen. Nach und nach unter die Paste rühren. Dann die Mischung wieder in den Topf gießen und bei mittlerer Hitze unter ständigem Rühren (mit einem Holzlöffel) simmern lassen. Wenn die Mischung dick ist, vom Feuer nehmen, in eine Schüssel füllen und abkühlen lassen. Die Oberfläche mit Butterflöckchen versehen, damit sich keine Haut bildet. Wenn die Creme erkaltet ist, gründlich verrühren und die Butter untermischen, ehe Sie sie in den Kühlschrank stellen.

Bereiten des Teiges und Formen der Tütchen

Milch, Öl, Essig und Salz in eine Schüssel geben. Nach und nach das Mehl untermischen, bis der Teig glatt, aber nicht hart ist. In Klarsichtfolie wickeln und 30 Minuten im Kühlschrank ruhen lassen. Zwanzig Metallformen (in Rollen- oder Kegelform) ölen. Auf einer leicht bemehlten Fläche den Teig so dünn wie möglich ausrollen. Streifen von 3 cm Breite und 20 cm Länge ausschneiden. An der Spitze beginnend, die Streifen um die Formen wickeln, und zwar so, daß sich bei jeder neuen Schicht der Teig leicht überlappt.

Fritieren der Tütchen

Öl zum Fritieren erhitzen. Wenn es sehr heiß ist, die Tütchen, immer wenige auf einmal, in einen Korb legen. Fritieren, bis sie ringsum golden und sehr knusprig sind. Da es sich um keinen Teig handelt, der aufgeht, werden sie nicht oben schwimmen oder sich aufblähen. In heißem Öl brauchen sie 3 Minuten.
Mit dem Korb aus dem Öl nehmen und auf einem Tuch gut das ganze Öl abtropfen lassen. Wenn sie so weit abgekühlt sind, daß man sie anfassen kann, vorsichtig die metallenen Formen herausnehmen. Dann die nächste Portion fritieren.
Mit einem Spritzbeutel die frischen Teigtütchen mit der kalten süßen Creme füllen.

Anrichten

Die cremegefüllten *canutillos* mit der kalten Walnußsauce servieren. Sie sind ziemlich gehaltvoll, aber man kann pro Person wohl drei reichen, ohne Verdauungsstörungen hervorzurufen.

Mein Weinvorschlag: Santo Domingo de Gonzáles Byass – ein typischer Muscat, sehr kalt serviert.

Benjamín Urdiain

ZALACAÍN

Alvarez de Baena 4, 28008 Madrid, Telefon: 0034-1-261 10 79

Nur ein Küchenchef in Spanien ist mit drei Michelin-Sternen ausgezeichnet. Der Mann, der diesen Durchbruch für die spanische Küche schaffte, betrachtet sich bescheiden als Gefolgsmann der regionalen Küchentradition. Benjamín Urdiain wurde als Sohn einer Bauernfamilie in Ciordia, in der üppig grünen Gegend von Navarra, geboren, in einer Stadt, die stolz ist auf ihre guten Köche. Er hat eine klassische Ausbildung durchlaufen. Im Alter von sechzehn Jahren ging er nach Frankreich, um das Kochen zu erlernen, und ließ sich dort für dieses Metier begeistern. Mehrere Jahre lang lernte er in verschiedenen Etablissements in Südwestfrankreich, dann landete er in Paris, wo er in den Küchen des Plaza Athenée arbeitete.

Nach seiner Rückkehr nach Spanien war er in einigen baskischen Restaurants tätig. 1973 zog er nach Madrid, und zwar auf Bitten eines Jugendfreundes, Jesús María Oyarbide, der ein neues Restaurant mit dem baskischen Namen Zalacaín eröffnete. Er ist noch immer Chefkoch dieses Restaurants, das er berühmt machte und für das er schon 1978 zwei Michelin-Sterne errang. Benjamín Urdiain ist ein Mann, der seinen Beruf liebt und mit Begeisterung alles liest, was damit zu tun hat. Seine Küche ist ganz und gar in den zeitlosen lokalen Speisen verwurzelt. Er ist überzeugt, daß die Weiterentwicklung der spanischen Küche über die Rückbesinnung auf die traditionellen dörflichen Gerichte der bäuerlichen Küche führt, die von Jahreszeit zu Jahreszeit wechseln, aber leider oft als zu bescheiden vernachlässigt werden. Sein Lohn sind der nationale Gastronomiepreis im Jahre 1981 und der dritte Michelin-Stern 1987.

MENU

GAZPACHO VINAIGRE DE JEREZ AL ESTILO DE ZALACAIN

Gazpacho mit Sherryessig nach Art von Zalacaín

HOJA DE COL RELLENA DE OCA A LAS TRUFAS

Gefüllter Kohl mit Gänsefleisch und Trüffeln

GRATINADO DE MANDARINAS Y FRAMBUESAS AL JEREZ

Gratinierte Mandarinen und Himbeeren mit Sherry

Gazpacho im Zalacaín

Hoja de col rellena de oca a las trufas

Gratinado de mandarinas y frambuesas al jerez

Gazpacho Vinaigre de Jerez al Estilo de Zalacain

Gazpacho mit Sherryessig nach Art von Zalacain

Diese kalte Suppe maurischen Ursprungs wurde durch die Verwendung von Tomaten abgewandelt; heute hat jede spanische Provinz ihre Sommerversion von *gazpacho*. Hier meine – eine Variante, die Mayonnaise und Sherryessig enthält.

Für acht Personen

1,5 kg reife Tomaten
200 g Zwiebeln
200 g grüne Paprikaschoten
400 g Gurke
1 kleine Knoblauchzehe
200 g Brot, entrindet
1 kleine rote Paprikaschote
½ Zitrone
2 EL Sherryessig
350 ml Olivenöl
350 ml kaltes Wasser
15 g Salz
60 ml Mayonnaise
Salz
frisch gemahlener schwarzer Pfeffer

Für die Garnitur je nach Wahl

Brot ohne Rinde in kleinen Würfeln
Öl zum Fritieren (muß nicht sein)
Zwiebel, fein gehackt
Grüner Paprika, fein gehackt
Tomaten, blanchiert, enthäutet, entkernt, fein gehackt
Gurke, geschält, entkernt, fein gehackt

Vorbereiten

Die Tomaten (mit Haut und Kernen) und die Zwiebeln hacken und in eine sehr große Schüssel geben. Von den grünen Paprikaschoten Stengel, Kerne und die hellen Häutchen entfernen und das Fleisch fein hacken. Zu den Tomaten und Zwiebeln in die Schüssel geben.
Die Gurke schälen, längs halbieren und mit einem Teelöffel die Kerne herauskratzen. Das Gurkenfleisch hacken und in die Schüssel geben.
Den Knoblauch fein, das Brot grob hacken und mit der roten Paprikaschote genauso verfahren wie mit den grünen. Ebenfalls in die Schüssel geben, den Saft der Zitrone über das Ganze geben. Den Sherryessig, das Olivenöl und Wasser hinzufügen, salzen und 12 Stunden durchziehen lassen.

Vorbereitung der Garnitur

Welche Garnitur Sie wählen, ist Geschmackssache, aber im Zalacaín bieten wir eine Auswahl aus folgendem: Brotwürfel (frisch oder knusprig fritiert und abgetropft); gehackte Zwiebel, grüner Paprika, Tomate und Gurke. Alle Gemüse werden in getrennten Schälchen angerichtet und vor dem Servieren gekühlt. Dann werden sie auf einem Tablett gereicht, damit jeder Gast seine eigene Auswahl treffen kann.

Fertigstellung der geeisten Suppe

Die ganze Gemüsemischung in einem Mixer pürieren und die Mayonnaise zugeben. Durch ein Sieb drükken, damit die Suppe eine glatte Textur hat und Kerne und Schalen entfernt werden. Abschmecken, eventuell nachsalzen, und kalt stellen. Die Suppe muß sehr kalt serviert werden. Das Rezept ergibt etwa 2 l Suppe, aber in Spanien reicht man großzügige Portionen. Außerdem hält sich das Gericht gut einen weiteren Tag.

Mein Weinvorschlag: Servieren Sie hierzu keinen Wein – der Essig würde den Geschmack verderben. Trinken Sie statt dessen Wasser oder Bier.

HOJA DE COL RELLENA DE OCA A LAS TRUFAS

Gefüllter Kohl mit Gänsefleisch und Trüffeln

Für sechs Personen

300 g rohes Gänsefleisch ohne Knochen
4 Eier
100 g Trüffeln, gehackt
200 ml Gänsebrühe (Seite 109)
200 ml Schlagsahne
½ TL Salz
6 grüne Kohlblätter
10 g Butter
Weißer Pfeffer
Weitere Trüffeln zum Garnieren
(müssen nicht sein)

Füllen der Kohlblätter

Das Gänsefleisch im Mixer zerkleinern, dann die Eier, 40 g von den Trüffeln, 100 ml Gänsebrühe und die Sahne untermischen, um eine feuchte Paste herzustellen. Mit Salz und Pfeffer würzen.
Sechs Formen von etwa 150 ml Fassungsvermögen einfetten. Die Strünke aus den Kohlblättern schneiden und rasch in kochendem Wasser blanchieren. Gut abtropfen lassen. Die Blätter so in die Formen legen, daß sie an den Rändern überstehen und über der Füllung zusammengelegt werden können. Die Gänsefleischmischung hineinlöffeln und die Kohlblätter vorsichtig darüberschlagen.
Die Formen in ein *bain-marie* stellen und so viel kochendes Wasser angießen, daß es bis zur halben Höhe der Formen reicht. Im auf 120° C, Gas Stufe ½, vorgeheizten Ofen 15 Minuten garen.
Den verbleibenden Gänsefond mit den gehackten Trüffeln mischen und langsam zum Kochen bringen.

Anrichten

Stürzen Sie jedes gefüllte Kohlblatt auf einen vorgewärmten Teller und gießen Sie die Sauce darüber.

Mein Weinvorschlag: Contino 1981.

GRATINADO DE MANDARINAS Y FRAMBUESAS AL JEREZ

Gratinierte Mandarinen und Himbeeren mit Sherry

Für sechs Personen

300 g enthäutete Mandarinensegmente
480 g Himbeeren
200 ml Schlagsahne
25 g Zucker
100 ml Konditoren-Creme (siehe unten)
50 ml Sherry fino

Die Sahne mit dem Zucker schlagen und dann unter die Konditoren-Creme heben. Den Sherry angießen und umrühren; dabei darauf achten, daß die Mischung leicht und luftig bleibt.
Die Mandarinensegmente auf Tellern anrichten – wir tun das in drei verschieden großen Kreisen – und mit der Creme bedecken.
Den Grill 10 Minuten auf höchster Stufe vorheizen.
Unmittelbar vor dem Servieren das Gratin unter den Grill stellen und golden färben. Mit Himbeeren garnieren.

Mein Weinvorschlag: Pedro Ximenes – ein voller, süßer Wein aus Südspanien.

CREMA PASTELERA

Konditoren-Creme

250 ml kochende Milch
1 Vanilleschote, gespalten
4 Eigelb
75 g Zucker
30 g Mehl, gesiebt

Die Milch mit der Vanilleschote zum Kochen bringen. Eigelb und Zucker miteinander verquirlen und vorsichtig das Mehl untermischen; zu einer glatten Paste verrühren. Unter schnellem Rühren die heiße Milch angießen. Wieder in den Topf geben und bei geringer Hitze garen, ohne daß die Mischung kocht; dabei ständig rühren, bis sie glatt und cremig ist – die Mischung dickt nach und nach an. Unter gelegentlichem Umrühren erkalten lassen.

Deutschland

Würste und Sauerkraut, Bier
und gekochte Klöße – dieses Vorurteil
über die deutsche Küche ist schon
lange nicht mehr wahr.
Die Neue Deutsche Küche widmet
sich mit großem Erfolg
den traditionellen Speisen und verleiht
ihnen Eleganz und Leichtigkeit.

Peter Wehlauer

Burg Windeck

Kappelwindeckstraße 104, 7580 Bühl/Baden, Telefon: 07223-23671

*Ein Metzgerbursche, der Koch wurde; ein ausgebildeter Hotelmanager, der jetzt ein berühmter Meisterkoch ist – Peter Wehlauer begann seine vielseitige Ausbildung im Jahre 1959 im Alter von neunzehn Jahren. In seiner ersten Stellung arbeitete er für Ernesto Schlegen am Schweizer Hof in Bern. Er hatte hier das Glück, bei einem der großen Köche und Gourmets der Schweiz zu lernen, der bis heute entscheidenden Einfluß auf ihn hat. Dann folgte das Palace Hotel in Korfu, wo er das Hotelmanagement erlernte. Schließlich kam er zum Kochen zurück, und zwar als Chef-*rôtisseur *im Breidenbacher Hof in Düsseldorf. Während seiner siebenjährigen Tätigkeit als Chefkoch des Miramare auf Rhodos absolvierte er »Studienaufenthalte« im Dorchester in London, im Meurice in Paris und im Carlton in St. Moritz. Alfred Walterspiel, der dadurch berühmt wurde, daß er in den zwanziger Jahren die französische Küche in München eingeführt hat, ist ein weiteres Vorbild für Peter Wehlauer. Inzwischen ist er ihm auch familiär verbunden, da er dessen Großnichte Marianne geheiratet hat.*

Er kehrte nach Deutschland zurück, und zwar als Chefkoch im Parkhotel Wehrle in Triberg. Im Jahre 1978 schien ihm die Zeit reif dafür, sein eigenes Restaurant zu eröffnen, und er wurde Eigentümer der Burg Windeck in Bühl. Hier entwickelte er seinen persönlichen Stil; phantasievoll und feinfühlig gestaltet er alte Rezepte zu ganz neuen Gerichten um.

1982 erhielt er zwei Michelin-Sterne und im folgenden Jahr die begehrte Silberne Eule für besondere Verdienste um die Neue Deutsche Küche. »Kochen und Essen ist ein Teil der deutschen Kultur«, sagt er. Ab 1991 will Peter Wehlauer Burg Windeck verlassen und seine Aktivitäten ganz auf sein zweites Restaurant »Wehlauers Badischer Hof« konzentrieren.

MENU

WACHTELMOUSSE
MIT KARTOFFEL-TRÜFFEL-SALAT

MIGNONS VOM KALBSFILET MIT LAUCHKRUSTE
UND BLATTSPINAT MIT MORCHELN

WARME ZWETSCHGENTARTE MIT ZIMTEIS
UND ARMAGNACSABAYON

Wachtelmousse mit Kartoffel-Trüffel-Salat

Für fünf Personen

5 Wachteln
Salz und frisch gemahlener schwarzer Pfeffer
40 g Butter
250 ml brauner Geflügelfond (Seite 57)
100 ml weißer Portwein
100 ml Armagnac
3 Blatt Gelatine
75 g pâte de foie gras
75 ml Schlagsahne
Eine Auswahl von Kopfsalat, römischem Salat, Friséesalat, Feldsalat und Brunnenkresse
Vinaigrette zum Anmachen (siehe unten)

Für den Kartoffel-Trüffel-Salat

10 kleine neue Kartoffeln
1 ½ EL Cidre-Essig
80 ml Olivenöl
Salz und frisch gemahlener schwarzer Pfeffer
3 TL Schalotten, fein gewürfelt
3 TL Weißes von der Lauchstange, ebenso fein gewürfelt
50 g frische Périgord-Trüffeln

Zubereiten der Wachtelmousse

Die Wachteln mit Salz und schwarzem Pfeffer aus der Mühle würzen. Die Butter erhitzen und die Wachteln darin rundum von allen Seiten bräunen und garen (8–10 Minuten).
Alles Fleisch vom Knochen lösen und warm stellen. Die Knochen wieder in die Pfanne geben und den braunen Fond angießen. Kochen lassen, bis die Flüssigkeit auf etwa 100 ml reduziert ist, passieren. Gut abkühlen lassen und alles Fett abschöpfen. Die Gelatineblätter zerbrechen und 5 Minuten in ein wenig Wasser einweichen. Die Gelatine in den heißen Sud geben und gut umrühren, bis sie sich vollständig aufgelöst hat.
Das Fleisch der Wachteln mit dem weißen Portwein und dem Armagnac in die Brühe geben. Die Mischung in den Mixer geben, fein pürieren und durch ein Haarsieb streichen.
Die *pâte de foie gras* ebenfalls durch ein Sieb in die Wachtelmousse streichen, dann alles gut verrühren. Die Schlagsahne nicht zu steif schlagen und vorsichtig unter die Mousse heben. Eine Form von 15 × 8 × 7 cm mit kaltem Wasser ausspülen und die Mousse 6–7 cm hoch einfüllen. Mit der Form mehrmals auf die Arbeitsfläche klopfen, um sicherzugehen, daß die Mousse in alle Ecken gedrungen ist. Mindestens 2 Stunden kalt stellen.

Zubereiten und Marinieren des Kartoffelsalats

Benutzen Sie ein kleines Messer, um die Kartoffeln zu »tournieren«, das heißt, alle auf gleiche Größe und Form zurechtzuschneiden. In Salzwasser kochen, bis sie gar, aber noch fest sind. Abgießen und noch warm in Scheiben schneiden. Essig und Öl mischen und gut würzen. Die noch warmen Kartoffeln darin wenden und ziehen lassen.

Anrichten

Mit einem Messer am Innenrand der Form entlangfahren und dann die Wachtelmousse stürzen. In fünf Scheiben schneiden. Im Restaurant benutzen wir einen 10 cm hohen (∅ 5 cm) Ausstecher, was kleine, hohe Türme von Mousse ergibt, die sehr elegant aussehen. Die Salatblätter, die Sie gewählt haben, mit Vinaigrette anmachen und auf fünf Tellern arrangieren. Die Wachtelmousse jeweils in die Mitte stellen.
Die *brunoise* – kleinste Würfel – von Schalotten und Lauch über den Kartoffelsalat streuen und frische Trüffeln darüberraspeln. Alle Zutaten vorsichtig vermischen, dann den Kartoffel-Trüffel-Salat auf den gemischten Blättern anrichten.

Mein Weinvorschlag: Britzinger Rosenberg 1985 aus einer klassischen Weißburgunder-Gemeinde Badens; dank des hervorragenden Jahrgangs konnten die Trauben als Spätlese geerntet werden, und sie ergaben einen vollen und edlen Wein mit viel Harmonie, Eleganz und anregender Säure.

Vinaigrette

120 ml Olivenöl
2 EL Weißweinessig
Salz und frisch gemahlener schwarzer Pfeffer
½ TL Dijon-Senf

Alle Zutaten mit einer Gabel zu einer Emulsion verschlagen. Verwenden Sie nur wenig Vinaigrette zum Anmachen von Salaten, zu denen Wein gereicht werden soll.

Mignons vom Kalbsfilet mit Lauchkruste und Blattspinat mit Morcheln

Für fünf Personen

10 Filets mignons vom Kalb, je ca. 75 g
Salz und frisch gemahlener schwarzer Pfeffer
Dijon-Senf
1 Lauchstange
Mehl
120 g Butter
Blattspinat, mit Morcheln überbacken (als Beilage)
Gratin Dauphinoise (als Beilage)

Für die Madeira-Sauce

200 ml brauner Kalbsfond (Seite 178)
100 ml trockener Madeira
30 g Butter in Würfeln

Für den überbackenen Spinat

100 g frische Morcheln
60 g Butter, die Hälfte davon in Würfeln
1 EL feingehackte Schalotte
100 ml Noilly Prat
100 ml weißer Geflügelfond (Seite 96)
120 ml Sahne
1 EL Sauce Hollandaise (Seite 157)
1 kg Spinat, gewaschen
Salz und frisch gemahlener schwarzer Pfeffer
1 Knoblauchzehe, zerdrückt

Zubereitung von Spinat mit Morcheln

Die Morcheln sorgfältig waschen und putzen. In einer Pfanne, die groß genug ist, um alle Morcheln aufzunehmen, 30 g Butter erhitzen und die Schalotte braten, bis sie weich ist. Noilly Prat zugeben und auf etwa 1 EL reduzieren. Den weißen Fond und die Sahne zugeben (1 EL von der Sahne für die Fertigstellung der Sauce zurückbehalten). Die Morcheln beifügen und 2 Minuten köcheln lassen.
Mit einer Schaumkelle die Morcheln aus der Sauce nehmen und warm stellen. Die Sauce nach Geschmack würzen und 30 g gewürfelte Butter unterrühren. Die Hollandaise unterheben, dann 1 EL geschlagene Sahne. Von diesem Punkt an darf die Sauce nicht mehr kochen, weil sie sonst gerinnt. Die Morcheln wieder in die Sauce geben.
Den Spinat in einem großen Topf mit kochendem, leicht gesalzenem Wasser blanchieren und dann gut abtropfen lassen. Nach Geschmack mit Salz und Pfeffer und der zerdrückten Knoblauchzehe würzen. In eine ofenfeste Form geben.
Kurz vor dem Servieren die Morcheln mit der Sauce über den Spinat geben und unter dem Grill sehr heiß werden lassen.

Garen der Filets mignons vom Kalb

Auf einer Seite das Kalbfleisch rautenförmig – einige Millimeter tief – einschneiden.
Das Weiße von der Lauchstange zu einer *brunoise* zerkleinern – winzigen Würfeln von etwa 3 mm Kantenlänge. Die eingeschnittene Seite mit Senf bestreichen und pro Filet ½ EL gewürfelten Lauch darauf verteilen. Gut andrücken und mehlen. Die Butter erhitzen und die Filets mit der Lauchseite nach unten einige Minuten sautieren, bis das Mehl knusprig ist. Die Filets umdrehen und im auf 200° C, Gas Stufe 6, vorgeheizten Ofen in ca. 6 Minuten fertigbraten, sie sollen innen noch rosa sein.

Zubereiten der Madeira-Sauce

Den braunen Kalbsfond und den Madeira in einen Topf geben und kochen lassen, bis die Flüssigkeit auf 200 ml reduziert ist. Die kalten Butterwürfel unterrühren.

Anrichten

Servieren Sie auf jedem Teller zwei Filets mignons, mit der knusprigen Seite nach oben, umgeben von Madeira-Sauce und begleitet von überbackenem Spinat mit Morcheln und einem Gratin Dauphinois.

Mein Weinvorschlag: Affentaler 1983, ein roter Spätburgunder; dies ist der badische Rotwein *par excellence,* der, im Barrigue-Faß ausgebaut, kräftiges Burgunderaroma mit ausgeprägtem Holzton zeigt. Im Geschmacksbild geprägt von feiner Herbe – reif, füllig, kräftig.

Warme Zwetschgentarte mit Zimteis und Armagnacsabayon

Für fünf Personen

350 g fertiger Blätterteig
Mehl zum Bestäuben
500 g Zwetschgen
1 ½ EL zerlassene Butter
3 EL Zucker, vermischt mit einer guten Prise Zimt
Puderzucker

Für die Marzipancreme

250 ml Milch
30 g Marzipan, zerbröselt
10 g Zucker
10 g Stärkemehl
2 Eigelb

Für das Zimteis

500 ml Milch
2 Zimtstangen
90 g Zucker
3 Eigelb

Für das Armagnacsabayon

5 Eigelb
5 TL Zucker
100 ml Armagnac
3 EL geschlagene Sahne

Herstellen der Marzipancreme

Die Milch mit dem zerbröselten Marzipan erhitzen und glattrühren. Zucker, Stärkemehl und Eigelb miteinander verrühren, bis eine glatte Mischung entstanden ist. Die kochende Milch durch ein Sieb dazugießen, dann alles wieder in den Topf geben. Zum Kochen bringen, dabei ständig rühren. Dann in einer Schüssel rasch abkühlen lassen.

Zubereitung des Zimteises

Die Milch mit den Zimtstangen erhitzen. Zucker und Eigelb verquirlen. Die kochende Milch durch ein Sieb darübergießen und die Flüssigkeit abschäumen. In den Topf zurückgeben und bei geringer Hitze oder im Wasserbad erhitzen und rühren, bis die Mischung den Rücken eines Löffels überzieht. Abkühlen lassen, dann in einem Eisbereiter gefrieren; Sie können das Eis auch im Tiefkühlfach erstarren lassen, müssen dann aber mehrmals rühren, ehe die Masse fest wird.

Herstellen und Backen der Zwetschgentartes

Den Blätterteig auf einer leicht bemehlten Fläche 4 mm dick ausrollen und mit einem Teigausstecher mit gewelltem Rand von 12 cm Durchmesser fünf Kreise ausstechen.
Jeden Kreis mit einem Löffel Marzipancreme bestreichen und mit einer Gabel einstupfen.
Die Zwetschgen entsteinen und in halbmondförmige Scheiben schneiden. Die Teigkreise mit den Zwetschgenscheiben eng und kreisförmig belegen.
Jedes Törtchen mit einigen Tropfen geschmolzener Butter beträufeln, dann mit der Zucker-Zimt-Mischung bestreuen. Im Ofen bei 220° C, Gas Stufe 7, etwa 8 Minuten backen, bis sie schön aufgegangen und heiß sind.

Zubereitung des Armagnacsabayons

Die Eigelb, Zucker und Armagnac in eine Schüssel geben, die über einen Topf mit simmerndem Wasser paßt. Warm aufschlagen, bis die Mischung andickt und im Volumen stark zunimmt; wenn sie fertig ist, sollten die Spuren des Umrührens zu sehen sein. Die geschlagene Sahne unterheben.

Anrichten

Das warme Armagnacsabayon auf vier vorgewärmte Teller löffeln. Die Törtchen mit Puderzucker bestäuben und in die Mitte geben. Mit einer Kugel Zimteis krönen.

Mein Weinvorschlag: Käfersberger Andreasberg 1976, eine Beerenauslese aus Ortenau, ein Wein mit deutlicher Ausprägung eines reifen Duftes nach Feigen und einem zarten Hauch von Cassis. Im Abgang lang anhaltend mit viel Spiel und Finesse.

Gerhard Gartner

Gala

Monsheimsallee 44, 5100 Aachen, Telefon: 0241-153013

Ein Kalbskopf, gesotten, apart garniert und von der Mutter im Ganzen auf den Tisch gebracht, das ist Gerhard Gartner als größtes Eßerlebnis in Erinnerung geblieben, das ihn noch heute inspiriert: Er würde gern eine größere Achtung vor den traditionellen deutschen Rezepten sehen. Er war einer der ersten Chefs in Deutschland, die eine Imitation der nouvelle cuisine *ablehnten und eine originäre Neue Deutsche Küche schufen.*

Er wußte schon immer, daß er Koch werden wollte. Sein Großvater kochte im Londoner Savoy, und sein Onkel, tätig im Hotel Billo in Moskau, war berühmt. Auf eine Lehre in München im Sonnenhof folgten Aufenthalte in Frankfurt, Brüssel, München und außerhalb Europas, in Izmir in der Türkei. Während der fünf Jahre, die er im Amsterdamer Hilton verbrachte – als jüngster Chefkoch der Gruppe –, bereitete er das Hochzeitsbankett für Prinzessin Beatrix vor und gewann 1968 bei der Kocholympiade in Frankfurt eine Goldmedaille für das holländische Team. 1970, als er einunddreißig war, übernahm er das Hotel Mendelei in Bayrischzell; bald errang es einen Michelin-Stern. Acht Jahre später ging er nach Aachen und kaufte das Restaurant im Garten des Spielcasinos. Das Gala ist nach der Ehefrau des Malers Salvadore Dali benannt, und acht Gemälde des Künstlers auf Ziegenhaut hängen dort. Das Interieur ist art nouveau.

Gerhard Gartner ist ein Meister der feinen deutschen Küche. Seine Gerichte haben eine mutige und jugendliche Originalität und sind harmonisch in der Komposition. Man muß ihn am Herd erleben, wie er konzentriert und mit Achtung vor dem Produkt arbeitet, um zu fühlen, daß hier einer für sein Leben gerne kocht.

Das Gala ist eines der zehn besten Restaurants in Deutschland und seit 1982 mit zwei Michelin-Sternen ausgezeichnet.

MENU

ZANDERFILET MIT JASMINBLÜTEN

KALBSLEBERSTEAK MIT ROTER ZWIEBELMARMELADE
UND SENFSAUCE

TRAUBENCREPES ALEXANDRA

Zanderfilet mit Jasminblüten

Für zwei Personen

2 Zanderfilets von je 150 g
100 ml Fischsud (Seite 161)
3 Jasminblüten
15 g geräucherter Speck
30 g Sellerie
50 g Gurke, halbiert, entkernt und geschält
15 g Butter
Salz und frisch gemahlener schwarzer Pfeffer
Einige Tropfen Knoblauchsaft
100 ml brauner Kalbsfond (Seite 178)
1 TL Noilly Prat
20 g beurre manié (Mehl und Butter im Verhältnis 1:1 verknetet)
3 EL Sauce Hollandaise (siehe rechts)
Etwas feingehackter Schnittlauch

Pochieren des Fischs und Braten der Garnitur

In einen Topf, in den die Fischfilets genau hineinpassen, den Fischsud angießen. Die Jasminblüten zugeben. Die Flüssigkeit zum Simmern bringen, die Filets darin plazieren, dann Deckel auflegen, die Hitze verringern und den Fisch auf den Punkt pochieren – die Pochierzeit hängt von seiner Dicke ab. Die Filets herausnehmen, abtropfen lassen und warm stellen, den Fond aufbewahren.
Speck, Sellerie und Gurke in feine Julienne-Streifen schneiden. In der Butter sautieren, bis sie gar sind, aber noch Biß haben. Mit Salz, Pfeffer und Knoblauch würzen.

Zubereiten der Sauce

Den Fischfond durch ein Sieb in einen Topf gießen, den braunen Kalbsfond zugeben und kochen lassen, bis die Flüssigkeit auf 175 ml reduziert ist. Noilly Prat zugeben und die Mehlbutter nach und nach unterrühren, vorsichtig wieder zum Kochen bringen und unter ständigem Rühren noch 1–2 Minuten köcheln lassen. Die Sauce Hollandaise unterheben. Von diesem Punkt an darf die Sauce nicht mehr kochen, weil sie sonst gerinnt.

Anrichten

Die Zanderfilets auf zwei vorgewärmte Teller legen, mit dem Speck und den Gemüsen bestreuen und mit der Sauce übergießen. Mit feingehacktem Schnittlauch garnieren.

Mein Weinvorschlag: Oberemmeler Karlsberg, ein trockener Riesling von der Saar mit feinem Bouquet – selbst jüngere Jahrgänge sind äußerst elegant.

Sauce Hollandaise

120 g Butter
2 Eigelb
Salz
Zitronensaft nach Geschmack

Die Butter klären. In einer Schüssel, die auf einen Topf mit simmerndem Wasser paßt, die Eigelb cremig und so dick schlagen, daß der Schneebesen Spuren hinterläßt. Von der Hitze nehmen und die warme Butter unterrühren, zuerst nur wenig, wie Sie es für eine Mayonnaise tun würden, dann mehr, wenn die Sauce anfängt dick zu werden. Nach Geschmack mit Salz und Zitronensaft würzen.

Kalbsleberstea k mit Roter Zwiebelmarmelade und Senfsauce

Für zwei Personen

350 g Kalbsleber, in einer dicken Scheibe aus der Mitte einer kleinen Leber geschnitten
15 g Butter
Gekochte Nudeln als Beilage
Petersilie, fein gehackt

Für die Zwiebelmarmelade

3 große rote Zwiebeln, fein geschnitten
30 g Butter
Salz und frisch gemahlener schwarzer Pfeffer
1 EL Wildblütenhonig
½ Flasche Lemberger Rotwein
1 Zitrone

Für die Senfsauce

500 ml brauner Kalbsfond (Seite 178) oder kräftige Brühe
500 ml Sahne
1 EL mittelscharfer Senf
½ TL Löwensenf
500 ml trockener Weißwein
30 g Butter in Würfeln

Zubereitung der roten Zwiebelmarmelade

Die Zwiebeln in der Butter bei milder Hitze glasig werden, aber keine Farbe annehmen lassen. Mit Salz und Pfeffer würzen. Den Wein dazugießen und den Honig unterrühren.
Deckel auflegen und den Topf in den 150° C, Gas Stufe 2, heißen Ofen stellen. Garen, bis die Sauce die Konsistenz von Marmelade hat – etwa 45 Minuten. Gelegentlich nachschauen, damit sie nicht anbrennt. Nach Geschmack mit Zitronensaft würzen.

Zubereitung der Senfsauce

Alle Zutaten für die Senfsauce in einem Topf verrühren. Bei geringer Hitze um ein Drittel reduzieren. Unmittelbar vor dem Servieren die kalte, gewürfelte Butter unterschlagen.

Garen der Leber

In einer Bratpfanne die Butter erhitzen und bei geringer Hitze die Kalbsleber langsam anbraten, damit sich die Poren schließen, etwa 1 Minute von jeder Seite. Dann die Pfanne vom Herd nehmen und die Leber in der warmen Pfanne weiter garen lassen; sie sollte durchgehend rosa sein, was etwa 5 Minuten dauert. Das Steak 3 bis 5 Minuten an einem warmen Ort ruhen lassen.

Anrichten

Die Leber in dünne Scheiben schneiden und diese fächerförmig auf zwei vorgewärmten Tellern anrichten. Mit der roten Zwiebelmarmelade und der Senfsauce servieren. Dazu Petersiliennudeln reichen.

Mein Weinvorschlag: Neipperger Schloßberg: Diesen vollmundigen Wein von tiefer Farbe und angenehmem Tanin gibt es ausschließlich in Württemberg.

Traubencrepes Alexandra

Meine Tochter Alexandra ist Oberkellnerin im Gala, und diesen Traubenpfannkuchen mit seinem Aroma von Traubenschnaps habe ich nach ihr benannt.

Für sechs Personen

1 kg blaue oder grüne Tafeltrauben
9 EL zerlassene Butter
250 g Puderzucker, gesiebt
150 ml crème fraîche
200 ml Trester, Marc oder Grappa
Flüssige Sahne
Zucker

Für den Pfannkuchenteig

250 g Mehl, gesiebt
5 Eier
250 ml Milch
2 EL zerlassene Butter
60 ml Schlagsahne

Für das Tongabohneneis

¼ Tongabohne, gerieben (siehe Anmerkung)
6 Eigelb
150 g Zucker

Herstellen von Tongabohneneis

Die Tongabohne reiben und mit der Milch in einen Topf geben; zum Kochen bringen. Die Eigelb gut mit dem Zucker verquirlen, die heiße Milch langsam unter ständigem Schlagen hinzugießen. Die Mischung wieder in den Topf geben.
Bei sehr geringer Hitze – oder über simmerndem Wasser – ständig rühren, bis die Mischung andickt, jedoch nicht kochen lassen. Durch ein Sieb in eine Schüssel gießen und erkalten lassen. Man kann das Eis noch zarter gestalten, wenn man die Eiermenge und den Zuckerzusatz erhöht, und zwar von 7–12 Eigelb und von 200–225 g Zucker je Liter Milch. In einen Eisbereiter füllen oder im Tiefkühlfach gefrieren lassen, dabei mehrfach umrühren, ehe die Masse erstarrt. Das Eis wird feiner und noch geschmackvoller, wenn man, kurz ehe es fertig gefroren ist, 10 % der Menge leicht geschlagene Sahne unterzieht.

Herstellen des Pfannkuchenteiges

Das Mehl in eine Schüssel geben, eine Vertiefung in die Mitte drücken, die Eier zugeben und Eiweiß und Eigelb vermischen. Das Mehl systematisch unter die Eier arbeiten, immer nur wenig auf einmal, damit sich keine Klümpchen bilden. Rühren, bis eine glatte Mischung entstanden ist, dann die *crème fraîche* und die zerlassene Butter unterrühren – somit verhindern Sie, daß der Teig in der Pfanne anklebt. Den Teig durchpassieren und 10 Minuten ruhen lassen. Unmittelbar vor dem Braten die geschlagene Sahne unterrühren.

Fertigstellen der Traubenpfannkuchen

Die Trauben vor dem Braten schälen, halbieren und entkernen. Wichtig ist, daß Sie eine nicht haftende oder mit Teflon beschichtete Pfanne benutzen; wählen Sie eine mit einem Bodendurchmesser von 22 cm, und stellen Sie sie auf mittlere Hitze. Mit ½ TL zerlassener Butter einfetten und etwa 175 ml Teig hineingeben. Die Oberfläche großzügig mit Trauben bedecken und mit 2–3 EL Puderzucker bestreuen. Braten, bis die Unterseite stockt, dann mit einem Pfannenheber wenden. Die zerlassene Butter zugießen und diese unter die Crêpe gleiten lassen, indem Sie ihren Rand anheben. Die »Traubenseite« soll nun schön karamelisieren. Etwa 20 ml flüssige Sahne rings um den Pfannkuchen gießen, gefolgt von 30 ml des Alkohols. Die Pfanne mit kreisförmigen Bewegungen schütteln, damit der Pfannkuchen nicht anklebt, und die Flüssigkeit Blasen werfen lassen, bis sie karamelisiert ist.
Den Pfannkuchen flach auf einen vorgewärmten Teller gleiten lassen und warm stellen. Die Pfanne waschen und abtrocknen und die restlichen Pfannkuchen auf dieselbe Weise herstellen.

Anrichten

Die Pfannkuchen heiß servieren, bestreut mit Zukker. Jeden Pfannkuchen mit einer Kugel Tongabohneneis garnieren und flüssige Sahne in einem Krug dazu reichen.

Mein Weinvorschlag: Schloß Vollrads, ein Rheingauer Beerenauslese-Riesling.

Anmerkung: Tongabohnen sind die Samen eines südamerikanischen Tropenbaumes. Sie haben einen durchdringenden, süßen Duft, ähnlich wie Vanille, und Sie könnten sie durch Vanillesamen – aus der Schote gekratzt – ersetzen, falls Sie sie nicht bekommen.

Eckart Witzigmann

AUBERGINE

Maximiliansplatz 5, München 2, Telefon: 089-59 81 71

Eckart Witzigmann, Deutschlands anerkannt bester Küchenchef, ausgezeichnet mit drei Michelin-Sternen, hat als erster bewiesen, daß diese Höchstbewertung außerhalb Frankreichs nicht unerreichbar ist. Er wurde in Bad Gastein in Österreich geboren, wo er im Hotel Straubinger mit seiner Kochlehre begann. Andere Küchen folgten. Im Hof Ragaz in Bad Ragaz in der Schweiz lernte er Paul Simon kennen, seinen ersten wegweisenden Lehrer, der ihm auch heute noch in alter Freundschaft mit Ratschlägen zur Seite steht. Die steile Karriere von Eckart Witzigmann nahm ihren Anfang in Frankreich in Illhaeusern bei den Gebrüdern Haeberlin, wo er den entscheidenden Schritt zur nouvelle cuisine *tat, die ihn bis zum heutigen Tag geprägt hat. Auf ein Jahr bei Paul Bocuse folgten Erfahrungen bei den Brüdern Troisgros und Roger Vergé. Die Idee der einfachen, aber erstklassigen Grundprodukte, kombiniert mit einer soliden Zubereitungsart, faszinierte ihn, und auf seinen weiteren Stationen versuchte er diesen Stil auszubauen: im Opernkällaren in Stockholm, im Erbprinz in Ettlingen, im Café Royal in London, in der Villa Lorraine in Brüssel und im Jockey Club in Washington. Während seines Aufenthalts in Amerika wurde er von Fritz Eichbauer angesprochen, der für die Olympischen Spiele 1972 in München ein Spitzenrestaurant haben wollte. Sieben Jahre widmete er sich als Chefkoch dem Tantris und baute es zu einem Zwei-Sterne-Restaurant auf. 1978 verließ er es, um sein eigenes Restaurant Aubergine in München zu eröffnen; innerhalb eines Jahres errang es die legendäre Michelin-Auszeichnung. Sein Einfluß auf die deutsche Küche war ungeheuer groß – etwa ein Drittel der Spitzenköche haben entweder im Tantris oder in der Aubergine gelernt. Sein erstes Buch mit Rezepten aus dem Tantris wurde von drei weiteren gefolgt, zuletzt von der mit Professor Keul verfaßten* Olympiadiät.

MENU

STEINBUTTROSETTE MIT KAROTTEN AUF
LAUCH-TRÜFFEL-BUTTERSAUCE

CREPINETTEN VOM LAMMSATTEL

MOHNCREME MIT ROTWEINBIRNEN

Steinbuttrosette mit Karotten auf Lauch-Trüffel-Buttersauce

Für vier Personen

400 g Steinbuttfilet
Salz und frisch gemahlener schwarzer Pfeffer
Etwas Zitronensaft
100 g blanchierte Karotten
150 ml Fischfond (siehe rechts)
Gedünstete grüne Bohnen

Für die Lauch-Trüffel-Buttersauce

150 g junge grüne Lauchspitzen, blanchiert
30 g Schalotten, fein gehackt
100 g Butter in Würfeln
40 g schwarze Trüffeln
30 ml Noilly Prat
30 ml Weißwein
200 ml gut reduzierter Fischfond (siehe rechts)
1 EL geschlagene Sahne

Vorbereiten des Fisches

Die Steinbuttfilets mit einem schräg gehaltenen sehr scharfen Messer in feine Scheiben schneiden. Mit Salz und Pfeffer würzen und mit Zitronensaft beträufeln. Aus den Streifen eine Rose formen. Die Mitte einer Scheibe sollte die Lücke zwischen den beiden Scheiben in der darunterliegenden Reihe bedecken. Vier Rosetten zusammenstellen.
Die Karotten in kleine Pyramiden schneiden und zwischen den einzelnen Blütenblättern der Rosette anordnen.

Zubereitung der Lauch-Trüffel-Buttersauce

Wählen Sie Lauchspitzen, die grün, aber noch sehr zart sind. Diese 5 Minuten lang in kochendem Salzwasser blanchieren. Dann abtropfen lassen und in 3 mm kleine Würfelchen schneiden. Die feingehackten Schalotten in 20 g Butter glasig werden lassen. Die Trüffeln fein würfeln, zugeben und kurz ansautieren, mit Noilly Prat und Weißwein ablöschen. Den Fischfond hinzufügen und um die Hälfte einkochen lassen.
Bei sehr geringer Hitze oder abseits vom Feuer die kalten Butterwürfel nach und nach unterrühren; weitere zugeben, ehe die letzten geschmolzen sind, damit die Sauce ihre Konsistenz behält. Abschmekken und eventuell nachwürzen und zum Schluß die blanchierten Lauchwürfel unterrühren. Vor dem Servieren 1 EL Sahne untermischen.

Pochieren der Steinbuttrosetten

Die Steinbuttrosetten in eine flache Form legen, in die sie genau hineinpassen. Den Fischfond angießen und zum Simmern bringen, dabei die Spitzen der Rosetten häufig mit dem Fond begießen, damit sie nicht trocken werden. Wenn in der Brühe Blasen aufzusteigen beginnen, nur noch 2 Minuten garen lassen. Dann die Rosetten sofort aus der Brühe nehmen.

Anrichten

Die Sauce auf vier vorgewärmte Teller geben und die Steinbuttrosetten in der Mitte arrangieren. Die Böhnchen wie die Speichen eines Rades um die Rosetten herum anordnen.

Mein Weinvorschlag: Chassagne Montrachet 1983 »Les Chenevottes« vom Weingut M. Morey; ein nuancenreicher Wein, ausgewogen durch eine gesunde Säure.

Fischfond

1 kg Fischgräten von Steinbutt und Seezunge
1 Stange Sellerie, gehackt
60 g Weißes vom Lauch, gehackt
60 g Zwiebel, gehackt
30 g Pilze, gehackt
Thymian
Lorbeerblatt
Petersilienstengel
Prise Salz
5 Pfefferkörner, zerdrückt
1 l Wasser

Alle Zutaten in einen Topf geben und langsam ohne Deckel simmern lassen. Nach 20 Minuten durch ein Mulltuch oder ein feines Sieb geben.
Zusätzliches Aroma erhalten Sie, wenn Sie die feingehackten Gemüse vorher in etwas Butter anschwitzen. Benutzen Sie für dieses Grundrezept keinen Wein; er könnte einen bitteren Geschmack erzeugen. Es ist besser, den Wein erst bei der Zubereitung der Sauce zuzugeben, da man dann eine exakte Dosis abmessen und das Aroma verbessern kann.

Steinbuttrosette mit Karotten auf Lauch-Trüffel-Buttersauce

Crépinetten vom Lammsattel

Crepinetten vom Lammsattel

Für vier Personen

1 Lammsattel mit 4 Koteletts auf jeder Seite
60 g Schweinenetz (siehe Anmerkung ganz rechts), in kaltem Wasser 1 Stunde eingeweicht
Salz und frisch gemahlener schwarzer Pfeffer
1 EL Olivenöl
20 g Butter
1 Zweig Thymian oder Rosmarin und/oder 1 Knoblauchzehe, zerdrückt
4 Wirsingblätter
Karotten, Lauch und Pastinakenwurzeln nach Wahl
Kerbel zum Garnieren
Kartoffelküchlein als Beilage

Für den Lammfond

1,5 kg Lammknochen
2 EL Öl
8 Schalotten, grob gehackt
1 Karotte, grob gehackt
150 g Selleriestangen, grob gehackt
15 ungeschälte Knoblauchzehen
1–2 Lorbeerblätter
1 Zweig Thymian
1 Zweig Rosmarin
2 l Wasser

Für die Schinken-Spinat-Füllung

30 g Butter
15 g kleine Brotwürfel ohne Rinde
30 g gekochter Schinken, fein gewürfelt
20 g Spinat, blanchiert und ausgedrückt
1 Knoblauchzehe, fein gehackt
Salz und frisch gemahlener schwarzer Pfeffer
Eine Prise Muskatnuß
Eine Prise Thymian
5 g Kerbel

Mit einem scharfen, spitzen Messer den Rückgratknochen entlangfahren und den Lammsattel in Koteletts zerteilen. Das Fett und alle Sehnen abschneiden, den Knochen etwa 7,5 cm herausstehen lassen. Ihr Metzger kann das für Sie erledigen. Das Fleisch in der Mitte etwas anklopfen.

Zubereiten des Lammfonds für die Sauce

Die Knochen hacken und mit den Fleischabschnitten und den Schalotten in das erhitzte Öl geben. Braten, bis sie Farbe angenommen haben, dann wenden und die gewürfelten Gemüse und die Knoblauchzehen zugeben. 5 Minuten braten, dann in einen Topf geben. Die Bratform mit etwas Wasser ablöschen, dieses dann auch in den Topf geben. Kräuter und Wasser zufügen und 3–5 Stunden kochen lassen, dabei alle Unreinheiten abschöpfen. Ich mache das im Ofen bei 220° C, Gas Stufe 7.
Die Brühe durchseihen, dann nochmals reduzieren, falls notwendig – Sie brauchen etwa 200 ml Flüssigkeit. Abkühlen lassen und alles Fett von der Oberfläche abschöpfen.

Vorbereiten der Füllung für die Lammpäckchen

In einem kleinen Topf 10 g Butter erhitzen, bis sie schäumt, dann die Brotwürfel hineingeben und knusprig braun braten. In ein Sieb geben, die Butter aufbewahren.
Den Schinken fein würfeln, den Spinat grob und die Knoblauchzehe fein hacken. Leicht in der für die *croûtons* verwendeten und restlichen Butter anbraten. Alles miteinander vermischen und mit Salz, Pfeffer, Muskat und Thymian würzen. Den Kerbel fein hacken und untermischen.

Herstellen der Crépinetten

Das Schweinenetz auf einer feuchten Unterlage ausbreiten. Mit 1 EL von der Füllung bestreichen, ein Lammkotelett mit Salz und Pfeffer würzen und darauf legen.
Auf das Fleisch ebenfalls 1 EL von der Masse geben und mit einem scharfen Messer das Schweinenetz grob auf die richtige Größe schneiden, damit das Fleisch schön eingewickelt werden kann. Mit den anderen Koteletts ebenso verfahren.
Das Olivenöl und die Butter in eine Kupferpfanne oder eine Pfanne mit sehr dickem Boden von 22 cm Durchmesser geben. Erhitzen, bis die Emulsion schäumt und lichtbraun ist. Wenn Sie möchten, können Sie jetzt einen Thymianzweig sowie eine leicht zerdrückte Knoblauchzehe hinzufügen.
Die Lammpäckchen in die Pfanne legen und braten, bis das Schweinenetz knusprig ist, etwa 5 Minuten auf jeder Seite. Dann die Päckchen 5 Minuten warm stellen – im Ofen bei geringer Temperatur und offenem Rohr.

Zubereiten der Sauce

Das Fett vom Braten wegschütten und die Pfanne mit dem Lammfond ablöschen. Den Fond zu einer kurzen, kräftigen Sauce reduzieren.

Anrichten

Die Kotelettknochen mit Papierkrausen verzieren und paarweise auf den Tellern anrichten. Oberhalb der Koteletts ein blanchiertes Wirsingblatt ausbreiten. Darauf die von Ihnen gewählten Gemüse arrangieren, garniert mit Kerbelzweigen. Die Sauce rings um die Crépinetten gießen.

Mein Weinvorschlag: Château Cos d'Estournel 1971, ein voller Wein aus St-Estephe mit ausgeprägtem Charakter und einem feinen Bouquet.

Anmerkung des Küchenchefs: Das Schweinenetz (frz. Crépine) werden Sie bei Ihrem Metzger vorbestellen müssen. Es handelt sich um eine dünne Membrane, die von Fettadern durchzogen ist und ein spitzenartiges Aussehen hat. Beim Braten schmilzt sie und hält die Füllung zusammen und saftig. Dabei wird sie auf der Außenseite schön knusprig.

MOHNCREME MIT ROTWEINBIRNEN

Für vier Personen

2 Birnen
250 ml Rotwein
60 g Zucker
1 Zimtstange
Schale von einer Orange
1 Vanilleschote
20 ml Birnengeist
Geröstete Mandeln zum Servieren
Schlagsahne zum Garnieren

Für die Mohncreme

30 g frisch gemahlener Mohn
2 EL Rotwein
1 ganzes Ei
1 Eigelb
2 Blatt Gelatine
100 g weiße Schokoladen-Kouvertüre
20 g Honig
250 ml Sahne

Einlegen der Birnen in Rotweinsirup

Rotwein, Zucker, Zimtstange, Orangenschale, Vanilleschote und Schnaps in einen Topf geben und umrühren, damit der Zucker sich auflöst. Zum Kochen bringen.

Die Birnen schälen, entkernen und in Scheiben schneiden, dann in eine Schüssel legen und den heißen Sirup darübergießen. Einige Stunden ziehen lassen, damit sie die Farbe annehmen.

Zubereitung der Mohncreme

Den Mohn, der immer frisch gemahlen sein muß, mit dem Rotwein in einen kleinen Topf geben und 1 Minute kochen; das mildert seinen strengen Geschmack. Durch ein Sieb gießen, den Mohn aufbewahren.

Ei und Eigelb in eine Schüssel geben, die auf einen Topf mit simmerndem Wasser paßt. Die Gelatine in 4 EL Wasser einweichen, dann über heißem Wasser verrühren, um sie aufzulösen. Die weiße Kouvertüre zerbrechen und über heißem Wasser schmelzen.

Die Eier im Wasserbad warm aufschlagen, bis sie anfangen anzudicken. Die aufgelöste Gelatine, die geschmolzene Kouvertüre und den Honig zugeben. Den gekochten Mohn unterrühren (ohne die Flüssigkeit) und vom Feuer nehmen.

Wenn die Mischung leicht abgekühlt ist, die Sahne nicht zu steif schlagen und unterheben. In eine Form füllen und kalt stellen, damit sie fest wird.

Anrichten

Das Mohnmus ausstechen (Nocken) und auf vier Tellern je zwei anrichten. Die roten Birnenscheiben attraktiv daneben arrangieren, etwas Sirup darübergießen und mit Mandeln bestreuen.

Im Restaurant spritzen wir mit Sahne ein hübsches Muster auf die andere Seite – Streifen von weißer Sahne und von rosa Sahne, mit etwas Sirup gefärbt, in die wir mit einer Messerspitze ein Muster ziehen. Nach Wunsch mit einem Blatt Minze verzieren.

Mein Weinvorschlag: Bracchetto d'Acqui, ein sehr leichter, liebenswerter Rotwein mit einem natürlichen Prickeln. Er ist aus feinen, sehr delikaten Trauben und paßt außerordentlich gut zu Mohn und Zimt.

Mohncreme mit Rotweinbirnen im Aubergine

Christian Begyn

SCHWARZER ADLER

Bad Bergstraße 23, 7818 Vogtsburg-Oberbergen, Telefon: 07662-715

»Ich habe nie bessere Kutteln gegessen als bei meinem Vater«, sagt Christian Begyn. Gebratene foie gras, *Zicklein zu Ostern und große Schüsseln mit Morcheln gehörten zu der ländlichen Gegend, aus der Christian Begyn stammt. Er wurde in Colmar im Elsaß geboren; seine Mutter zog Gänse und Ziegen, und sein Vater, der Metzger war, brachte ihm bei,* tripes à la mode de Caen *zuzubereiten. Sein Vater, ein Jäger, brachte aus dem Wald neben dem Wild alle möglichen Pilze mit. Dieser Hintergrund führte ihn auf quasi natürliche Weise hin zu einem Beruf, den er seit jeher mit großer Leidenschaft betreibt. Christian Begyn ist einer von den Elsässern, die die Verfeinerung und Verbesserung der deutschen Küche vorangetrieben haben.*

Kurz nach seinem vierzehnten Geburtstag wurde er Lehrling bei René Fulgraphe im Restaurant du Musée in Colmar, wo er sich seine grundlegende Küchentechnik erwarb. In der Auberge d'Hauterive in der Schweiz lehrte ihn Robert Lachaise die Zubereitung von Saucen und Pâtés. Dann ging er nach Epernay, um die Küche der Champagner-Region kennenzulernen, und dann nach Aubère in den Vogesen, wo er sich mit einer anderen Disziplin vertraut machte – der Diätküche. 1970 wurde er Chefkoch in Franz Kellers Gasthof Schwarzer Adler in Oberbergen, einem Haus, dessen Tradition bis in das fünfzehnte Jahrhundert zurückgeht. Sein neuer Arbeitgeber schickte ihn zu einem Studienaufenthalt bei Paul Bocuse. Ein Jahr später errang das Restaurant seinen zweiten Michelin-Stern. Er beschreibt seinen Stil als »klassische feine Küche, aber leichter als früher«. Franz Keller senior ist eine Autorität auf dem Gebiet der Gastronomie im Schwarzwald und ein Winzer, der bekannt ist für sein Eintreten für durchgegorene, trokkene, dezente Weine.

MENU

BODENSEE-AAL
IN GRAUBURGUNDER

SCHÄUFELE
MIT GRÜNEM LINSENSALAT

SCHWARZWÄLDER HEIDELBEERTORTE

Bodensee-Aal in Grauburgunder

Für vier Personen

2 Aale von zusammen 500–600 g
Salz und frisch gemahlener schwarzer Pfeffer
80 g Butter
100 g Schalotten, fein gehackt
150 g Pilze, geputzt und gehackt
250 ml trockener Pinot Gris (Grauburgunder)
250 ml Sahne
2 Zweige Thymian
1 Lorbeerblatt
2–3 Petersilienzweige
2 Tomaten, blanchiert, gehäutet, entkernt und gehackt zum Garnieren
4 Fleurons aus Blätterteig (siehe rechts)
Kerbelzweige oder feingehackter Schnittlauch

Bitten Sie Ihren Fischhändler, die Aale zu häuten und zu filetieren. Alles Fett, das unter der Haut sitzt, sollte entfernt werden. Das Fleisch der Aale ist außen silbrig-grau und innen weiß und hat einen sehr feinen Geschmack.

Zubereitung der Aale

Die Filets in 8–10 cm lange Stücke schneiden und mit Salz und Pfeffer würzen. In einer großen Pfanne in Butter von allen Seiten leicht anbräunen. Die feingehackten Schalotten und Pilze zugeben. 2–3 Minuten braten, dabei ein- oder zweimal umrühren. Den Pinot Gris, die Sahne, Thymian, Lorbeerblatt und Petersilie zugeben.
Bei geringer Hitze je nach Größe der Aale etwa 10 Minuten ziehen lassen.

Fertigstellen der Sauce und Anrichten

Die Aalstücke mit einer Schaumkelle aus der Pfanne nehmen und auf einer vorgewärmten Servierplatte anrichten.
Thymian, Lorbeerblatt und Petersilie aus der Sauce nehmen. Die Sauce, falls nötig, reduzieren lassen; es sollten ungefähr 175 ml sein. Abschmecken, über den Aal gießen und sehr heiß servieren. Den Aal mit Kerbelzweigen oder feingehacktem Schnittlauch garnieren. Wenn Sie das Gericht als Vorspeise reichen, richten Sie es mit Tomatenwürfeln und Blätterteig-*fleurons* an. Sie können den Aal auch als Hauptgericht essen, begleitet von einfachen Salzkartoffeln oder hausgemachten Nudeln.

Mein Weinvorschlag: Pinot Gris 1986 Franz Keller. Das ist einer unserer Weine aus eigener Herstellung, kräftig, aber auch zugleich leicht. Er paßt mit seiner Säure gut zu Aalen, da er dieses traditionelle badische Gericht bekömmlicher macht.

Anmerkung: Blätterteig-*fleurons* sind eine hübsche Dekoration und einfach herzustellen. Wie der Name besagt, ist die häufigste Form ein »Blütenblatt«. Rollen Sie Blätterteig aus und stechen sie mit einem halbmondförmigen, gewellten Teigausstecher die *fleurons* nacheinander aus. Bestreichen Sie sie mit einer Mischung aus Ei und Salz, damit sie glänzen, und backen Sie sie bei 220° C, Gas Stufe 7, 5–6 Minuten lang, bis sie aufgegangen und golden sind. Servieren Sie sie immer warm.

Schäufele mit Grünem Linsensalat

Für sechs Personen

800 g–1 kg geräucherte Schweineschulter
1 Lorbeerblatt
1 Zwiebel
2 Nelken

Für den Linsensalat

300 g kleine grüne Linsen
Salz und frisch gemahlener schwarzer Pfeffer
2 EL Traubenkernöl
2 TL Weinessig
2 Schalotten, fein gehackt
Gehackter Schnittlauch

Garen der geräucherten Schweineschulter

Die Schweineschulter in einen Topf geben, das Lorbeerblatt und die mit den Nelken gespickte Zwiebel zugeben. Mit Wasser bedecken, zum Kochen bringen und 10 Minuten simmern lassen. Dann die Hitze auf etwa 70–80° C verringern. Das Fleisch sehr leise simmern lassen, damit es saftig bleibt und nicht faserig wird. Je nach Gewicht braucht es zum Garen 45–60 Minuten.

Zubereiten des Linsensalats

Die Linsen in reichlich leicht gesalzenem Wasser 20–30 Minuten garen. Darauf achten, daß sie nicht platzen. Gut abtropfen. Solange sie noch heiß sind, die Linsen in eine Salatschüssel geben, mit Öl, Weinessig und Schalotten anmachen und gut würzen. Es ist sehr wichtig, daß der Salat nicht zu sauer wird, sonst würde er nicht zu dem Roséwein passen, den wir dazu empfehlen.

Anrichten

Schneiden Sie das Fleisch auf und arrangieren Sie es auf einer vorgewärmten Platte mit den Linsen; diese mit gehacktem Schnittlauch bestreuen.

Mein Weinvorschlag: Pinot Noir Rosé 1986; sein Bouquet und sein Charakter machen ihn zu einem guten Begleiter für dieses delikate und zugleich rustikale Gericht.

Schwarzwälder Heidelbeertorte

Für vier bis sechs Personen

300–400 g Heidelbeeren oder Blaubeeren
Leicht geschlagene crème double zum Servieren

Für den Mürbeteig

200 g Mehl plus Mehl zum Ausrollen
100 g Butter in Würfeln plus Butter zum Einfetten
1 TL Zucker
Eine Prise Salz
50 ml kaltes Wasser

Für die Creme

1 Ei
125 ml crème double
2 EL Zucker
½ Vanilleschote

Herstellen des Teiges

Mehl, Butter, Zucker und Salz vermischen (Sie können das auch in der Küchenmaschine tun und das Wasser am Schluß zugeben). Die Butter im Mehl zerkrümeln und rasch untermischen. Eine Vertiefung in die Mitte drücken und das Wasser nach und nach zugeben. Zu einem Teig verkneten. Diesen in Folie wikkeln und 1 Stunde im Kühlschrank kalt stellen.

Eine Kuchenform mit herausnehmbarem Boden von 18–20 cm Durchmesser einfetten. Den Teig auf einer leicht bemehlten Fläche 3 mm dick ausrollen. Den Teig auf dem Nudelholz in die Form heben und den Boden damit auslegen. Die ganze Fläche gleichmäßig mit einer Gabel einstechen, dann die gewaschenen und gut abgetropften Beeren auf den Teig geben.

Ei, Sahne und Zucker vermischen, das Mark aus der halben Vanilleschote mit einem Messer in die Creme kratzen. Verrühren und diese Creme über die Beeren gießen.

Im Ofen bei 200° C, Gas Stufe 6, 35–40 Minuten backen, bis die Creme etwas gestockt ist.

Die Torte 5 Minuten in der Form ruhen lassen, dann den äußeren Ring entfernen und die Torte noch warm servieren. Wenn Sie Sahne dazu reichen, schmeckt sie noch besser.

Mein Weinvorschlag: In der badischen Region trinken Kenner dieses Gerichts gern einen gut gealterten Kirsch dazu, obwohl manche meinen, es sollte besser von Heidelbeerwein begleitet werden.

Dieter Müller

SCHWEIZER STUBEN

Geiselbrunnweg 11, 6980 Wertheim-Bettingen, Telefon: 093 42-30 70

Dieter Müller, 1987 von Gault Millau zum Koch des Jahres gewählt und Inhaber von neunzehneinhalb von zwanzig möglichen Punkten, hat einen der höchsten Gipfel der europäischen Küche erklommen. Er wurde in Mülheim in Baden geboren und hat den größten Teil seines Lebens in der Region verbracht. Er begann mit seinen Brüdern und Schwestern zu kochen und arbeitete für seine Eltern im familieneigenen Restaurant. Nach einer Lehre im Hotel Bauer in Baden trat er im Schweizer Hof, ebenfalls in Baden, seine erste Stelle an. Dieser folgte ein längerer Aufenthalt im Miramare auf Korfu. 1973 kehrte er schließlich in seine Heimat nach Wertheim zurück, wo sein Bruder Jörg schon ein Jahr Chefkoch in den Schweizer Stuben war. Mit zwei Müller-Brüdern in der Küche gewann das Restaurant 1973 den ersten Michelin-Stern und 1977 den zweiten. 1982, fast zehn Jahre später, ging sein Bruder auf die Insel Sylt, um dort ein eigenes Restaurant zu eröffnen, und Dieter Müller übernahm seinen Posten. In seinen Händen wurde das Restaurant eines der besten in ganz Deutschland. 1986 veröffentlichte er das Kochbuch Kulinarische Jahreszeit, *in dem er seiner Überzeugung Ausdruck verleiht, daß »das größte Geschenk, das die Natur für das Kochen bereithält, die Jahreszeiten sind – man muß warten, bis die Produkte ihren Höhepunkt erreicht haben«. Der Eigentümer der Schweizer Stuben ist Adalbert Schmitt, ein Fabrikant, der bereit ist, in seine Leidenschaft für gutes Essen und Trinken Geld zu investieren. Sein Sohn Andreas ist der Restaurantmanager und einer der bekanntesten Deutschlands.*

MENU

FRÄNKISCHER BACHSAIBLING
IN WEISSWEINSAUCE
MIT GEFÜLLTER ZUCCHINIBLÜTE

KALBSNIERE IM FETTMANTEL
MIT GRÜNEN BÖHNCHEN, RÖSTI
UND BASILIKUMSENFSAUCE

TOPFENGRATIN MIT ERDBEEREN
UND RHABARBER

Fränkischer Bachsaibling in Weissweinsauce mit gefüllter Zucchiniblüte

Für vier Personen

2 Bachsaiblinge von je 400 g (eventuell durch Forellen zu ersetzen)
200 ml trockener Weißwein
1 Schalotte, gehackt
50 g Weißes von Lauch, gehackt
50 g Stangensellerie, gehackt
1 Zweig Thymian
Etwas Zitronensaft
Salz

Für die gefüllten Zucchiniblüten

2 schöne Zucchiniblüten
60 g entgrätete Saiblingsfilets ohne Haut
½ Eiweiß
Salz und frisch gemahlener schwarzer Pfeffer
50 ml crème double
Etwas Zitronensaft
10 ml Sherry
1 EL Karotte und Lauch, in kleinen Würfeln

Für die Weißweinsauce

500 ml Fischfond (Seite 161)
100 ml trockener Weißwein
60 ml crème double
60 ml crème fraîche
60 g kalte Butter, gewürfelt
Salz
Etwas Zitronensaft
40 ml Champagner
1 EL geschlagene Sahne

Die Fische ausnehmen, filetieren und mit einer Pinzette die Gräten herausziehen. Die Pochierflüssigkeit herstellen, indem Sie Weißwein, Schalotte, Lauch, Sellerie, Thymian und Zitronensaft mit 1 l Wasser in einen Topf geben und 10 Minuten köcheln lassen.

Füllen der Zucchiniblüten

Das kleingeschnittene Saiblingsfleisch mit einem halben Eiweiß vermischen und mit Salz und Pfeffer würzen. Im Tiefkühlfach sehr kalt werden lassen, gleichzeitig die *crème double* kalt stellen (aber in getrennten Gefäßen).
Dann beides zusammen im Mixer fein pürieren. Die Farce durch ein Sieb streichen, mit Salz, Zitrone und Sherry abrunden.
Die gewürfelten Gemüse kurz in Salzwasser kochen, abgießen, abschrecken und unter fließendem kaltem Wasser erkalten lassen. Dann gut abtrocknen und mit der Farce vermischen. Die Masse mit einem Spritzbeutel in die ausgespülten Blüten füllen.
Die gefüllten Blüten etwa 8 Minuten lang in simmerndem Salzwasser garen. Danach halbieren und anrichten.

Zubereitung der Weißweinsauce

Fischfond und Weißwein in einen Topf geben und kochen lassen, bis die Flüssigkeit auf 150 ml reduziert ist. *Crème double* und *crème fraîche* zugeben, aufkochen lassen und erneut reduzieren. Die Butterwürfel nach und nach unterrühren; neue zugeben, ehe die letzten geschmolzen sind. Mit Salz und Zitrone abschmecken. Unmittelbar vor dem Servieren den Champagner zugießen und 1 EL geschlagene Sahne unterheben.

Pochieren der Saiblingsfilets

Die Saiblingsfilets mit Salz und Zitrone würzen und im simmernden Kochfond 3 Minuten pochieren. Der Saibling muß medium sein.

Anrichten

Die Sauce auf vier vorgewärmte Teller löffeln. Die Haut des Saiblings von der Kopfseite her lösen und zum Schwanz hin aufrollen, die Filets jetzt schnell auf die angerichtete Sauce zu der Zucchiniblüte legen und sofort servieren.

Mein Weinvorschlag: Würzburger Pfaffenberg 1986, ein trockener Weißburgunder, als Spätlese geerntet.

Kalbsniere im Fettmantel mit Grünen Böhnchen, Rösti und Basilikumsenfsauce

Für vier Personen

2 Kalbsnieren von je 250 g, komplett mit der sie umgebenden Fettschicht (Sie müssen die Nieren eventuell beim Metzger vorbestellen)
Salz und frisch gemahlener schwarzer Pfeffer
40 g Butterschmalz

Für die Basilikumsenfsauce

2 Schalotten
50 g kalte Butter, gewürfelt
500 ml brauner Kalbsfond (Seite 178)
200 ml guter Rotwein
Eine Messerspitze Stärkemehl
1 EL grober Dijon-Senf
2 TL Balsam-Essig
Ein Sträußchen frisches Basilikum, Blätter gehackt
Gewürfeltes Fleisch von 1 blanchierten, enthäuteten und entkernten Tomate als Beilage

Für die grünen Bohnen

200 g Keniaböhnchen
1 Zweig Bohnenkraut
20 g Butter
4 schmale Scheiben Bauchspeck
Salz

Braten der Nieren im eigenen Fett

Die Nieren mit Salz und Pfeffer würzen. Das Butterschmalz in einer feuerfesten Form erhitzen und die Nieren darin braten und wenden, bis sie von allen Seiten gebräunt sind. Dann im Ofen bei 200°C, Gas Stufe 6, etwa 18 Minuten fertigbraten; dabei die Nieren immer wieder mit dem austretenden Fleischsaft begießen.
Mit Alufolie abdecken und etwa 5 Minuten ruhen lassen, ehe Sie sie aufschneiden.

Kochen der Bohnen

Die Bohnen putzen, waschen und in sprudelndem Salzwasser mit dem Bohnenkraut nur kurz kochen, so daß sie noch Biß haben. Danach in Eiswasser abschrecken, gut abtropfen lassen. Die Speckstreifen auslegen, auf jeden je ein Viertel der Böhnchen verteilen, den Speck zusammenbinden und in Butter bei geringer Hitze braten.

Zubereiten der Basilikumsenfsauce

Die Schalotte grob hacken und in 30 g heißer Butter leicht anbraten. Mit dem braunen Kalbsfond und dem Rotwein ablöschen. Köcheln lassen, bis die Sauce auf 150 ml reduziert ist.
Aus dem Stärkemehl und 1 TL Wasser eine Paste herstellen, etwas von der heißen Sauce unterrühren, dann die Mischung in den Topf geben und leise köcheln lassen. Senf und Balsam-Essig unterrühren und mit Salz und Pfeffer würzen.
Vor dem Servieren 20 g kalte Butterwürfelchen einrühren; diese nach und nach zugeben, ehe die ersten geschmolzen sind. Mit gehackten Basilikumblättern aromatisieren. Wenn Sie möchten, können Sie auch die gehackte Tomate untermischen.

Anrichten

Die Nieren in 1,5 cm dicke Scheiben schneiden. Auf vier heißen Tellern anrichten und mir der Basilikumsenfsauce begießen. Die zusammengebundenen Bohnen auf einer Seite arrangieren, einen halben Rösti-Kartoffelkuchen auf der anderen Seite.

Mein Weinvorschlag: Bürgstadter Centgrafenberg, ein Spätburgunder Qualitätswein von Rudolf Fürst.

Rösti

300 g Kartoffeln (diese dürfen nicht mehlig sein)
30 g Butterschmalz
Salz

Die Kartoffeln schälen und in dünne Stäbchen schneiden, wässern, gut abtropfen lassen. Eine beschichtete Pfanne mit dem Butterschmalz erhitzen und die Hälfte der Kartoffeln darin braten, ohne sie umzurühren; dabei mit einem Spatel mehrmals niederdrücken, so daß sie zusammenkleben und eine Art Kuchen formen. Mit Salz würzen. Wenn die Unterseite gar ist, nach etwa 10 Minuten, das Küchlein umdrehen und die andere Seite braten. Die Rösti sollten völlig gar sein und eine goldbraune Kruste haben. Warmhalten, während Sie auf dieselbe Weise die zweite Portion herstellen.

Topfengratin mit Erdbeeren und Rhabarber

Für vier Personen

200 g Rhabarber
250 ml Weißwein
80 g Zucker
1 Vanilleschote
200 g Erdbeeren
Puderzucker zum Servieren

Für das Gratin

250 g Quark mit 40 % Fettgehalt
2 Eigelb
40 g Puderzucker
25 g Stärkemehl
1 EL Rum
Etwas geriebene Zitronenschale
1 TL Vanillezucker (siehe Anmerkung)
2 Eiweiß
50 g Zucker

Vorbereiten der Früchte

Den Rhabarber waschen, schälen und in ca. 4 cm lange Stücke schneiden. In einem Topf Weißwein, Zucker und Vanilleschote erhitzen und den Rhabarber hineingeben. Kurz aufkochen lassen. Dann beiseite stellen und in seinem eigenen Saft abkühlen lassen. Die Erdbeeren waschen, putzen und halbieren.

Zubereiten der Gratinmasse

Quark, Eigelb, Puderzucker, Stärke, Rum, geriebene Zitronenschale und Vanillezucker in eine Schüssel geben und mit dem Schneebesen gut vermischen.
Die Eiweiß mit dem Zucker sehr steif schlagen und unter die Quarkmischung heben.
Vier kalte, tiefe Teller buttern und die Quarkmasse darauf verteilen. Die Rhabarberstücke auf Küchenkrepp abtropfen lassen und auf jeden Teller etwa fünf bis sechs Stücke legen. Die halbierten Erdbeeren in die Zwischenräume legen.
Bei stärkster Hitze ganz oben in den Ofen stellen und überbacken, bis das Gratin goldbraun ist. Aus dem Ofen nehmen, mit Puderzucker bestäuben und servieren.

Anmerkung: Die Vanilleschoten der besten Qualität sind lang – mindestens 18 cm – und schwarz mit einem weißen Belag. Um Vanillezucker herzustellen, den man leicht aufbewahren kann, stecken Sie die Schote in ein Glas mit Streuzucker, dem sie ihr delikates Aroma übertragen wird.

Österreich

Kaffee, Cafés und Klatsch, Morgenzeitungen und Nachmittagskuchen mit Schlagobers, das ist das traditionelle Wien. Hier trifft sich französische Eleganz mit östlichen Einflüssen zu einer neuen Küche – kreativ, aber von der Tradition inspiriert.

Ernst Huber

Gasthof Zoll

Arlbergstraße 118, 6900 Bregenz, Telefon: 0043-5574-31705

Einen Gasthof Zoll gibt es an der Straße zum Arlberg seit 1746. Sein Name stammt aus der damaligen Zeit, als hier der Zoll für eine nahegelegene Brücke erhoben wurde, und auf der Speisekarte prunkt noch heute das ehemalige, alte Gebäude. Das gegenwärtige, moderne Gebäude ist das Zuhause von Ernst Huber und seiner Frau Gerdi, die es 1975 kauften und renovierten. Ernst Huber, der in dieser Gegend geboren wurde, hat viele Jahre als Koch in der Schweiz und in Frankreich verbracht und stieg in Dornbirn zum Chefkoch auf. Dann kaufte er den Gasthof Zoll, der von der Spezialzeitschrift VIF als »bestes Restaurant rund um den Bodensee« bezeichnet wird.

Seine Mutter hat seine Küche wesentlich beeinflußt, denn sie war »eine hervorragende Köchin, besonders gut in der einfacheren, häuslichen Küche, die gegenwärtig so beliebt wird«. Der Gasthof wird als gemütliches Familienunternehmen geführt, und seine mehrfach ausgezeichnete Küche basiert auf lokalen Produkten – Fischen aus dem See, Wildbret, Pilzen, Geflügel und Lämmern der Region. Sein Stil ist »eine Mischung aus traditioneller Küche und den Möglichkeiten, die die heute bedeutend größere Auswahl von Zutaten bietet. Die wichtigste Regel ist, daß die Produkte vollkommen frisch sein müssen und das Resultat handwerklich perfekt«. Die Speisekarte wird mindestens einmal pro Woche neu zusammengestellt. In der ersten österreichischen Ausgabe des Gault-Millau-Führers von 1979 errang Ernst Huber eine Kochmütze, aus denen bald drei werden sollten, und 1981 bekam er einen Michelin-Stern. 1984 wählte Gault Millau Ernst Huber zum Koch des Jahres. Sein Sohn Heino schloß sich 1983 mit fünfundzwanzig Jahren dem Team an, und er hat der Küche aufgrund seiner Ausbildung bei Witzigmann in München, Harry's Bar in Venedig, Faugeron und Taillevent in Paris weitere Impulse geben können.

MENU

BODENSEEFISCHSUPPE MIT SAFRAN

BRIESRAGOUT MIT FRISCHEN PFIFFERLINGEN
UND MAJORAN

MANDELTULPE MIT FRISCHEN FRÜCHTEN
UND SCHOKOLADENCREME GEFÜLLT

Bodenseefischsuppe mit Safran

Der Bodensee ist so groß, daß seine Horizonte im Sommer im Dunst verschwimmen – ein Binnenmeer. Das Restaurant liegt am Ende des Sees, wo die Alpen fast das Wasser berühren, und Seefische sind eine Spezialität.

Für vier Personen

200-g-Mischung aus Karotten, Zwiebeln, Sellerie und Fenchel
2,5 l Wasser
750 g Gräten und Köpfe (ohne Kiemen) von Edelfischen
250 ml Weißwein
60 ml Noilly Prat
6 schwarze Pfefferkörner, zerdrückt
6 Senfkörner
1 Lorbeerblatt
Je 2 EL gehackter Dill, Kerbel und Petersilie
Einige Tropfen Pernod
1 EL Zitronensaft
Salz

Für die Einlage und die Garnitur

500 g Fischfilets (Felchen, Egli, Lachsforelle, Zander)
250 ml Sahne
Salz und frisch gemahlener schwarzer Pfeffer
Eine Prise Cayennepfeffer
8 Safranfäden zum Garnieren
Frischer Dill, Kerbel und Petersilie zum Garnieren

Zubereitung der Fischsuppe

Alle Zutaten für die Fischsuppe außer Pernod, Zitronensaft und Salz in einen Topf geben, unbedeckt 30 Minuten simmern lassen und einen kräftigen Fischfond zubereiten. Durch ein Sieb gießen, ein paar Tropfen Pernod und Zitronensaft zugeben, abschmecken und eventuell nachwürzen.

Zubereiten der Einlage

Die Hälfte der Fischfilets mit der Sahne in einen Mixer geben, kräftig abschmecken. Mit zwei Teelöffeln die Mischung zu kleinen Klößchen (Nockerln) formen.

In einem separaten Topf mit Salzwasser die Fischnokkerln 2–3 Minuten pochieren; wenn sie gar sind, schwimmen sie oben. Mit einer Schaumkelle herausnehmen. Die restlichen Fischfilets in Stücke schneiden und 5–6 Minuten in der Suppe pochieren, bis sie gar sind.

Anrichten

In jeden Teller Fischfilets und Klößchen legen, die Suppe darübergießen. Mit Safranfäden und frischem Dill, Kerbel und Petersilie garnieren.

Mein Weinvorschlag: Rheinriesling Spätlese 1983, Kollwentz, Burgenland.

Briesragout mit frischen Pfifferlingen und Majoran

Für vier Personen

500 g Kalbsbries (siehe Glossar)
Salz und frisch gemahlener schwarzer Pfeffer
1 EL Zitronensaft
80 g Butter
80 g Schalotten, sehr fein gehackt
200 g Pfifferlinge, geputzt
400 ml trockener Madeira
Frischer Majoran
200 ml reduzierter brauner Kalbsfond (siehe rechts)
2 EL crème double

Für die Kartoffelcroûtons

2 kalte gebackene Kartoffeln von je 250 g
60 g Butter

Vorbereiten des Kalbsbries

Das Kalbsbries abspülen, dann mindestens 1 Stunde in kaltes Wasser einlegen, möglichst unter dem wenig aufgedrehten Wasserhahn. Abtropfen lassen. Einen Topf mit reichlich Wasser, einer guten Prise Salz und dem Zitronensaft zum Kochen bringen; das Kalbsbries ca. 6–8 Minuten pochieren, dann herausnehmen und in Eiswasser abschrecken. Wenn es abgekühlt ist, die Röschen zupfen und alle Häute zwischen den einzelnen Teilen und außen abziehen. Kalt stellen, bis sie verwendet werden – das sollte am gleichen Tag geschehen.

Zubereiten des Ragouts

In einer Bratpfanne die Butter zerlassen, das Kalbsbries und die Schalotten ansautieren, bis es beginnt, sich golden zu färben. Die Pfifferlinge mit in die Pfanne geben; diese gelegentlich schütteln, damit die Pilze von allen Seiten gebraten werden. Dann alles mit einem Schaumlöffel herausnehmen und warm stellen.
Mit dem Madeira den Pfannensatz ablöschen und kurz kochen, um die Flüssigkeit um etwa ein Drittel zu reduzieren. Die Menge dann mit gut reduziertem braunem Kalbsfond wieder auffüllen und erneut auf etwa 250 ml reduzieren.
Mit *crème double* verfeinern und Kalbsbries, Schalotten und Pfifferlinge wieder unter die Sauce mischen. Nach Geschmack würzen und mit frischem Majoran bestreuen.

Herstellen der Kartoffelcroûtons

Die Kartoffeln schälen und in kleine Würfel schneiden. In heißer Butter schwenken, bis sie knusprig sind, würzen und zum Kalbsbries servieren.

Mein Weinvorschlag: Zweigelt 1985, E. & M. Müller, Weststeiermark.

Brauner Kalbsfond

1 kg Kalbsknochen, gehackt
100 g Karotten
100 g Zwiebeln
1–2 Tomaten, geviertelt
50 ml Rotwein
1 Lorbeerblatt
6 Pfefferkörner, zerdrückt
4 Wacholderbeeren, zerdrückt
Petersilie, Salbei und Rosmarin

Die gehackten Knochen auf ein Blech legen und im Ofen bei stärkster Hitze unter gelegentlichem Wenden rösten, bis sie braun zu werden beginnen. Die gehackten Gemüse und Tomaten zugeben und ebenfalls bräunen lassen, mit Rotwein ablöschen. In einen Topf umfüllen und mit Wasser bedecken, Lorbeerblatt, Pfefferkörner und Wacholderbeeren zugeben. Langsam zum Kochen bringen, nach Bedarf Schaum abschöpfen.
Zudecken und 3–4 Stunden köcheln lassen, falls nötig, Wasser nachfüllen, damit die Knochen bedeckt bleiben. Durchseihen und abkühlen lassen. Das Fett abschöpfen und nochmals kochen, bis die Flüssigkeit auf etwa 300 ml reduziert ist.

Anmerkung: Ernst Huber verwendet einen ziemlich würzigen, braunen Knochensud mit Wacholderbeeren, Salbei und Rosmarin, um die Milde der Kalbsbriese in diesem Rezept auszugleichen. Die Tomaten sind eine weitere Zugabe nach Wahl – oft werden sie mit dem südlichen Mittelmeerraum assoziiert. Wenn Sie den Kalbsfond für andere Rezepte herstellen, lassen Sie diese Zutaten weg. Auch das Ablöschen mit Rotwein ist nicht immer nötig. Frédy Girardet beispielsweise benutzt einen viel einfacheren Sud; er gibt als Grundgemüse eine Lauchstange, eine Schalotte und eine Knoblauchzehe zu und würzt mit dem traditionellen *bouquet garni.*

Mandeltulpe mit frischen Früchten und Schokoladencreme gefüllt

Für vier Personen

200 g gemischte Beeren: Erdbeeren, Himbeeren, Blaubeeren, Johannisbeeren oder Brombeeren, je nach Jahreszeit
4 EL Grand Marnier
12 frische Minzeblätter
Puderzucker zum Bestäuben

Für die Mandeltulpen

200 g Marzipan
1 Eigelb
1 Eiweiß
2 EL Mehl
100 ml Milch
4 EL Zucker
Zerlassene Butter zum Einfetten
Mehl zum Bestäuben

Für die Füllung

75 g Schokolade
2 EL Sahne
1 Ei
1 TL Zucker
175 ml geschlagene Sahne

Die vorbereiteten Früchte mit dem Grand Marnier beträufeln und ziehen lassen.

Herstellen der Mandeltulpen

Stellen Sie zunächst das Backblech in den Gefrierschrank. Dann mit einem Mixer alle Zutaten zu einer glatten Paste verarbeiten; diese durch ein feines Sieb streichen.
Das Backblech mit Butter bepinseln und so dünn wie möglich mit Mehl bestäuben.
Aus einem Stück Karton von der Größe des Backblechs eine Schablone herstellen. Vier Kreise in der von Ihnen benötigten Größe herausschneiden – sie hängt von dem Gefäß ab, in dem Sie die Mandeltulpen servieren möchten. Schneiden Sie die Ränder des Kartons sauber aus.
Legen Sie die Schablone auf das vorbereitete Backblech und drücken Sie etwas von der Mandelmischung in die freien Kreise. Streichen Sie die Mischung mit einem Palettmesser flach und dünn aus, bis sie die Schablone sauber füllt. Danach auf dieselbe Weise weitere Tulpen herstellen, aber nicht mehr als vier pro Blech.
Backen Sie die Tulpen bei 180° C, Gas Stufe 4, 2–4 Minuten lang, bis sie an den Rändern gerade braun zu werden beginnen. Mit einem Spatel nacheinander vom Blech nehmen und sofort so biegen, daß sie die Form einer Tulpe annehmen. Fest werden lassen. Wenn Sie sie im voraus zubereiten, bewahren Sie sie in einer luftdichten Dose auf.

Zubereiten der Schokoladencreme

Die Schokolade zerbrechen und in einer Schüssel über heißem Wasser schmelzen. Von der Hitzequelle nehmen und mit der flüssigen Sahne glatt verrühren.

Das Ei und den Zucker in eine kleine, hitzebeständige Schüssel über einem Topf mit simmerndem Wasser geben und sehr schaumig aufschlagen. Die Schokolade untermischen und gut verrühren. Die Mischung unter gelegentlichem Rühren abkühlen lassen und zum Schluß die geschlagene Sahne unterheben.

Anrichten

Servieren Sie die Mandeltulpen in Gläsern – im Zoll-Restaurant haben wir besondere Gläser, sogenannte Tulpengläser, dafür, offene Kelche in Form von Tulpen, die diesem Dessert den Namen gaben. Füllen Sie die Tulpen mit den marinierten Früchten und der Schokoladencreme. Dekorieren Sie jede mit Minzeblättern und überstäuben Sie sie mit Puderzucker.

Mein Weinvorschlag: Roter Veltliner Ausbruch 1983; eine seltene Weißweintraube gibt diesem Dessertwein seinen Namen; er ist eine Spezialität des Weingutes Mantlerhof in Gedersdorf bei Krems.

Helmut Österreicher

STEIRERECK

Rasumofskygasse 2, 1030 Wien, Telefon: 0043-222-7135168

Seine Küche spiegelt Österreich wider – was angesichts seines Namens kein Wunder ist. Das Restaurant Steirereck befindet sich im Herzen von Wien und ist eines der besten der Stadt. Es ist ein Familienbetrieb, und die Eigentümer, Margarethe und Heinz Reitbauer, sind hingebungsvolle Gastronomen, die all ihr Können und ihre unbändige Energie darein setzen, den Ruf des Restaurants aufzubauen: »Immer im Dienst sein, nie aufhören, entschlossen das Konzept eines Spitzenrestaurants entwickeln – und sich nicht auf den Lorbeeren ausruhen.« Da ihr Sohn Heinz gerade zum Koch ausgebildet wird, wird diese Tradition in der nächsten Generation erhalten bleiben. Helmut Österreichers Karriere im Steirereck begann 1978, als er sich auf eine Anzeige hin bewarb. Er war zwanzig, als er »die ersten Schritte in die feine Küche Wiens« tat. Als Chefkoch glaubt er an Teamwork, bei dem jedes Mitglied des Teams die Arbeit macht, für die es am besten geeignet ist. Und sein Team ist gut: Sein sous-chef, *Anton Schrei, wurde vom Sacher abgeworben, wo sie zusammen gearbeitet hatten. Sein persönliches Interesse richtet sich vor allem auf das Kreieren neuer Saucen. Hat er einen Tip? »Seien Sie sparsam mit Salz, und nehmen Sie zum Würzen immer Weinessig bester Qualität.« Helmut Österreicher glaubt an ständige Weiterbildung und interessiert sich sehr für Fachliteratur, denn »Kochen ist ein dauerhafter Lernprozeß, was die Zutaten leisten können«. Er legt besonderen Wert darauf, traditionelle österreichische Gerichte zu kultivieren: »Ich versuche Sie zu vervollkommnen und gleichzeitig interessanter zu machen.« 1985 erhielt das Restaurant einen Michelin-Stern.*

MENU

ZANDER UND FLUSSKREBSE
IN BASILIKUMNAGE

GEMSE MIT ROTWEINSAUCE

HIMBEERCHARLOTTE
MIT MANDELMILCH

Zander und Flusskrebse in Basilikumnage

Für vier Personen

700 g Zander, Sie brauchen 250 g Filet (die Gräten und Abschnitte benutzen Sie für den Fond)
30 g Butter
120 ml trockener Wermut
1,5 l zusätzlicher Fischsud (zum Kochen der Krebse)
24 Flußkrebse, jeder mit Kopf etwa 60 g

Für den Fischfond

500 g Fischgräten und Abschnitte
250 g Zwiebeln, gehackt
2 Selleriestangen, gehackt
1 Lorbeerblatt
6 Petersilienstengel, zerdrückt
6 schwarze Pfefferkörner, zerdrückt
Schale und Saft von 1 Zitrone
250 ml trockener Weißwein

Für die Weißwein-Sauce

500 ml reduzierter Fischfond (siehe oben)
45 g Butter
4 EL gehackte Schalotten
250 ml Weißwein
60 ml Noilly Prat
125 ml Sahne
2 EL crème fraîche
12 Basilikumblätter, gehackt
Salz

Zum Garnieren

8 kleine Broccoliröschen
4 neue Karotten
4 Ovale aus entkernten Zucchini
8 Streifen gelbe Paprikaschote
1 Tomate, blanchiert, enthäutet, entkernt und in 8 Stücke geschnitten
Paprika
Schnittlauch
4 Basilikumzweige

Den Fisch filetieren; Sie brauchen 250 g sauber zugeschnittene Filets. Das restliche Fleisch vom Schwanz und den Gräten kratzen, damit Sie ungefähr 100 g gehackten Fisch zum Andicken der Suppe haben.

Herstellen des Fischfonds

Die Fischgräten und Abschnitte abspülen und mit allen Zutaten für den Fond in einen Topf geben. Den Wein angießen und alles mit etwa 1 l Wasser bedekken. 30 Minuten simmern lassen, gelegentlich den Schaum abschöpfen, dann durchseihen.

Herstellen der Weißweinsauce

Den Fischfond in einen kleinen Topf geben und auf 500 ml reduzieren.
Die Butter schmelzen und die gehackten Schalotten darin weich werden lassen. Weißwein und Noilly Prat dazugeben und um ein Viertel reduzieren. Den Fischfond angießen und nochmals etwa 10 Minuten einkochen lassen, bis Sie 500 ml haben. Die Sahne hinzufügen und erneut um die Hälfte reduzieren.
Das beiseite gestellte Fischfleisch und *crème fraîche* hinzufügen und zum Kochen bringen. In einen sauberen Topf seihen und wieder erhitzen; die gehackten Basilikumblätter unterrühren. Die Gemüse für die Garnitur dünsten.

Garen von Zander und Flußkrebsen

In einer kleinen, feuerfesten Form die Butter und den Wermut erhitzen. Die Zanderfilets in etwa 5 mm breite Streifen schneiden. Diese kurz in der zugedeckten Form in Butter und Wermut garen – sie sollten in der Mitte noch leicht glasig aussehen.
Den Fischsud zum Kochen bringen und die ganzen Krebse darin 3–4 Minuten kochen, dann abgießen. Schützen Sie die Hand, mit der Sie die Krebse halten, mit einem Tuch, und drehen Sie vorsichtig die Köpfe der Krebse ab. Das Schwanzfleisch in einem Stück herausbrechen. Den Darm mit einer kleinen Nadel herausziehen.

Anrichten

Die Wein-Basilikum-Sauce in vier Suppenteller gießen und die Zander- und die Krebsstücke darauf arrangieren. Mit den warmen Gemüsen garnieren und mit etwas Paprika und Schnittlauch bestreuen. Jeden Teller mit einem Basilikumzweig dekorieren; sofort servieren.

Mein Weinvorschlag: Riesling Kabinett 1985, Ried Zöbinger Heiligenstein von Maria Retzl in Zöbing; der Wein ist sehr trocken und hat ein deutlich würziges Bouquet.

Zander und Flußkrebse in Basilikumnage

Gemse mit Rotweinsauce

Himbeercharlotte mit Mandelmilch

Birnenschnaps im Steirereck

Gemse mit Rotweinsauce

Für vier Personen

4 kleine Gemsenkoteletts (siehe Anmerkung) vom besten Ende
Salz und frisch gemahlener schwarzer Pfeffer
40 g Butter
400 g fertiger Blätterteig
Mehl zum Bestäuben
2 Gemsenfilets, je etwa 150 g schwer
8 Spinatblätter
Verquirltes Ei
150 g Gamsnüßchen (aus dem Schlegel)
Preiselbeergelee zum Servieren

Für die Fleischfarce

100 g Gemsenfleischabschnitte vom Schlegel, zweimal durchgedreht oder im Mixer püriert
Eisgekühlte Sahne
4 Zweige frischer Thymian, zerrieben
Salz und frisch gemahlener schwarzer Pfeffer

Für die Port-Rotwein-Sauce

120 ml roter Portwein
120 ml Rotwein
250 ml brauner Wildfond (Seite 109)
1 EL Preiselbeergelee
Einige Wacholderbeeren

Die vier Koteletts würzen und leicht auf beiden Seiten in 20 g Butter braten. Erkalten lassen.
Das Fleisch für die Farce sehr fein pürieren, mit den fein geriebenen Blättern von zwei Thymianzweigen, Salz und Pfeffer würzen. Mit so viel eisgekühlter flüssiger Sahne anreichern, wie die Fleischmischung aufnimmt (wieviel Sahne Sie brauchen, hängt vom Feinheitsgrad der Masse ab).

Herstellen der Teigpäckchen

Ca. 1 EL von der Farce auf jedes Kotelett geben und flachdrücken. Den Teig zu zwei Quadraten von etwa 25 cm ausrollen und in je vier Teile teilen. Die Koteletts so einwickeln, daß der Knochen deutlich heraussteht. Die Teigränder mit kaltem Wasser anfeuchten und gut zusammendrücken, dann überschüssigen Teig abschneiden. Auf ein eingefettetes Backblech geben und so lange kalt stellen, bis die Päckchen benötigt werden.

Füllen der Filets

Die Filets der Länge nach fast durchschneiden, dann auseinanderklappen und durch Klopfen abflachen. Leicht würzen und mit den restlichen Thymianblättern und der Fleischfarce dünn bestreichen.
Die Spinatblätter blanchieren, indem Sie sie mit kochendem Wasser übergießen, abtropfen lassen, auf Küchenkrepp trocknen. Den Spinat auf die Farce legen und die Filets wie einen Biskuitteig zusammenrollen. Auf ein eingefettetes Stück Alufolie legen, einrollen und die Ränder fest einschlagen, damit das Päckchen wasserdicht ist.

Garen des Gemsenfleischs

Pochieren Sie die Lendenpäckchen im Wasserbad bei ca. 95° C etwa 6 Minuten lang. In der Folie lassen und warm stellen.
Die Teigpäckchen mit gesalzenem, verquirltem Ei bestreichen. Bei 220° C, Gas Stufe 7, 10 Minuten backen. Die Gamsnüßchen gefällig würzen und die Außenseite mit 10 g Butter einreiben. In eine kleine, gefettete, feuerfeste Form legen und mit den Teigpäckchen im Ofen 8–10 Minuten rosa braten. Teigpäckchen und Fleisch auf einer gewärmten Platte warm stellen.

Zubereiten der Port-Rotwein-Sauce

Den Bratenrückstand von den Nüßchen mit Portwein, Rotwein und Wildfond ablöschen. Das Preiselbeergelee unterrühren und kochen lassen, bis die Flüssigkeit auf 250 ml reduziert ist. Durch ein Sieb geben und nach Geschmack mit frischem Thymian und Pfeffer würzen. Einige Wacholderbeeren hineinstreuen; diese sehen attraktiv aus, sind aber nicht zum Verzehr bestimmt.

Anrichten

Die Nüßchen in Scheiben schneiden und die gefüllten Filetrollen quer in je vier Scheiben schneiden. Die hervorstehenden Knochen der Teigpäckchen mit einer Papiermanschette versehen und ein Teigpäckchen auf eine Seite jedes Tellers legen. Preiselbeergelee an den oberen Rand des Tellers geben. Das gebratene Fleisch mit etwas Sauce umgeben, die restliche Sauce in einer Sauciere dazu reichen.

Mein Weinvorschlag: Blaufränkischer Barrigue 1985 vom Weingut Hans Igler, Deutschreutz, Burgenland.

Anmerkung: Das Gericht könnte auch aus dem Fleisch einer jungen Ziege oder eines jungen Rehs zubereitet werden.

Himbeercharlotte mit Mandelmilch

Für acht Personen

400 g Himbeeren
2 Eigelb
40 g Zucker
40 g Vanillezucker
Geriebene Schale und Saft von ½ Zitrone
3 Blatt Gelatine
200 ml Himbeergeist
2 Eiweiß
100 ml geschlagene Sahne
Geschmacksneutrales Öl zum Einfetten
Etwa 70 Löffelbiskuits (nicht zu große)
48 Himbeeren zum Garnieren
Minzeblätter zum Garnieren

Für die Mandelmilch

100 ml Milch
100 ml Sahne
25 g Zucker
20 g Vanillezucker
60 g Mandelblättchen
3 Eigelb

Für die Himbeersauce

120 g Himbeeren
Puderzucker

Herstellen der Himbeermousse

Die Himbeeren verlesen und 150 g Himbeeren beiseite stellen, den Rest pürieren und durch ein Sieb streichen; Sie brauchen 120 g Püree. Die Eigelb mit 20 g Zucker, dem Vanillezucker und der geriebenen Zitronenschale schaumig rühren.
Die Gelatineblätter zerbrechen, in 4 EL kaltem Wasser einweichen. Das Himbeerpüree in einen kleinen Topf geben und Gelatine, Zitronensaft und Himbeergeist unterrühren und aufkochen lassen. Rühren, bis sich die Gelatine aufgelöst hat. Etwa 1 Minute abkühlen lassen, dann in die Eigelbmischung rühren. Weiterrühren, bis die Mousse kalt ist.
Mit einem sauberen, trockenen Schneebesen die Eiweiß zusammen mit 20 g Zucker steif schlagen. Die Sahne schlagen und unter die Himbeermousse heben. Dann vorsichtig den Eischnee und die zurückbehaltenen Beeren unterheben.
Acht Förmchen von etwa 200 ml Inhalt und mit schrägen Seiten leicht einölen. Mit den Biskuits auslegen, mit der Himbeermousse füllen. Kalt stellen, bis die Mischung fest geworden ist.

Zubereiten der Mandelmilch

Die Milch mit der Sahne, dem Zucker und dem Vanillezucker erhitzen. Inzwischen die Mandelblättchen im Ofen oder in der trockenen Bratpfanne rösten, dabei darauf achten, daß sie nicht anbrennen.
Die gerösteten Mandeln in die verfeinerte Milch geben und 10 Minuten köcheln lassen. Vom Feuer nehmen.
Die Eigelb verquirlen, dann die heiße Milch (mit den Mandeln) unter ständigem Rühren darübergießen. Über simmerndem Wasser unter ständigem Rühren andicken lassen, bis die Mischung den Rücken eines Löffels überzieht. Vom Feuer nehmen und erkalten lassen. Vor dem Servieren durch ein Sieb streichen.

Zubereiten der Himbeersauce

Die Beeren durch ein Sieb drücken, um die Kerne zu entfernen. Nach Geschmack mit Puderzucker süßen.

Anrichten

Die Biskuits, die am Rand der Förmchen überstehen, abschneiden. Mit einem Messer am inneren Rand der Förmchen entlangfahren, dann die Himbeercharlottes stürzen. Jede mit etwas Himbeerpüree und Mandelmilch umgeben. Einen Streifen Püree auf die Mandelmilch spritzen und mit einem Muster versehen, indem Sie eine Messerspitze durch das Püree ziehen. Den Tellerrand mit frischen Beeren und Minzeblättern garnieren.

Mein Weinvorschlag: Muscat-Ottonel Auslese 1983, Franz Schindel, Mörbisch, der ein delikates Traubenaroma hat.

Schweiz

Das Land der Schokolade, die Schule der Meisterköche der Welt – die Schweizer Chefs sind keine geringeren Könner als ihre Nachbarn, haben aber paradoxerweise keinen eigenen Michelin-Führer – ihre guten Restaurants erscheinen in den roten Führern benachbarter Länder.

Alfred Girardet

GIRARDET

1 Rue d'Yverdon, 1023 Crissier, Telefon: 0041-21-27010 1/21-6340505

Frédy Girardet zeichnet sich unter seinen Kollegen durch mehr als Talent aus. Anders als viele andere berühmte Meisterköche hat er nicht die traditionelle Laufbahn mit verschiedenen Stationen in großen Häusern hinter sich. Er hat nie für jemanden anderen gearbeitet. Sein renommiertes Restaurant ist von Frankreich aus leicht zu erreichen, doch besitzt es keinen Michelin-Stern. Frédy Girardet widersteht den Versuchungen der Berühmtheit und läßt sich von seiner Familie und seinem Restaurant nur höchst selten weglocken.

Er wurde in Lausanne geboren, wo er eine Grundausbildung als Koch erhielt; im Anschluß daran kehrte er in das Dorf Crissier zurück, um dort seinem Vater in dessen bescheidenem Hotel zu helfen. 1957, als er gerade zwanzig Jahre alt war, wurde er Oberhaupt der Familie. Er war sich seiner Verantwortung durchaus bewußt, brachte aber keine echte Begeisterung für seine Arbeit auf. Das geschah erst 1968 während eines Aufenthalts in Frankreich, wo er Paul Bocuse und die Gebrüder Troisgros (deren Foto jetzt neben dem seines Vaters hängt) kennenlernte; auf einmal offenbarte sich ihm, was Kochen sein kann. Schon 1974 wurde er außerhalb seiner Region bekannt – Gault Millau verlieh ihm im folgenden Jahr den Goldenen Schlüssel –, und rasch erlangte er internationale Berühmtheit. Zwei Jahre später machte sich das Restaurant endlich im gesamten Rathaus von Crissier breit. Ist Frédy Girardet der beste Küchenchef der Welt? Seine Kollegen sagen, daß sie keinen besseren kennen. Tiefer Respekt vor dem Beruf, den Rohmaterialien und Geschmacksnuancen liegt einer Küche zugrunde, die, wie er sagt, »gesund, großzügig und impulsiv« ist, mit »einer vollkommenen Harmonie von Produkt und Zubereitung«.

MENU

MATELOTE DE HOMARD ET LANGOUSTINES
AU POMEROL

Ragout von Hummer und Scampi in Pomerol

RABLE DE LIEVRE ROTI AUX EPICES, SAUCE
CREME, AVEC CHATAIGNES FONDANTES

Hasenrücken mit Kastanienfondant

SOUFFLE A LA PISTACHE

Pistaziensoufflé

Matelote de Homard et Langoustines au Pomerol

Ragout von Hummer und Scampi in Pomerol

Für vier Personen

2 lebende Hummer von je 400 g
Salz und frisch gemahlener schwarzer Pfeffer
8 mittelgroße Scampi
8 junge Lauchstangen von 1 cm Dicke
75 g Butter

Für die Pomerol-Sauce

1 Hummerpanzer
2 Schalotten
¼ Lorbeerblatt
Eine Prise Zucker
300 ml Pomerol
20 g Butter
Salz und frisch gemahlener schwarzer Pfeffer

Für die Sauce Mousseline

2 Schalotten
100 ml trockener Weißwein
1 Zweig Dill
2 Eigelb
40 g weiche Butter
Salz und gemahlener weißer Pfeffer

Salzwasser in einem großen Topf zum Kochen bringen. Die Hummer mit dem Kopf voran hineinwerfen, wieder aufkochen lassen, 3 Minuten ziehen lassen, dann die Hummer herausnehmen und in kaltem Wasser abschrecken. Die Scheren entfernen und nochmals 3 Minuten kochen lassen, dann herausnehmen und in kaltem Wasser abkühlen lassen. Die Schwänze ganz schälen. Der Länge nach halbieren. Die Scheren aufbrechen und das Fleisch möglichst am Stück herausnehmen. Die Scampischwänze schälen und den schwarzen Darm entfernen. Alles Fleisch in Folie wikkeln und im Kühlschrank bis zur Weiterverwendung kalt stellen.

Zubereiten der Pomerol-Sauce

Einen Hummerpanzer nehmen (der andere wird nicht verwendet) und den Kopf der Länge nach spalten. Sorgfältig den Magen entfernen, der hinter den Augen liegt, und wegwerfen. Den Panzer gut zerkleinern. Die Schalotten für beide Saucen fein hacken.
Den zertrümmerten Hummerpanzer, die Hälfte der Schalotten, ¼ Lorbeerblatt, eine Prise Zucker und den Pomerol in einen Topf geben. Die Flüssigkeit auf 100 ml einkochen lassen, dann durch ein feines Sieb gießen.

Vorbereiten des Lauchs und der Sauce Mousseline

Von den Lauchstangen das Grün bis auf 5 cm abschneiden und die Stangen oben einschneiden wie eine Papiermanschette. 5–7 Minuten in Salzwasser kochen. In kaltem Wasser abschrecken. Die äußeren zwei bis drei Schichten abschälen, bis die Stangen nur noch 6 mm dick sind. Mit einem diagonalen Schnitt 3 cm vom weißen, unteren Teil abschneiden und die Stangen in einer kleinen ofenfesten Form bereitstellen. Den noch ungekochten grünen Lauch in 1 mm feine Streifchen schneiden. Mit 15 g Butter und etwas Salz in einen kleinen Topf geben. Deckel auflegen und bei starker Hitze 1–2 Minuten garen.
Den Rest der gehackten Schalotten mit dem Weißwein in einen kleinen Topf geben. 3 Minuten ziehen lassen, dann durch ein Sieb gießen, um die Schalotten zu entfernen, und die Flüssigkeit wieder in den Topf geben. Den Dill fein hacken.

Zusammenstellung

Eine halbe Stunde vor dem Servieren Hummer und Scampi aus dem Kühlschrank nehmen und den Ofen auf 200° C, Gas Stufe 6, erhitzen. 20 g Butter auf dem Hummerfleisch verteilen, alles würzen und in eine ofenfeste Form legen und 3 Minuten im Ofen erwärmen.
Die vorbereiteten Lauchstangen mit Butterflöckchen (ca. 20 g) bestreuen und ebenfalls 3 Minuten im Ofen, das kleingeschnittene Grün im Topf kurz erwärmen.
Den reduzierten Weißwein nicht zu stark erhitzen, 2 Eigelb hineingeben und bei sehr milder Hitze oder über dem Wasserbad schlagen. Wenn die Mischung anzudicken beginnt, 40 g weiche Butter zugeben. Dabei ständig rühren. Mit Salz und Pfeffer würzen, den Dill untermischen und die Sauce von der Hitzequelle nehmen.
Die gewürzten Scampi in 20 g heißer Butter 1 Minute braten, dabei einmal wenden. Den reduzierten Rotwein aufkochen lassen, 20 g Butter unterrühren und abschmecken.

Anrichten

In die Mitte jedes Tellers einen Löffel Pomerol-Sauce geben und etwas ausbreiten. Zwei Scampi rechts unten schräg auf den Teller legen. Darüber und parallel zu ihnen zwei Lauchstangen anrichten, dazwischen sauber etwas Lauchgrün anhäufen.
Den halbierten Hummerschwanz in drei Scheiben schneiden, wieder zusammensetzen und schräg links unten auf den Teller legen. Eine Schere darüberlegen und etwas Sauce Mousseline zwischen Hummer und Scampi löffeln. Den Rand mit etwas grünem Lauch garnieren.

Mein Weinvorschlag: Château Pétrus.

RABLE DE LIEVRE ROTI AUX EPICES, SAUCE CREME, AVEC CHATAIGNES FONDANTES

Hasenrücken mit Kastanienfondant

Für vier Personen

1 großer Hasenrücken von etwa 600 g oder 2 kleinere
Fleischabschnitte in kleinen Stücken
3–5 große Thymianzweige
½ Karotte in 1 cm großen Würfeln
½ Zwiebel in 1 cm großen Würfeln
30 g Sellerie in 1 cm großen Würfeln
1 kleine Knoblauchzehe, ungeschält
Eine lange Petersilienwurzel, in 6 Stücken
10 Wacholderbeeren, leicht zerdrückt
50 g Butter
1 TL Öl
Salz und frisch gemahlener schwarzer Pfeffer
1 Dessertapfel, in Scheiben geschnitten und leicht karamelisiert

Für das Kastanienfondant

20 Eßkastanien
3 Stücke Sellerie von 3 × 5 cm
6 Zuckerwürfel
150 ml brauner Kalbsfond (Seite 178)
150 ml Wasser

Für die Gewürzmischung in folgendem Verhältnis:

⅙ Wacholderbeeren
⅓ Koriandersamen
⅓ rosa Pfefferkörner (baies roses)
⅙ schwarze Pfefferkörner

Für die Sauce

300 ml Wasser
100 ml Sahne
1 EL Sauternes
Einige Tropfen Zitronensaft
Salz und frisch gemahlener schwarzer Pfeffer

Vorbereiten des Hasenrückens und der Gewürze

Den Hasenrücken auf beiden Seiten der Wirbelsäule tief schräg einschneiden, an jedem Ende etwa 3 cm Fleisch ohne Einschnitt lassen. In jede so entstandene Tasche einen Thymianzweig legen, dann das Fleisch in Folie wickeln und kalt stellen. Denken Sie daran, es mindestens 1 Stunde vor dem Garen wieder auf Zimmertemperatur zu bringen.
Die Fleischabschnitte hacken. Einwickeln und kalt stellen. Karotte, Zwiebel und Sellerie würfeln, die Knoblauchzehe, Petersilienwurzel, einen Thymianzweig und die zehn Wacholderbeeren dazugeben. Einwickeln und kalt stellen. Die Gewürze im angegebenen Verhältnis grob mahlen.

Zubereiten des Kastanienfondants

Die Maronen ringsum einschneiden, für ein paar Minuten in kochendes Wasser legen, herausnehmen und schälen. Auch die Innenhaut entfernen, solange sie noch heiß sind.
Die Zuckerwürfel in einem Topf bei milder Hitze schmelzen, bis sie karamelisieren. Sofort den Fond und die gleiche Menge Wasser zugeben. Sellerie und Maronen hineingeben und ohne viel umzurühren kochen, bis der Saft sirupartig und die Maronen weich sind. Die Selleriestücke herausnehmen.

Garen des Hasenrückens

Den Ofen auf 280° C vorheizen. Den Hasenrücken würzen, dann mit sechs Prisen der Würzmischung von allen Seiten einreiben. In einer Bratform bei starker Hitze die Butter und 1 TL Öl erhitzen. Die Hasenabschnitte unter Rühren darin 3 Minuten braun braten. Wenn die Butter sich zu färben beginnt, die zum Würzen vorbereitete Mischung aus Gemüsen und Wacholderbeeren zugeben. In der Form etwas Platz schaffen und die Filets des Hasenrückens auf jeder Seite 1 Minute anbräunen. Den Hasenrücken mit den Filets nach oben in die Form legen und im sehr heißen Ofen 8 Minuten braten. Ein- oder zweimal begießen, dann den Ofen öffnen, die Bratform auf die Tür stellen und das Fleisch 6–7 Minuten ruhen lassen. Dabei häufig mit der Butter begießen, in der es gebraten wurde, damit das Fleisch nicht trocken wird. Auf eine Platte legen und warm stellen.

Zubereiten der Cremesauce

Die Bratform auf den Ofen stellen, 300 ml Wasser hineingeben und rühren, um den Satz vom Boden zu lösen. Kochen lassen, bis nur ein dünner Film Flüssigkeit übrigbleibt. Die Sahne angießen, 2 Minuten heftig kochen lassen, dann alles durch ein feines Sieb in einen kleinen Topf gießen. Den Sauternes zugeben und abschmecken, das Aroma mit einigen Tropfen Zitronensaft abrunden.

Anrichten

Mit einem Löffel die Filets vom Rücken lösen. Dann diese diagonal in dünne Scheiben schneiden und fächerförmig auf vier vorgewärmten Tellern anrichten. Unten auf den Teller einige der wieder erwärmten Maronen legen, diese auf jeder Seite mit zwei Scheiben karamelisiertem Apfel und einem kleinen Löffel Sauce garnieren.

Mein Weinvorschlag: Château d'Yquem.

Souffle a la Pistache

Pistaziensoufflé

Für zwei Personen

40 g Pistazien, geschält (und natürlich ungesalzen)
75 g Zucker
Butter für die Souffléform
1 Eigelb
2 Eiweiß

Für die Pistaziencreme

100 ml englische Creme (siehe rechts)
10 g Pistazien, geschält
1 Tropfen Bittermandelöl
5 Tropfen Kirschwasser

Zubereiten der Pistaziencreme

Bereiten Sie die englische Creme zu und messen Sie die richtige Menge ab. Die ganzen Pistazien, einen Tropfen (nicht mehr) Bittermandelöl und fünf Tropfen Kirschwasser zugeben. Die Mischung in einen Mixer geben und pürieren, dann wieder in einen Topf füllen.

Zubereiten und Backen des Soufflés

Fünf Pistazien zur Dekoration auswählen, halbieren und beiseite stellen. Die restlichen Nüsse mit der Hälfte des Zuckers im Mixer zerkleinern.
Eine Souffléform von 12 cm Durchmesser buttern und den Ofen auf maximale Hitze vorheizen. Ein *bain-marie* mit 3–4 cm Wasser vorbereiten, das Wasser soll gerade eben kochen.
Die Pistazien-Zucker-Mischung mit dem Eigelb verschlagen, bis sie cremig wird.
Die Eiweiß mit dem restlichen Zucker sehr luftig, aber nicht zu steif schlagen. Ein Drittel von dem Eiweiß mit dem Schneebesen in die Pistazien-Eigelb-Mischung rühren, dann vorsichtig den Rest unterheben. In die gefettete Souffléform füllen – diese sollte nicht randvoll sein.
Zunächst das Soufflé im *bain-marie* auf dem Herd 6–7 Minuten bei ganz leicht simmerndem Wasser garen. Dann etwa 12 Minuten unten in den Backofen stellen, bis es gut aufgegangen ist. Nach der Hälfte der Backzeit mit den Pistazien bestreuen. Die Creme aufwärmen.

Anrichten

Servieren Sie das Soufflé in der Form, die Creme dazu in einer Sauciere. Verteilen Sie es dann auf zwei Teller, wobei Sie jede Portion mit Creme umgeben.

Mein Weinvorschlag: Bleiben Sie bei dem Château d'Yquem.

Creme Anglaise

Englische Creme

200 ml Milch
1 Vanilleschote, längs gespalten
2 Eigelb
2 EL Zucker

Die Milch mit der Vanilleschote zum Kochen bringen. Eigelb und Zucker verquirlen und die heiße Milch angießen. Dann wieder in den Topf geben, die Vanilleschote herausnehmen. Bei sehr geringer Hitze, besser noch über simmerndem Wasser, andicken lassen, bis die Creme den Rücken eines Löffels überzieht. Durch ein Sieb in eine Schüssel gießen.

Hans Stucki

STUCKI BRUDERHOLZ

Bruderholzallee 42, 1059 Basel, Telefon: 0041-61-358222

Von klein auf wollte Hans Stucki Koch werden. Rösti für die ganze Familie – Kartoffelküchlein (ein Rezept steht auf Seite 172) – ist das erste Gericht, das zubereitet zu haben er sich erinnert. Beide Seiten der Familie waren Gastronomen, und seine Eltern besaßen ein Café-Restaurant, das Cheval Blanc in Ens (Kanton Bern). 1945, im Alter von sechzehn Jahren, trat er als Lehrling in das Beau-Rivage-Palace ein und arbeitete danach im Souvretta-Haus in St. Moritz, im Splendid in Lugano, im Dolder in Zürich, im Carina Carlton in Morcote, in den Trois Rois in Basel und so weiter.

Nachdem er geheiratet hatte, pachteten er und seine Frau Suzanne das Bruderholz; elf Jahre später kauften sie es und machten es zu einem der bekanntesten Restaurants in der Schweiz. Es liegt in einer ruhigen Wohngegend Basels, ist in traditionellem Stil gehalten und von einem Garten umgeben. 1975 erhielt das Restaurant seinen ersten Michelin-Stern und begann im Gault Millau-Führer aufzusteigen. »Das Haus ist eher traditionell, die Küche eher modern«, sagt Hans Stucki, »im französischen Stil, nicht im deutschen.« 1977 erhielt er den Goldenen Schlüssel von Gault Millau, gefolgt von einem zweiten Michelin-Stern.

War er damals ein Verfechter der nouvelle cuisine?

»Auf keinen Fall Kiwis auf Hummer! Zu viel nouvelle cuisine, *und der Speisesaal wäre binnen einer Minute leer. Das soll nicht heißen, daß es keine Entwicklung, keinen Fortschritt geben sollte, aber man muß dabei immer auf dem Boden bleiben. Der Geschmack hat Vorrang; an zweiter Stelle kann man an die Garnitur denken.« Er kombiniert beides so gut, daß das Bruderholz 1988 neunzehn von zwanzig Wertungspunkten im Gault Millau bekam.*

MENU

FILET DE TURBOTIN GRILLE AUX RACINES DE PERSIL

Gegrillte Steinbuttfilets mit Petersilienwurzeln

CANARD ROTI AUX ENDIVES

Gebratene Ente mit Chicorée

SOUFFLE AU CHOCOLAT AU COULIS D'AGRUMES

Schokoladensoufflé mit Kumquatsauce

Filet de Turbotin Grille aux Racines de Persil

Gegrillte Steinbuttfilets mit Petersilienwurzeln

Für vier Personen

4 Filets von einem Steinbutt (oder Glattbutt), je etwa 60 g
2 Petersilienwurzeln von je etwa 100 g
70 g Butter
Salz und frisch gemahlener schwarzer Pfeffer
1 rote Paprikaschote
Glatte Petersilie
400 ml gut reduzierter Fischfumet (Seite 161)
1 EL Olivenöl

Für die provenzalische Butter

60 g weiche Butter
10 ml Olivenöl, vergine
1 Knoblauchzehe
20 ml Cognac
2 große Basilikumblätter
¼ Bund glatte Petersilie, nur die Blätter
Salz und frisch gemahlener schwarzer Pfeffer

Vorbereitungen

Die Petersilienwurzeln mit einem Gemüsemesser schälen, dann längs durch einen Gemüsehobel (Julienne-Hobel) in sehr dünne Scheiben von etwa 1 mm schneiden. Von diesen Scheiben 120 g abwiegen, in einen Topf geben, gerade eben mit Wasser bedecken, 20 g Butter und etwas Salz zugeben. 3 Minuten kochen, dann abtropfen lassen und, falls Sie sie im voraus zubereiten, in einem luftdichten Behälter oder in Frischhaltefolie aufbewahren.
Alle Zutaten für die provenzalische Butter im Mixer vermischen. In einem kleinen Behälter in den Kühlschrank stellen.
Mit einem kleinen, scharfen Messer die Paprikaschote schälen. Das muß nicht unbedingt sein – es ist eine knifflige Angelegenheit –, aber es ist der Mühe wert, da die Haut von Paprikaschoten ziemlich unverdaulich ist. Stiel und Kerne entfernen und die Schote in Streifen schneiden, dann in Würfel von etwa 2 mm. 4 EL davon abmessen. Die Petersilie hacken, bis sie genügend für vier gute Prisen haben. Den Fischfumet in einen Topf geben und bei starker Hitze kochen, bis die Menge auf ein Viertel reduziert ist.

Zubereiten des Gerichts

Den Grill stark erhitzen. Im Restaurant benutzen wir einen Holzkohlengrill. Wenn Sie einen Haushaltsgrill mit Oberhitze benutzen, können Sie das unten beschriebene Diamantmuster erzielen, indem sie den Fisch in einer ganz leicht gefetteten, heißen Pfanne mit gerilltem Boden braten.
30 g Butter in einen Topf geben, die in Scheiben geschnittenen Petersilienwurzeln hineingeben, mit Salz und Pfeffer würzen und rühren, bis sie heiß sind. Gehackte Petersilie und rote Paprikawürfel zugeben, umrühren und vom Feuer nehmen.
Den eingekochten Fischsud wieder auf den Herd stellen, 20 g Butter und die provenzalische Butter einrühren. Kräftig kochen lassen, damit die Butter eine Emulsion bildet, dann vom Feuer nehmen. Die Sauce mit einem elektrischen Rührgerät aufschlagen. Die Fischfilets mit Öl bepinseln und beide Seiten würzen. Für ¼ Minute auf den heißen Rost des Grills (oder die Rippen der Pfanne) legen. Dann um 90° drehen, um die Filets mit einem Diamantmuster zu verzieren. Nochmals ¼ Minute braten, dann umdrehen und dasselbe auf der anderen Seite wiederholen. Nach einer Gesamtzeit von 1 Minute vom Grill nehmen.

Anrichten

Die Gemüsebeilage auf einer Seite jedes der vier großen, vorgewärmten Teller arrangieren, die Sauce auf die andere Seite des Tellers gießen und die Fischfilets auf der Sauce anrichten. Mit einigen glatten Petersilienblättern garnieren und sofort servieren.

Mein Weinvorschlag: Chardonnay du Valais, Provins 1986, ein Schweizer Wein, oder ein Elsässer Riesling, ein Meursault oder ein Pouilly Fumé.

Canard Roti aux Endives

Gebratene Ente mit Chicorée

Für 4 Personen

2,5 kg Ente
150 g Butter
4 Kartoffeln von je etwa 60 g
Salz und frisch gemahlener schwarzer Pfeffer
8 kleine, feste Chicoréestangen
1 EL Öl
100 ml Wasser
4 kleine Prisen Zucker
½ Zitrone
Geriebene Schale von 1 Orange

Vorbereiten der Gemüse

Die Butter klären; erhitzen, bis sie ganz flüssig ist und das Kasein sich trennt. Es setzt sich auf dem Boden des Topfes in weißen Partikeln ab. Einige Augenblicke abkühlen lassen, dann die flüssige Butter abgießen und den Satz im Topf lassen. So erhalten Sie geklärte Butter, die stark erhitzt werden kann, ohne zu verbrennen.
Die Kartoffeln schälen und in dünne Scheiben hobeln. Die Scheiben in eine Schüssel legen und mit Salz und Pfeffer würzen. 3 EL geklärte Butter darübergießen und die Kartoffelscheiben mit den Händen darin wenden, bis sie gleichmäßig mit Butter und Gewürzen überzogen sind. Vier kleine Ramequins von 8 cm Durchmesser mit geklärter Butter einfetten und die Kartoffelscheiben so dicht und ordentlich wie möglich hineinschichten.
Den untersten, harten Teil der Chicoréestangen abschneiden und alle Blätter vorsichtig ablösen. Die beschädigten Blätter entfernen.

Braten der Ente und der Kartoffelküchlein

1 ½ Stunden vor dem geplanten Servieren den Ofen auf maximale Hitze vorheizen. Aus der Ente soviel Fett wie möglich entfernen, den Vogel innen und außen würzen und zusammenbinden. In einer Bratform das Öl auf dem Herd sehr heiß werden lassen, die Ente mit der Brust nach oben hineinlegen und nach 2 Minuten umdrehen. Wieder auf den Rücken legen und sofort in den heißen Ofen stellen.
Nach 10 Minuten die Ente auf die Brustseite legen und das Fett abgießen. Nach weiteren 10 Minuten die Ente auf den Rücken legen und in 5 Minuten fertigbraten.
Die Ente aus dem Ofen nehmen und die Hitze auf 200° C, Gas Stufe 6, zurückschalten, um die Kartoffeln zu garen. 1–2 Minuten die Ofentür offen lassen, damit der Ofen etwas abkühlt.
Die Ente in Alufolie wickeln – es ist wichtig, daß sie an einem warmen Ort 30 Minuten ruht, damit das Fleisch weich und zart wird. In der Abteilung des Ofens, in der man Teller wärmt, ist die Temperatur gerade richtig. Während dieser Zeit die Ente mindestens einmal umdrehen, damit sich das Blut gleichmäßig verteilt.
Die Kartoffelküchlein 20 Minuten backen (richten Sie es zeitlich so ein, daß sie gleichzeitig mit der Ente fertig sind).

Zubereiten der Sauce und Garen des Chicorées

Alles Fett aus der Bratform gießen, in der die Ente gebraten wurde. Die Form auf den Herd stellen und 100 ml Wasser angießen. Umrühren, um den Satz vom Boden zu lösen. Zum Kochen bringen, vom Feuer nehmen und wieder entfernen, so daß die Flüssigkeit mehrmals aufkocht und auf 4 EL konzentrierten Bratensaft reduziert wird.
Inzwischen die restliche geklärte Butter auf zwei große, beschichtete Bratpfannen verteilen. Heiß werden lassen und die Chicoréeblätter hineinlegen und etwa 1 Minute braten, bis sie braun zu werden beginnen. Mit Salz, Pfeffer, Zucker und etwas Zitronensaft würzen, dann die Orangenschale darüberreiben.

Anrichten

Die Ente zerlegen, entweder, indem Sie das Fleisch von den Knochen lösen – was schwieriger ist – oder, indem Sie sie einfach in vier Portionen zerteilen (dabei das Rückgrat entfernen).
Die Chicoréeblätter kreisförmig am Rand der vorgewärmten Teller anrichten. Die Kartoffelküchlein aus den Ramequins nehmen und umdrehen, damit die gebräunte Seite oben ist. Links auf den Tellern anrichten, dann je ein Viertel der Ente in die Mitte der Teller legen. Etwas Bratensaft über die Ente löffeln und sofort servieren.

Mein Weinvorschlag: Merlot del Ticino, Vinattieri, 1985, ein Schweizer Wein, oder ein St-Emilion, ein Pomerol oder ein Côte de Beaune.

Souffle au Chocolat au Coulis D'Agrumes

Schokoladensoufflé mit Kumquatsauce

Für vier Personen

3 Eier
Butter und Zucker für die Ramequins
45 g Zucker
120 g Magerquark
10 g Kakaopulver (kein Trinkschokoladenpulver, weil dieses gesüßt ist)
Puderzucker und Kakao zum Garnieren

Für die Kumquatsauce

150 g Kumquats
100 g Zucker
200 ml ausgepreßter Saft von Blutorangen
1 EL Grand Marnier

Zubereiten der Kumquatsauce

Die ungeschälten Kumquats in einen kleinen Topf geben, 75 g Zucker und so viel Wasser zugeben, daß sie bedeckt sind, und etwa 15 Minuten kochen, bis sie gerade weich sind.
Inzwischen den restlichen Zucker mit 1 EL Wasser in einem kleinen Topf karamelisieren. Wenn er schön braun ist, vom Feuer nehmen und Blutorangensaft und Grand Marnier zugeben. Wieder auf den Herd stellen, rühren, um den Karamel aufzulösen, und so lange kochen, bis die Sauce eine sirupartige Konsistenz hat.
Wenn die Kumquats gar sind, deren Kochflüssigkeit an den Orangensirup gießen. Die Kumquats in 5 mm große Würfel schneiden und zur Orangensauce geben.

Vorbereiten der Soufflés

Vier Ramequins von 4 cm Tiefe und 8 cm Durchmesser mit Butter einfetten. Etwas Zucker hineinstreuen, die Förmchen schwenken, um ihn zu verteilen, dann den überschüssigen Zucker ausschütten.
Die Eier trennen, 45 g Zucker zu den Eigelb geben und mit einem elektrischen Rührgerät schlagen, bis die Mischung eine blasse Farbe bekommen hat. Magerquark und Kakao zugeben und verrühren. Falls Sie die Soufflés im voraus vorbereiten, an einen kühlen Platz stellen.

Backen der Soufflés

Etwa 2,5 cm hoch Wasser in eine Bratform gießen und auf die unterste Schiene des Ofens stellen. Diesen auf 200°C, Gas Stufe 6, erhitzen.
Die Eiweiß steif schlagen, die Quarkmischung einmal durchrühren und zu den Eiweiß geben. Mit einem Holzlöffel vorsichtig unterheben, dabei die Mischung vom Boden heben und die Schüssel ab und zu um 90° drehen. Die Mischung in die Ramequins füllen, die Oberseiten glattstreichen und die Ränder der Förmchen sauber abwischen. Die Ramequins in das heiße *bain-marie* stellen und im Ofen 20 Minuten backen.

Anrichten

Die Soufflés auf vorgewärmte Dessertteller stürzen und wieder umdrehen. Die Oberseiten mit einer Mischung aus Puderzucker und Kakao bestreuen. Mit der erwärmten Kumquatsauce umgeben und sofort servieren.

Mein Weinvorschlag: Petite Arvine Vendange-tardive, Mont d'Or, 1983 – oder ein Gewürztraminer oder ein Sauternes.

Gérard Perriard

CENTENARIO

Lungolago 15, 6600 Locarno Muralto, Telefon: 0041-93-338222

Gérard Perriard war das jüngste von elf Kindern. Seine Eltern bewirtschafteten einen Bauernhof, und außerdem kochte seine Mutter im Café-Restaurant der Familie am Ufer des Neuchâteler Sees. So wurde er mit dieser Art Beruf vertraut – und entwickelte eine Vorliebe für Seeufer. Doch seine Eltern waren nicht mehr die Jüngsten, und er war das einzige Kind, das eine Neigung zum Kochen zeigte: Das Café wurde verkauft. Mit fünfzehn Jahren begann er seine Ausbildung im örtlichen Hôtel du Lac. Auf eine zweijährige Tätigkeit im Restaurant Kimsthalle in Basel, wo er zum chef de partie *aufstieg, folgten sieben Jahre im Hôtel La Palma in Locarno am Lago Maggiore. Als er dort kündigen wollte, bot man ihm an, eine zweite Küche im Hotel zu eröffnen, deren Chefkoch er sein sollte. Während dies arrangiert wurde, absolvierte er »Studienaufenthalte«, zuerst im Taillevent in Paris, dann bei Frédy Girardet. Hier wurde ihm klar, was man als Koch leisten kann. »Ich war Meister der klassischen Küche, doch hier öffnete sich eine andere Tür.* Cuisine *auf der Grundlage des Marktes, einfallsreich, leicht – die wahre* cuisine.*« Das wollte er selbst auch erreichen. Die neue Küche im Hôtel La Palma wurde 1978 eingeweiht, und innerhalb von zwei Jahren hatte er zwei Michelin-Sterne errungen.*

Er aber träumte davon, sich selbständig zu machen, und 1981 eröffnete er mit seinem Partner Giorgio Giner, der jetzt maître d'hôtel *ist, das Centenario. Das Wohnhaus im Tessiner Stil, das an der Seeuferstraße liegt und auf das frühe achtzehnte Jahrhundert zurückgeht, hatte jahrelang leergestanden. Ein Jahr nach der Eröffnung erhielt das Centenario einen Michelin-Stern. »Mein Kochstil hat die Merkmale meines Charakters«, sagt der Küchenchef: eine Liebe zu »Freude, Jugend, Ernsthaftigkeit, Frische und Eleganz«. 1984 wurde er mit einem zweiten Michelin-Stern ausgezeichnet.*

MENU

SALADE TIEDE DE LANGOUSTINES A L'HUILE DE NOIX

Warmer Scampisalat mit Walnußöl

CARRE D'AGNEAU ROTI AU BASILIC

Gebratenes Lammkarree mit Basilikum

FIGUE CHAUDE AU MERLOT

Heiße Feigen in Merlot mit Vanilleeis

SALADE TIEDE DE LANGOUSTINE A L'HUILE DE NOIX

Warmer Scampisalat mit Walnußöl

Für 4 Personen

16 Scampischwänze
Friséesalat
12 Zuckerschoten, geputzt
Salz und frisch gemahlener schwarzer Pfeffer
8 Estragonblätter
8 Kerbelzweige
8 Zweige Dill oder Fenchel
8 Schnittlauchhalme
Roter Paprika, in winzige Würfel geschnitten

Für die Nußöl-Vinaigrette

4 EL Walnußöl
1 ½ EL Zitronensaft

Auf vier Tellern Blätter von Friséesalat auslegen. Die Zuckerschoten kurz in kochendem Salzwasser blanchieren, darauf achten, daß sie knackig bleiben; abkühlen lassen, dann die beiden Hälften trennen. Die Erbschen herausnehmen und die Schoten auf den Salatblättern arrangieren.
Die geschälten Scampi in kochendem Salzwasser 1–2 Minuten garen. Sie sollten transparent bleiben. Die Scampi abtropfen lassen, der Länge nach halbieren und auf dem Salat dekorativ anrichten. Die Vinaigrette bereiten, indem Sie das Öl und den Zitronensaft mit einer Gabel verquirlen und nach Geschmack würzen. Über den Salat auf den Tellern gießen, mit den Kräutern garnieren und mit etwas Paprika bestreuen. Sofort servieren.

Mein Weinvorschlag: Il Mattirolo, ein trockener, harmonischer Weißwein aus Mendrisiotto; er hat ein fruchtiges Bouquet mit dem ausgeprägten Duft der Chasselas-Traube.

Salade tiède de langoustines
à l'huile de noix

Carré d'agneau rôti au basilic

CARRE D'AGNEAU ROTI AU BASILIC

Gebratenes Lammkarree mit Basilikum

Im Frühjahr, wenn die Lämmer noch ganz klein sind, können Sie ein ganzes Karree aus vier Koteletts als Portion servieren. Wenn die Lämmer größer sind, sind zwei Koteletts pro Person ausreichend.

Für vier Personen

4 kleine Lammkarrees, jedes bestehend aus
4 Koteletts und pro Portion ca. 250 g schwer
Salz und frisch gemahlener schwarzer Pfeffer
30 g Butter
4 EL Olivenöl
4 Schalotten, gehackt
2 Knoblauchzehen, fein gehackt
2–3 mittelgroße Tomaten
16 Basilikumblätter
60 ml Rotwein
Gemüse der Saison als Beilage:
Wählen Sie zwischen Spargel, grünen Bohnen,
jungen Karotten, Blumenkohlröschen
und Zucchinischeiben

Zubereitung des Lammrückens

Bitten Sie den Metzger, das Rückgrat zu entfernen und die Rippenknochen so weit zu kürzen, daß sie nur 3 cm aus dem Fleisch herausstehen. Das Rückenfett auf 1 cm Dicke beschneiden.
Das Lammfleisch 2 Stunden vor dem Braten auf Zimmertemperatur bringen – bei kurzer Bratzeit ist es wichtig, daß es nicht kalt in den Ofen kommt. Ringsum würzen.
Die Butter mit 2 EL Olivenöl erhitzen und die Karrees von allen Seiten anbraten. In den 190° C, Gas Stufe 5, heißen Ofen stellen und 15 Minuten braten: Das Fleisch soll in der Mitte noch rosa sein. Aus dem Ofen nehmen, in Alufolie einwickeln und 10 Minuten an einem warmen Ort ruhen lassen.

Zubereiten von Sauce und Garnitur

Inzwischen Schalotten und Knoblauch in 2 EL Öl glasig und weich werden lassen. Die Tomaten je 10 Sekunden in kochendem Wasser blanchieren, enthäuten, halbieren, Kerne entfernen. Das Fleisch in saubere Würfel schneiden – man bezeichnet dies als Tomaten*concassé*. Sie brauchen 4 EL davon, um der Sauce Farbe zu geben.
Die Tomatenwürfel mit den Schalotten erhitzen. Die Basilikumblätter in Streifen schneiden, zu Schalotten und Tomaten geben und gut würzen. Die Gemüse dünsten, die als Beilage gereicht werden sollen.
Alles sichtbare Fett aus der Form, in der das Lamm gebraten wurde, schöpfen und den Wein in die Bratform gießen, um den Bodensatz zu lösen. Umrühren und kochen lassen, bis die Flüssigkeit auf 4 EL reduziert ist. Abschmecken und eventuell nachwürzen.

Anrichten

Papiermanschetten auf alle herausstehenden Knochen stecken. Servieren Sie auf jedem Teller vier kleine Koteletts, begleitet von einer Auswahl von Gemüsen der Saison. Die Tomaten-Schalotten-Mischung auf die Teller verteilen und je 1 EL Bratensaft neben die Koteletts löffeln.

Mein Weinvorschlag: Merlot del Ticino: Ein regionaler Wein aus Weingärten an den Flußufern des Tessin ist der beste Begleiter dieses regionalen Gerichts.

Anmerkung des Küchenchefs: Wir servieren in der Saison wilden Spargel zu diesem Gericht.

Figue Chaude au Merlot

Heiße Feigen in Merlot mit Vanilleeis

Für vier Personen

8 frische Feigen
400 ml Merlot
4 EL Zucker
Je nach Saison einige Johannisbeeren oder Himbeeren
Vanilleeis

Garen der Feigen

Merlot und Zucker zum Kochen bringen und die Feigen nebeneinander in den Topf legen. Mit Deckel 5–6 Minuten kochen, bis sie gerade gar sind.
Mit einem Schaumlöffel die Feigen herausnehmen und die Flüssigkeit kochen lassen, bis sie zu einem leichten Sirup reduziert ist – etwa 200 ml.
Die Feigen halbieren und in vier tiefen Tellern anrichten. Den heißen Sirup darübergießen. Mit einer Johannisbeerdolde und/oder einigen Himbeeren garnieren und das Vanilleeis dazugeben.

Mein Weinvorschlag: Merlot oder Champagner.

Vanilleeis

250 ml Milch
250 ml Sahne
1 Vanilleschote, längs gespalten
4 Eigelb
85 g Zucker

Milch und Sahne mit der Vanilleschote erhitzen. Eigelb und Zucker gut verquirlen, dann die heiße Milch unter ständigem Rühren darübergießen. Die Vanilleschote herausnehmen und die Mischung wieder in den Topf geben. Bei sehr geringer Hitze oder über kochendem Wasser unter ständigem Rühren so weit andicken lassen, daß der Rücken eines Löffels bedeckt bleibt.
Durchseihen und kühl stellen. Gelegentlich umrühren. Wenn die Creme kalt ist, in einen Eisbereiter geben oder im Gefrierschrank fest werden lassen. Mehrmals umrühren, ehe die Mischung ganz fest ist.

Figue chaude au Merlot im Centenario

Weinkaraffen im Centenario

Max Kehl

CHEZ MAX

Seestraße 53, Zürich-Zollikon, Telefon: 0041-1-3918877

Ist Max Kehl ein Kunstbesessener? Er ist Miteigentümer der Galerie Belmont in Flims; die Ausstattung und die Atmosphäre seines Restaurants, in dem eigens in Auftrag gegebene Wandmalereien und avantgardistische Skulpturen neben klassischen Objekten versammelt sind, sind ihm genauso wichtig wie die Weine und Speisen, die er serviert. Zweifellos haben seine künstlerischen Interessen auch seine Küche bereichert.

Seine Eltern teilten seine Begeisterung für das Kochen nicht und schickten ihren dreizehnjährigen Sohn als sonntägliche Aushilfe in ein nahegelegenes Restaurant, um ihn zu entmutigen. Das hatte den gegenteiligen Effekt. Eine Lehre im Baur-au-Lac, Zürichs Palasthotel, und die Hotelfachschule in Lausanne folgten, dann eine Stellung als Hilfs-Sommelier *im L'Osteau de Baumanière, eine als Koch im Dorchester in London und eine weitere in Berlin. Trotzdem wäre es beinahe nie zu einem Restaurant Chez Max gekommen. Er kam aus Deutschland zurück und hatte genug vom Restaurantbetrieb. Er wollte ein ganz normales Leben führen, ins Konzert gehen und vor allem in Museen und Kunstgalerien. Er wurde Handlungsreisender. Auf diese Weise aß er notgedrungen häufig in Restaurants, die seinem Geschmack ganz und gar nicht entsprachen. Zunächst tröstete er sich damit, daß er für seine Freunde kochte. Die Arbeit als Restaurantmanager in der Krone in Regensberg führte ihn dann aber letztendlich doch zu seinem eigenen Restaurant, dem Chesa – Chez Max. Ein Jahr später bestätigte der Goldene Schlüssel von Gault Millau seinen Erfolg. Im Sommer 1978 zog er an das Ufer in Zollikon, wo Platz war für seine Kunstsammlung, vor allem aber Raum, seine Kreativität in der Küche zu entfalten – die Anerkennung erfolgte 1984 durch die Verleihung eines Michelin-Sterns.*

MENU

FILET DE SAINT-PIERRE AU BEURRE DE COQUES
Filet vom Petersfisch mit Muschelbutter

SUPREMES DE CAILLE AUX TRUFFES NOIRES
ET COUSCOUS DE RIZ SAUVAGE
Wachtelbrüstchen mit schwarzen Trüffeln
und Wildreis-Couscous

SOUFFLE DE KUMQUAT AVEC SA COMPOTE
Kumquatsoufflé mit Kompott

Filet de Saint-Pierre au Beurre de Coques

Filet vom Petersfisch mit Muschelbutter

Für vier Personen

4 Filets vom Petersfisch, je 85 g
500 g Herzmuscheln
150 ml Noilly Prat oder trockener Weißwein
1 große Tomate
20 g glatte Petersilie zum Garnieren
150 g Butter in Würfeln
1 TL geriebene Zitronenschale
1 Prise Paprika
1 Prise Safranfäden
Salz

Vorbereiten von Muscheln und Garnitur

Die Muscheln gründlich waschen. Einen großen Topf mit Deckel leer erhitzen, bis er wirklich heiß ist, dann die Muscheln hineingeben und sofort zudekken. Genau 1 Minute warten, dann Noilly Prat angießen und den Topf vom Feuer nehmen.
Etwas abkühlen lassen, dann die Muscheln aus der Schale nehmen. Die Kochflüssigkeit aufheben. Die Muscheln mit der Kochflüssigkeit in einen Mixer geben und pürieren, dann durch ein mit Mull ausgelegtes Sieb (um allen Sand zu entfernen) in einen kleinen Topf streichen. Den Topf auf starke Hitze stellen und den Inhalt auf etwa 2 EL sirupartiger Flüssigkeit reduzieren. Diese im Topf beiseite stellen.
Die Tomate für 10 Sekunden in kochendes Wasser legen, dann abschrecken, häuten und halbieren. Die Kerne entfernen und das Fleisch fein hacken.
Die Petersilienblätter von den Stengeln zupfen und in einem kleinen, luftdichten Behälter aufbewahren.

Herstellen der Muschelbutter und Garen des Fischs

Den Topf mit dem Muschelsirup stark erhitzen. 120 g eiskalte Butter in kleinen Stücken unterrühren. Immer ein paar Würfel einrühren und die nächsten hineingeben, wenn die ersten noch nicht ganz geschmolzen sind, damit die samtige Textur erhalten bleibt. Mit Zitronenschale, Paprika und Safran würzen, aber zuerst abschmecken, ehe Sie Salz zugeben, da die Muscheln selbst ziemlich salzig sind.
Die gewürfelte Tomate rasch in 30 g Butter erhitzen und würzen. Die Filets vom Petersfisch würzen und im zugedeckten Topf im Dampf garen. Die Garzeit hängt von der Dicke der Filets ab; rechnen Sie mit ungefähr 3 Minuten.

Anrichten

Die Filets vom Petersfisch in der Mitte der vorgewärmten Teller anrichten. Etwas Muschelbutter darübergießen, einen kleinen Löffel gewürfelte Tomate in die Mitte geben, die Petersilienblätter an den Rand streuen.

Mein Weinvorschlag: Meursault, Chablis oder Château Y; letzterer, *Ygrec* gesprochen, ist ein trockener Weißwein, der aus dem gleichen Château kommt wie der Yquem.

Supremes de Cailles aux Truffes Noires et Couscous de Riz Sauvage

Wachtelbrüstchen mit schwarzen Trüffeln und Wildreis-Couscous

Für vier Personen

4 große französische Wachteln oder 8 kleinere
120 g Wildreis
Salz und frisch gemahlener schwarzer Pfeffer
50 g frische Trüffeln
85 g Butter
100 ml Weißwein
60 ml Sahne
1 Prise Paprika

Die Wachteln vorbereiten; zuerst die Schenkel abtrennen. Diese können gebraten mit einem Apéritif serviert werden. Am Brustbein entlangschneiden und die Brust ganz abtrennen, und zwar mit dem Flügel.

Vorbereiten des Wildreis-Couscous

Den wilden Reis gründlich waschen und in etwa 600–750 ml Wasser ungefähr 35 Minuten kochen, bis der Reis alles Wasser aufgesogen hat. Abtropfen und erkalten lassen. Dann den Reis sehr fein hacken.
Vier großzügige Scheiben Trüffel für die Garnitur abschneiden und beiseite stellen, fest in Klarsichtfolie gewickelt. Den Rest der Trüffeln hacken und dann 2 Minuten in 20 g heißer Butter braten. Den Weißwein angießen, umrühren, um den Satz vom Boden zu lösen, und zum Kochen bringen. 40 ml Sahne zufügen und bei starker Hitze um die Hälfte reduzieren. Vom Feuer nehmen und beiseite stellen.
Die restliche Sahne steif schlagen und im Kühlschrank aufbewahren.

Fertigstellen der Wachteln

Die Wachtelbrüstchen mit Salz, Pfeffer und etwas Paprika würzen und in 40 g Butter braten. Zunächst mit der Hautseite nach unten 3 Minuten braten, dann

umdrehen und auf der Schnittseite nochmals 1–2 Minuten braten. Inzwischen den wilden Reis in der restlichen Butter erhitzen, abschmecken und eventuell nachwürzen.
Die Sauce wieder erhitzen und die geschlagene Sahne unterrühren.

Anrichten

Reis-Couscous in Form eines »Nests« auf vier vorgewärmten Tellern anrichten. Die Wachtelbrüstchen auf die Teller verteilen und in die Mitte jedes Nests legen. Mit der Sauce begießen und mit einer Trüffelscheibe garnieren.

Mein Weinvorschlag: Château Beychevelle, Château Palmer oder Château Cheval Blanc.

Souffle de Kumquat avec sa Compote

Kumquatsoufflé mit Kompott

Für vier Personen

500 g schöne, reife Kumquats
150 ml Grand Marnier Centenaire
Butter und Puderzucker für die Förmchen
6 Eigelb
1 EL Puderzucker
4 Eiweiß
100 g Zucker

Für den leichten Zuckersirup

85 g Zucker
300 ml Wasser

Vorbereiten der Kumquats

Die Kumquats quer halbieren und alle Kerne entfernen. Den Zuckersirup herstellen, indem Sie den Zukker langsam in dem Wasser auflösen und dann 1 Minute ohne Umrühren kochen lassen. Die Kumquats 8–10 Minuten in dem Sirup kochen. Die Kumquats im Sirup in zwei Portionen teilen. Zwei Drittel für das Kompott beiseite stellen, nachdem Sie 60 ml Grand Marnier untergerührt haben.
Das restliche Drittel Kumquats mit Sirup im Mixer pürieren, dann durch ein Sieb in einen kleinen Topf streichen und kochen, damit soviel Flüssigkeit wie möglich verdampft; sie brauchen ein dickes Fruchtpüree.

Zubereiten der Soufflés

Sechs Soufflèförmchen von je 150 ml Fassungsvermögen einfetten, dann mit dem Puderzucker bestäuben, überschüssigen Zucker abschütteln. Die Eigelb mit dem Puderzucker schaumig rühren. Die Eiweiß schlagen, den Zucker hineinsieben und zu festem Schnee schlagen.
Kumquatpüree und den restlichen Grand Marnier zu den Eigelb geben und gut vermischen. Mit einem Holzlöffel vorsichtig den Eischnee unterheben. Die Mischung in die vorbereiteten Förmchen geben und bei maximaler Hitze im Ofen 3–4 Minuten backen, bis sie gut aufgegangen und oben leicht gebräunt sind; das Soufflé sollte in der Mitte noch feucht sein.
Heiß servieren, begleitet von kaltem Kompott, das sie daneben in kleinen Schälchen reichen.

Mein Weinvorschlag: Château d'Yquem. Im Restaurant servieren wir auch Champagne Deutz »Chez Max« oder Grand Marnier Centenaire mit zwei Eiswürfeln in jedem Glas.

Bernard Ravet

RESTAURANT DE L'HÔTEL-DE-VILLE

1040 Echallens, Telefon: 0041-21-881 11 41

Bernard Ravet wollte immer schon Koch werden. Er erinnert sich an sein erstes Gourmet-Erlebnis: eine Languste, frisch gekocht, die man ihn in einer Restaurantküche probieren ließ, als er dort für seine Eltern eine Besorgung machte. Außerdem denkt er noch gerne an »lange, verzückte Momente des Schauens und Schnupperns an den Töpfen« in benachbarten Restaurantküchen zurück. Seine Eltern hatten eine Feinkosthandlung im Burgund, die alle guten Restaurants der Gegend belieferte. Dadurch hatte er die Möglichkeit, die Eigentümer kennenzulernen; es war kein Problem für ihn, geeignete Lehrherren zu finden. Nach mehreren Jahren in seiner Heimatregion arbeitete er sechs Monate im Pavillon Henri IV in St-Germain-en-Laye.

Er hat drei Leidenschaften – Kochen, seine Familie und seine Freunde –, und über Eßkultur und gute Speisen sind alle drei miteinander verbunden. 1980, mit vierunddreißig Jahren, wurde er Besitzer des Rathaus-Restaurants in Echallens, das 1980 von Gault Millau mit dem Goldenen Schlüssel ausgezeichnet wurde und 1984 drei Kochmützen im Gault-Millau-Führer erhielt; 1988 errang das Restaurant achtzehn von zwanzig Wertungspunkten. 1989 ist Bernard Ravet umgezogen nach Vufflens le Château – ein Restaurant und Hotel in einem Gebäude aus der Zeit Louis Philippes, umgeben von einem Garten, gleich außerhalb von Morges.

Sein Anliegen ist es, die Aromen der Region herauszustellen. Seine Küche ist subtil und ausgewogen, die Produkte, die er benutzt, sind absolut frisch. »Ich will der Natur zurückgeben, was sie uns geschenkt hat: absolute Perfektion in allem und unter allen Umständen.« Bernard Ravet ist nicht einfach Koch, sondern begabter Kunsthandwerker.

MENU

CREME DE FEVETTES, GIGOTINS ET SOT L'Y LAISSE DE POULARDE

Creme von dicken Bohnen mit Poulardenflügeln

CHEVREUIL A GENEVRIER ET SAUTE DE BOLETS ET CHANTERELLES

Rehrücken mit Wacholder, gebratenen Steinpilzen und Pfifferlingen

TARTE VAUDOISE A LA CREME ET CANNELLE

Waadtländer Zimtcremetorte

Creme de Fevettes, Gigotins et Sot l'y Laisse de Poularde

Creme von dicken Bohnen mit Poulardenflügeln

Die blumige französische Bezeichnung dieses Rezepts bedarf der Erklärung. *Gigotins* sind Poulardenflügel – nicht nur das spitze Ende (das oft entfernt wird) und auch nicht nur das mittlere Gelenk und der Ansatz, sondern alle drei Gelenke, an der Brust vom Körper gelöst. *Sot l'y laisse* bedeutet wörtlich »nur der Dumme läßt es übrig«. Gemeint sind die mandelförmigen Fleischstücke, die man auf der knochigen Seite der Poularde findet, wo die Schenkel über dem Steiß an das Rückgrat stoßen.

Für sechs Personen

12 Poulardenflügel mit allen drei Gelenken
3 kg dicke Bohnen in den Schoten, nach dem Auslösen etwa 750 g
1 Lauchstange, nur das Weiße
100 g Butter
Salz und frisch gemahlener schwarzer Pfeffer
200 ml Pinot Gris
200 ml Sahne
100 ml Milch
2 schwarze Trüffeln
12 »Sot l'y laisse« (siehe oben) oder ersatzweise Brustfleisch

Für die weiße Geflügelbrühe

1 Geflügelkarkasse
60 g Butter
200 g gemischte Suppengemüse, gewürfelt, Zwiebeln, Karotten und Sellerie

Vorbereiten der Poulardenflügel

Dies ist mühsam, aber nicht schwierig; Sie können auch Ihren Metzger darum bitten. Arbeiten Sie vom Gelenk an der Brust her und lösen Sie das Fleisch mit einem kleinen, scharfen Messer vom Knochen ab, bis er freiliegt; dann ziehen Sie vorsichtig den zweiten, viel feineren Knochen heraus.
Das Fleisch wird sich beim Garen zusammenziehen, so daß das Ganze wie ein Miniatur-*gigot* – eine Lammkeule – aussieht: daher *gigotin.*

Herstellen der Geflügelbrühe

Die Karkasse und alles abgeschnittene Fleisch der Poularde zerkleinern. Mit den gewürfelten Gemüsen in der Butter anschwitzen, aber nicht bräunen lassen. Mit Wasser bedecken und 1 Stunde leise köcheln, dabei immer wieder den Schaum abschöpfen. Dann die Brühe durch ein Sieb gießen und beiseite stellen; Sie sollten etwa 400 ml haben.

Bereiten der Bohnencreme

Die dicken Bohnen aus den Schoten lösen und einige Sekunden in kochendem Wasser blanchieren. Abtropfen lassen und jede Bohne an einem Ende mit dem Fingernagel aufknipsen. Auf das andere Ende drükken, so daß der Kern herausrutscht. Sie brauchen 500 g geschälte Bohnenkerne.
Das Weiße von der Lauchstange fein hacken und in 30 g Butter anschwitzen, aber keine Farbe annehmen lassen. Zwei Drittel von den Bohnen, der Geflügelbrühe, Salz und Pfeffer und den Pinot Gris zugeben. Deckel auflegen und 10 Minuten leicht kochen lassen.
In einem Mixer pürieren und durch ein Sieb streichen; fest drücken, damit eine feine Textur entsteht. Sahne und Milch zusammen erwärmen und dazugeben und zu einer dicken Suppe verrühren. Eine Trüffel in 2 cm lange, feine Streifen schneiden und unterrühren. Abschmecken und würzen, zudecken und warm stellen.

Braten der Flügel

Die *gigotins* mit Salz und Pfeffer würzen und in 60 g Butter in einer Bratpfanne 5 Minuten braten. Die *sot l'y laisse* zugeben und noch 1 Minute braten. Alles sollte knusprig und goldgelb sein. Auf Küchenpapier abtropfen lassen. Die zweite Trüffel fein hacken und mit den zurückbehaltenen Bohnen in der restlichen Butter erwärmen. Leicht salzen.

Anrichten

Servieren Sie die Bohnen-Trüffel-Creme in Suppentellern oder Silberschalen. Richten Sie auf jedem Teller eine Portion von der Poularde an, und garnieren Sie alle Teller mit Bohnen und gehackten Trüffeln.

Mein Weinvorschlag: Pinot Gris 1987 Reserve Bernard Ravet, ein Wein von den Terrassen über dem Genfer See; er hat ein blumiges Bouquet mit einem Hauch von Zitronengras und Pfeffer.

CHEVREUIL A GENEVRIER ET SAUTE DE BOLETS ET CHANTERELLES

Rehrücken mit Wacholder, gebratenen Steinpilzen und Pfifferlingen

Für sechs Personen

1,8 kg Rehrücken
12 Wacholderbeeren, zerdrückt
1 Zweig Rosmarin
100 ml Weinneige (siehe Anmerkung)
Salz und frisch gemahlener schwarzer Pfeffer
5 EL Öl
400 g Steinpilze
200 g Pfifferlinge
20 g Knoblauch
60 g Schalotten
1 Prise Thymianblüten
100 g Petersilie
150 g Butter

Für den Rehfond

300 g Rehknochen und -abschnitte
2 EL Öl
30 g Butter
300 g gewürfelte Gemüse:
Zwiebel, Karotte und Sellerie
1 EL Tomatenmark
500 ml guter Rotwein
2 Zweige Thymian
6 Petersilienstengel, zerdrückt

Zwei Tage im voraus die Wacholderbeeren mit dem Rosmarin in die Weinneige geben und ziehen lassen. Einen Tag vorher die Nerven und Sehnen vom Rehrücken entfernen und die papierene Haut abziehen, um direkt an das Fleisch zu kommen. Dieses pfeffern, auf ein Brett legen und mit der Hälfte der wacholderdurchzogenen Weinneige massieren. Mit 2 EL Öl einreiben, um es luftdicht abzuschließen. Zudecken und in den Kühlschrank stellen.

Ansetzen des Rehfonds

Die Knochen und Abschnitte in Öl in einem großen Topf anbraten, bis sie Farbe annehmen. Die fetten Stücke herausnehmen und 30 g Butter, die gewürfelten Gemüse und das Tomatenmark zugeben. Unter Rühren alles anbraten. Dann den Rotwein angießen, Wasser zugeben, bis alles bedeckt ist, und den Thymian und sechs Petersilienstengel zugeben. 2 Stunden simmern lassen, dabei häufig den Schaum abschöpfen, dann durchseihen: Sie sollten etwa 200 ml Sud haben. Sie können dies am Vortag erledigen.

Braten des Rehrückens

Den Rehrücken gut salzen. 2 EL Öl sehr stark erhitzen und den Rehrücken darin von allen Seiten bräunen. Dann bei maximaler Hitze 15 Minuten im Ofen braten und dabei das Fleisch zweimal wenden.
Aus dem Ofen nehmen und mit 50 g Butter in eine saubere Bratform geben. Wacholderbeeren und Rosmarin aus der Weinneige zu dem Fleisch geben. Die Hitze des Ofens auf 180° C, Gas Stufe 4, verringern und den Rehrücken weitere 10 Minuten braten. Dabei häufig begießen. Den Ofen abstellen, die Tür öffnen und den Rehrücken ruhen lassen.

Zubereiten der Pilze

In der Zwischenzeit die Pilze säubern und besser abkratzen als waschen. Die Steinpilze in dünne Scheiben und die Pfifferlinge je nach Größe in drei bis vier Teile schneiden.
Knoblauch und Schalotten hacken und die Thymianblüten zugeben. Petersilienblätter von den Stengeln zupfen und grob hacken.
In einer großen Pfanne 70 g Butter und 1 EL Öl erhitzen und die Pilze darin braten. Die Mischung aus Knoblauch, Schalotte und Thymianblüten zugeben und bei starker Hitze alles 3 Minuten oder so lange braten, bis die Pilze alle Feuchtigkeit verloren haben. Salz, Pfeffer und gehackte Petersilie zugeben, abschmecken und auf eine vorgewärmte Servierplatte löffeln.

Tranchieren, Fertigstellen der Sauce und Servieren

Die Filets im Ganzen von dem Rehrücken lösen, in dicke Medaillons schneiden und auf den Pilzen anrichten. Den Rehfond erhitzen, den Rest der Weinneige und den ausgetretenen Fleischsaft aus der zweiten Bratform unterrühren. Dann 30 g kalte Butterwürfel emulgieren, würzen und in einer Sauciere servieren.

Mein Weinvorschlag: Pinot Noir »Le Cartige« 1981 von J. M. Conne, Chexbres; mit seinem Aroma von Vanille, Schattenmorellen und kandierten Früchten und seinem feinen Tannin ist er so kräftig, daß er gut zu Wild paßt.

Anmerkung: Der kleine Rest, der in der Weinflasche bleibt – die Neige –, wird in der fast leeren Flasche schnell sauer. Eine der wenigen Verwendungsmöglichkeiten dieser Neige ist es, in einer Salatsauce den Essig zu ersetzen. Die Säure wird hier dazu benutzt, um den Rehrücken zart zu machen und ihm gleichzeitig ein Wacholderaroma zu geben.

Tarte Vaudoise a la Creme et Cannelle

Waadtländer Zimtcremetorte

Die Schweizer sind wunderbare Bäcker, und wir stellen Superlativversionen jedes Gebäcks her, das in unseren Nachbarländern zu finden ist – in Österreich, Frankreich, Deutschland oder Italien. Hier ist eine sehr einfache, ländliche Torte, die auf der dicken Sahne basiert, für die die Schweizer Kühe auf den Hochweiden berühmt sind.

Für sechs Personen

250 g feines weißes Mehl
150 g Butter in Würfeln, plus Butter zum Einfetten der Form
80 g Zucker
1 Ei
1 Prise Salz

Für die Zimtcreme

2 EL Zucker
1 TL Zimtpulver
1 EL Mehl
300 ml crème double

Herstellen des Tortenbodens

Eine Vertiefung in das Mehl drücken und die gewürfelte Butter, Zucker, Ei und Salz in die Mitte geben. Diese Zutaten zuerst mit den Fingerspitzen vermischen, ohne das Mehl. Dann allmählich das Mehl einarbeiten, bis ein kompakter Teig entstanden ist. Einwickeln und mindestens 1 Stunde in den Kühlschrank stellen.
Den Teig 3 mm dünn ausrollen und eine eingefettete Kuchenform von 25 cm Durchmesser damit auslegen. Den Teig an den Rändern gut andrücken. Mit dem Nudelholz über den Rand der Form fahren, um überschüssigen Teig zu entfernen, und den Teigboden mehrmals mit einer Gabel einstechen.
Mit Alufolie bedecken, die über die Ränder gezogen wird, und im Kühlschrank 30 Minuten kalt stellen. Inzwischen den Ofen vorheizen.
Die Folie mit getrockneten Bohnenkernen bedecken und den Tortenboden im Ofen bei 220° C, Gas Stufe 7, 12 Minuten backen. Dann die Folie entfernen und weiterbacken, bis der Boden eine blaßgoldene Farbe hat, das dauert 2–3 Minuten.

Einfüllen der Creme

Zucker und Zimt mischen, ein Drittel davon beiseite stellen. Den Rest mit dem Mehl vermischen und damit den noch warmen Tortenboden bestreuen. Darüber die Sahne gießen, ohne sie mit dem Zucker zu vermischen, und mit dem restlichen Zucker und Zimt bestreuen. Bei gleicher Temperatur für etwa 10 Minuten wieder in den Ofen stellen. Die Torte ist fertig, wenn die Mischung überall an der Oberfläche Blasen wirft und die Mischung aus Zimt und Zucker aussieht, als sei sie geschmolzen. Mindestens 2 Stunden abkühlen lassen, bis die Creme fest geworden ist.

Mein Weinvorschlag: Johannisberg St-Martin Mont d'Or 1982 von Dominique Fauré. Dieser Wein aus dem Wallis hat wie der Sauternes ein Aroma von Honig und Traubenblüten und ein ausgeprägtes Bouquet.

Schweden

Willkommen an einer üppigen Tafel! Die Schweden erfanden das smörgåsbord *– ein Buffet mit halbwarmen Speisen. Heute werden traditionelle Gerichte mit großer Kunstfertigkeit zubereitet. Gutes aus dem Norden, gekocht mit Sorgfalt und Talent.*

Crister Svantesson

Johanna

Södra Hammgatan 47, Göteborg, Telefon: 0046-31-112260

Crister Svantesson ist ein begeisterter Koch, und es bereitet ihm Freude, seinen Enthusiasmus und sein Können weiterzugeben. Er hat vier Kochbücher geschrieben.

1960, im Alter von vierzehn Jahren, wurde er Lehrling. Ausgestattet mit allem nötigen Grundwissen ging er 1965 nach Frankreich, um sein handwerkliches Können zu vervollkommnen. Er verbrachte dort drei Jahre und kochte in etlichen großen Restaurants, zum Beispiel im Colonasse und im Tour d'Argent in Paris, im Hotel Viking in Menton und dann wieder in Paris im Relais de Suède.

1968 kehrte er nach Schweden zurück und arbeitete in verschiedenen Restaurants, bis er sich 1974 im Alter von achtundzwanzig Jahren selbständig machte. Er kaufte das Johanna an einer der Hauptstraßen in Göteborg, Schwedens Stadt der Kanäle. Dort serviert er Kreationen auf der Basis traditioneller Gerichte, vor allem Fisch – Göteborg ist Schwedens zweitgrößter Hafen –, aber auch Renfleisch aus dem hohen Norden und wilde Beeren, die die Skandinavier besonders lieben.

Er ist Mitglied der Association des Relais Gourmands und Berater der Sara-Hotelkette. Er hat verschiedene Preise gewonnen, darunter den Ehrenpreis von Sandahl, der schwedischen Vereinigung zur Förderung der Gastronomie. Darauf folgte 1983 die Goldmedaille der Schwedischen Akademie für Gastronomie, die unsere beiden anderen schwedischen Küchenchefs, Bengt Wedholm und Erik Lallerstedt, im Jahre 1982 und 1984 erhalten haben.

MENU

FRICASSEE DE HOMARD AU SAUTERNES
Hummerfrikassee mit Sauternes

FILET DE RENNE AU POIVRE, CHOUX ET BAIES DE GENIEVRE
Renfilet mit Kohl und Wacholder

MOUSSE AUX MURES ARCTIQUES
Multbeerenmousse

Fricassee de Homard au Sauternes

Hummerfrikassee mit Sauternes

Für vier Personen

2 lebende Hummer von je etwa 600 g,
vorzugsweise weibliche Tiere
4 reife Tomaten
120 g weiche Butter
1 Karotte, fein gehackt
½ Zwiebel, fein gehackt
100 ml trockener Weißwein
100 ml Sauternes
100 ml gut reduzierter Fischfond (Seite 161)
300 ml crème double
Salz und gemahlener weißer Pfeffer
¼ Bund Schnittlauch, fein gehackt

Die Tomaten für ein paar Sekunden in kochendes Wasser tauchen, dann häuten, entkernen und das Fleisch würfeln.
Die Hummer mit dem Kopf voran in einen Topf mit siedendem Wasser geben und 4 Minuten kochen lassen. Herausnehmen und sofort unter kaltem Wasser abschrecken.
Die Scheren entfernen, mit einem kräftigen Schlag öffnen und das Fleisch in großen Stücken herausholen. Den Schwanz an der Unterseite aufbrechen und das Fleisch in einem Stück herausholen und in Ringe schneiden. Das Corail aufbewahren. Es befindet sich zwischen dem hinteren Beinpaar und dem Schwanzansatz. Den Hummerkopf halbieren. Den Magen, der hinter den Augen liegt, wegwerfen, aber die Leber und alle cremigen Teile beiseite stellen. Die Leber mit dem Corail und der Hälfte der Butter zu einer homogenen Paste verarbeiten.

Zubereiten der Sauternes-Sauce

Die Schalen zerkleinern. Den Rest der Butter erhitzen, die Hummerschalen hineingeben und in dem heißen Fett braten. Karotte und Zwiebel zugeben und leicht weiterbraten. Beide Weißweine und zwei Drittel von dem reduzierten Fischfond dazugießen und ohne Deckel 20 Minuten kochen lassen.
Die Flüssigkeit durch ein Sieb in einen Topf geben. Bis auf 300 ml einkochen lassen.
Die Sahne zugeben und erneut um ein Drittel reduzieren. Die Leber-Corail-Butter unterrühren. Nach Geschmack mit Salz und weißem Pfeffer würzen.
Die Hummerstücke in dieser Sauce erwärmen.

Anrichten

Das Hummerfleisch auf vier vorgewärmten Tellern anrichten und mit der Sauce überziehen. Mit gewürfelter Tomate und feingehacktem Schnittlauch garnieren.

Mein Weinvorschlag: Ein trockener Sancerre – diese Weine haben, wenn sie reif sind, ein ausgeprägtes Aroma.

Filet de Renne au Poivre, Choux et Baies de Genievre

Renfilet mit Kohl und Wacholder

Für vier Personen

600 g Renfilet
Salz
2 EL gemahlener weißer Pfeffer
2 EL Heidelbeeren zum Garnieren

Für den Rotkohl

800 g Rotkohl, geraspelt und 5–6 Stunden in Rotweinessig mariniert
2 EL Salz
100 ml Rotweinessig
2 EL Gänse- oder Entenschmalz
4 EL Honig

Für die Wacholder-Rotwein-Sauce

2 Schalotten, fein gehackt
10 Wacholderbeeren, zerdrückt
100 ml Rotwein
100 ml brauner Kalbsfond (Seite 178)

1 l Wasser mit 2 EL Salz und dem Weinessig aufkochen. Den Kohl hineingeben und wieder aufkochen lassen. Abtropfen und den Kohl auf einem Tuch ausbreiten.
Das Enten- oder Gänseschmalz in einer großen Bratpfanne zerlassen, den Rotkohl und den Honig hineingeben und bei mittlerer Hitze garen. Dabei gelegentlich umrühren.

Garen des Renfleischs und Bereiten der Sauce

Das Filet salzen und gut mit Pfeffer einreiben; dann in 30 g Butter braten und wenden, bis es von allen Seiten braun ist. Nach etwa 15 Minuten Bratzeit sollte es in der Mitte noch rosa sein. Warm stellen.
Die Schalotten und die Wacholderbeeren in die Pfanne geben und dann den Rotwein einrühren. Den Kalbsfond zugeben und einige Minuten reduzieren lassen. Mit Salz würzen und die restliche Butter untermischen.

Anrichten

Den Rotkohl kosten, so nachwürzen, daß er das richtige Verhältnis von salzig, süß und sauer aufweist. Den Kohl auf vier vorgewärmte Teller löffeln. Das Fleisch in Scheiben schneiden und darauflegen. Die Sauce durchseihen, über das Fleisch löffeln und mit Heidelbeeren garnieren.

Mein Weinvorschlag: Fixin Clos de La Perrire, ein kräftiger und voller Burgunder zu Wild.

Mousse aux mures Arctiques

Multbeerenmousse

Für vier Personen

300 g Multbeeren (= Arktische Brombeeren)
2–3 EL Wasser
120 g Zucker oder je nach Geschmack mehr
200 ml Sahne, geschlagen
20 g Grießcreme (siehe unten)
3 Blatt Gelatine
5 EL Wasser
3 Biskuits
2 EL Heidelbeeren

Die Multbeeren mit 2–3 EL Wasser und 120 g Zucker 10 Minuten kochen, kurz abkühlen lassen und durch ein Sieb streichen. Falls nötig, mehr Zucker zugeben. Es sollten 150 ml Püree sein. Erkalten lassen.
Die Grießcreme unter die Sahne mischen und schlagen, bis die Mischung leicht und schaumig ist.
Die Gelatine in 5 EL Wasser einweichen und dann über heißem Wasser auflösen. In das Beerenpüree rühren. Vorsichtig die Grießsahne unterheben. Vier Ramequins (Porzellanförmchen) von 150 ml Fassungsvermögen damit füllen.
Mit vier Biskuits abdecken und kalt stellen, bis die Mischung fest geworden ist.

Anrichten

Mit einem in heißes Wasser getauchten Messer an der Innenseite der Förmchen entlangfahren und die Beerenmousse auf vier Dessertteller stürzen. Mit einigen Heidelbeeren garnieren.

Mein Weinvorschlag: Grahams Malvedos Port 1965.

Anmerkung: Die Multbeere ist eine kleine Frucht, verwandt mit den Brombeeren, die im nördlichsten Europa an niedrigen Sträuchern wachsen; in Schweden sind sie besonders beliebt. Ersatzweise können Sie auch Brombeeren nehmen.

Griesscreme

250 ml Milch
1 EL Grießmehl

Die Milch zum Kochen bringen und das Grießmehl einstreuen. Unterrühren und in eine Schüssel geben, die über einen Topf mit simmerndem Wasser paßt. Vorsichtig unter häufigem Umrühren 30 Minuten garen, bis eine dicke Creme entstanden ist. Erkalten lassen.

Bengt Wedholm

Wedholm's Fisk

Nybrokajen 17, 111 48 Stockholm, Telefon: 0046-8-104874

»Ich würde gern ein Restaurant eröffnen, in dem nichts serviert würde als Seezungen, aber auf verschiedene Art. Das beste Rohmaterial, das wir in Schweden haben, sind unsere Fische und Meeresfrüchte«, sagt Bengt Wedholm. Es ist daher nicht verwunderlich, daß er eines der besten Fischrestaurants Stockholms besitzt. 1936, als er gerade siebzehn Jahre alt war, nahm er »den erstbesten Job an, den ich finden konnte«, und begann eine Lehre im Gyldene Freden. 1943 hatte er das Glück, einen legendären Küchenchef als Lehrmeister zu bekommen, und zwar Julius Carlsson im Cecil. Sie blieben siebzehn Jahre zusammen, nur unterbrochen durch ein paar Jahre, die er in Paris verbrachte. 1958 eröffnete er sein eigenes Restaurant in Stockholm, die Rotisserie Ostergök, die er um die erste Pizzeria Schwedens und ein Fischrestaurant erweiterte. Zehn Jahre später ergab sich die Gelegenheit, das Restaurant zu kaufen, in dem er einmal Lehrling gewesen war, das Källaren Den Gyldene Freden. Er verließ es erst 1981, um sein jetziges Restaurant zu eröffnen, direkt gegenüber dem Königlichen Theater am Nybroplan in Stockholm: ein Restaurant von spartanischer Eleganz in verschiedenen Grauschattierungen mit Holztäfelung. Die Stars unter den Gerichten sind Fische und Meeresfrüchte. 1982 wurde das Lokal zum Restaurant des Jahres gewählt und gewann außerdem die Goldmedaille der Schwedischen Akademie für Gastronomie. 1986 erhielt es einen Michelin-Stern.

»Eine einfache Küche ohne Firlefanz: die frischesten Fische der besten Sorten, einfach zubereitet, damit ihre Eigenqualität möglichst vorteilhaft zur Geltung kommt. Diese Art von Küche habe ich mir immer gewünscht«, sagt Bengt Wedholm. »Es ist eine schwedische und gleichzeitig internationale Küche. Immer hat es Köche gegeben, die nicht schludern und mogeln, sondern auf Qualität bestehen. Und diese Art von Küche wird heute mehr denn je geschätzt.«

MENU

FÅGELBO
Vogelnest

SKALDJURGSGRATANG
Timbale von Meeresfrüchten

LINGONPARON
Birnen mit Lingonbeeren

FÅGELBO

Vogelnest

Für sechs Personen

20 Anchovisfilets aus der Dose, fein gehackt
3 EL feingehackte Zwiebel
3 EL Kapern
4 EL feingehackte rote Bete, in Weinessig eingelegt
1 Kopfsalat, in feine Streifen geschnitten
9 Eigelb

Auf einer großen Platte die Anchovis, Zwiebel, rote Bete und Salatstreifen in kleinen Häufchen ringförmig anrichten. Die verschiedenen Farben sollen ein attraktives Muster ergeben. Die Eigelb von einem kleinen Teller in die Mitte der Nester gleiten lassen; dabei vorsichtig vorgehen, damit sie nicht zerlaufen. Zeigen Sie diese Platte Ihren Gästen.
Danach verrühren und vermischen Sie alle Zutaten miteinander – wie bei Steak Tatar –, unmittelbar bevor Sie sie servieren.
Das Vogelnest kann auch auf einzelnen, kleineren Tellern serviert werden; jeder Gast verrührt und vermischt die Zutaten dann selbst.

Mein Weinvorschlag: Kein Wein, sondern Bier und Aquavit oder Wodka.

SKALDJURSGRATANG

Timbale von Meeresfrüchten

Für mich ist dies ein klassisches Gericht, denn es wurde von meinem Lehrer kreiert, Julius Carlsson, einem berühmten schwedischen Meisterkoch. Er nannte es *Savorie de pêcheur.*

Für vier Personen

300 g fertiger Blätterteig
Butter und Mehl für die Form
10 Miesmuscheln, gut gesäubert
150 g ungeschälte Krabben, nach dem Schälen erhält man etwa 60 g
60 g Räucherlachs, in dünne Streifen geschnitten
60 g Gruyère-Käse, gerieben
30 g Trüffeln (muß nicht sein)

Für die Eiersauce

500 ml Sahne
5 Eier
½ TL Salz
frisch gemahlener Pfeffer nach Wunsch

Für die Sauce Hollandaise

4 Eigelb
4 EL Wasser
Salz und Cayennepfeffer
250 g geklärte Butter (siehe Glossar)
Saft von 1 Zitrone

Für die heiße Muschelbutter

30 g Butter
1 EL Sud vom Garen der Muscheln
2 EL gehackte Petersilie

Auslegen der Ringform mit Blätterteig

Fetten Sie einen Savarin-Ring von 1,5 l Fassungsvermögen oder einen Ring mit herausnehmbarem Boden von 23 cm Durchmesser mit Butter ein. Bestäuben Sie die Form mit Mehl und schütteln Sie überschüssiges Mehl heraus. (Diese einfache Arbeit muß sorgfältig erledigt werden, weil der Teig sonst festklebt.) Auf einer leicht bemehlten Fläche den Blätterteig ausrollen, bis der Kreis ringsum etwa 10 cm größer ist als der Durchmesser der Form. Den Teig um das Nudelholz wickeln, auf die Form legen und dort entrollen. Die äußeren Teigränder anheben, damit der Teig in den Ring gleitet. Dann den Teig leicht in die Ringform drücken; mindestens 1 cm vom Teig soll an den Rändern überstehen, damit er nicht hineinrutschen kann. Lassen Sie den Teig über dem Loch in der Mitte intakt; so behält er leichter seine Form. Die mit Teig ausgelegte Ringform für 30 Minuten in den Kühlschrank stellen.

Füllen der Timbale

Einen Topf erhitzen, der groß genug ist, daß die Muscheln nicht übereinanderliegen müssen. Die Muscheln hineingeben und den Deckel auflegen. 1–2 Minuten kochen lassen, dabei den Topf schütteln. Dann abkühlen lassen, die Muscheln aus den Schalen lösen, die ausgetretenen Säfte beiseite stellen.
Die Muscheln, die Krabben und den Räucherlachs in die rohe Teigform schichten; zwischen jede Schicht geriebenen Käse streuen.
Die Sahne bis kurz vor dem Siedepunkt erhitzen – sie soll nicht kochen. Leicht abkühlen lassen. Die Eier verquirlen, würzen und in die heiße Sahne rühren. Die Mischung über die Meeresfrüchte geben.

Backen des Teigrings

Den Ofen auf maximale Hitze vorheizen; dies muß rechtzeitig geschehen, damit der Ofen sehr heiß ist, wenn sie zu backen beginnen. Stellen Sie die Form unten in den Ofen und backen sie 20 Minuten oder so lange, bis eine helle, goldbraune Farbe entstanden ist. Dann mit Folie abdecken und weitere 15 Minuten backen. Danach die Temperatur auf 200° C, Gas Stufe 6, verringern und nochmals 20 Minuten backen.
Die Timbale 5 Minuten ruhen lassen, dann stürzen (oder nach oben aus der Form drücken) und auf eine Platte geben. Den Teig, der die Mitte bedeckt, und eventuell überstehende Außenränder sauber abschneiden.

Zubereiten der Saucen

Erledigen Sie das während des letzten Stadiums des Backens, damit sie bereitstehen, sobald sie gebraucht werden. Die geklärte Butter handwarm werden lassen. Die Eigelb, Wasser, Salz und Cayennepfeffer in einer Schüssel verquirlen, die über einen Topf mit simmerndem Wasser paßt. Ständig schlagen, bis die Mischung dick und cremig ist. Von der Wärmequelle nehmen und die warme Butter unterschlagen, zuerst nur wenig auf einmal, bis die Sauce dick zu werden beginnt, dann schneller. Wenn die Butter eingearbeitet ist, den Zitronensaft einrühren und nach Geschmack würzen.
30 g Butter mit 1 EL von dem beiseite gestellten Muschelsaft schmelzen. Die Petersilie unterrühren.

Anrichten

Gießen Sie die Sauce Hollandaise in die Mitte des Rings. Mit gehackten Trüffeln bestreuen. Die Muschel-Petersilien-Butter um den Außenrand des Rings gießen. Sofort servieren.

Mein Weinvorschlag: Tokay d'Alsace Pinot Gris 1983 aus Trimbach.

LINGONPARON

Birnen mit Lingonbeeren

Für vier Personen

8 noch nicht ganz reife Kochbirnen
½ Zitrone
600 g Lingonbeeren (siehe Anmerkung)
400 g Zucker
300 ml Wasser
Eisgekühlte Schlagsahne

Die Birnen schälen, die Stengel aber nicht entfernen. Die Stengel mit einem Messer sauberkratzen. Mit einem Apfelentkerner das Kerngehäuse der Birnen entfernen; die Birnen in kaltes Wasser legen. Die Zitrone über dem Wasser ausdrücken, damit die Birnen nicht braun werden. Die Beeren waschen und abtropfen lassen und 10 Minuten mit dem Zucker und dem Wasser kochen. Wenn sie gar sind, beginnen sie zu platzen wie Preiselbeeren. Allen Schaum abschöpfen, der aufsteigt.
Die Birnen mit in den Saft geben und 15–30 Minuten kochen. Die Zeit hängt von Größe und Reifegrad der Birnen ab. Während der Kochzeit ab und zu wenden und darauf achten, daß sie nicht zu gar und matschig werden; sie sollten ihre Form behalten. Wenn Sie meinen, die Birnen würden gleich gar sein, den Topf vom Feuer nehmen, da die Birnen dann in dem Saft abkühlen müssen und während dieser Zeit noch etwas weicher werden.
Kalt mit nicht zu steif geschlagener Sahne servieren.

Mein Weinvorschlag: Nicht Wein, sondern Mineralwasser würde am besten zu diesen unaufdringlichen Aromen passen.

Anmerkung: Lingonbeeren, auch Krähenbeeren genannt, sind kleine, leuchtend rote Beeren aus der Familie der Heidelbeeren. Sie stammen aus Skandinavien und Rußland und sind auch in Schottland zu finden. Sie haben in Schweden eine lange Tradition.

Erik Lallerstedt

Erik's

Osterlänggatan 17, Stockholm, Telefon: 0046-8-238500

Erik Lallerstedt moderiert am Samstagabend ein Essen & Trinken-Journal im Fernsehen und ist deshalb in Schweden sehr bekannt. Er ist der Überzeugung, man solle »das Leben, die Menschen und das Essen lieben«. »Mein größtes Kocherlebnis hatte ich bei Frédy Girardet. Es war so phantastisch, daß ich fast die ganze Nacht nicht schlafen konnte. Ich hatte Angst: In was hatte ich mich da hineingewagt? Die Herausforderung war beinahe zu groß. Ich hatte schon andere gastronomische Abenteuer erlebt – aber so etwas noch nie.«

Erik Lallerstedts Vater, ein Architekt aus Drottningholm, war ein Mann, der Spaß am Kochen hatte und oft sonntags das Essen zubereitete. Des Sohnes erste eigene Kochversuche erfolgten in einem ländlichen Hotel. Dann wurde er vier Jahre lang an der Hasselbacken-Schule in Stockholm ausgebildet. Sein erstes Unternehmen war ein Geschäft für Fische und Meeresfrüchte in Ostermalmshallen, einer bekannten Markthalle. Zu dem Geschäft gehörte ein Restaurant, das auf Meeresfrüchte spezialisiert war. 1980 erfolgte – im wahrsten Sinne des Wortes – der Stapellauf von Erik's Restaurant Och Ostronbar, und zwar in einem umgebauten Schiff, das am Strandvägan liegt. Es gewann 1984 einen Michelin-Stern und die Goldmedaille der Schwedischen Akademie für Gastronomie. 1986 eröffnete er ein neues Erik's mit einem großen Speisesaal. 1988 erhielt das Lokal einen Michelin-Stern. »Mein Kochstil ist eher traditionell«, sagt er, »aber das bedeutet nicht, daß ich keine neuen Gerichte oder Ideen ausprobiere. Die Schweden sind in ihren Eßgewohnheiten ziemlich konservativ, und man sollte den Vorlieben seiner Gäste die Priorität einräumen – aber es ist auch immer schön, sie zu überraschen.«

MENU

MATJESILL SOUFFLE MED KAVIARSÅS

Matjessoufflé mit Kaviarsauce

UGNSBAKAD LAX MED APPLE OCH CURRYSÅS,
GURKA OCH OSTRONSVAMP

Gebackener Lachs mit Curry-Apfel-Sauce,
Gurken»nudeln« und Austernpilzen

VARM BJÖRNBÄRSSOPPA MED VANILJGLASS
OCH MANDELFLAN

Heiße Brombeersuppe mit Eis und Tuiles aux Amandes

Matjesill souffle med kaviarsås

Ugnsbakad lax med apple och currysås, gurka och ostronsvamp

Varm Björnbärssoppa med vaniljglass och mandelflan

Matjesill Souffle med Kaviarsås

Matjessoufflé mit Kaviarsauce

Für vier Personen

3 mittelgroße Matjesfilets,
gesalzen und gewürzt

Für das Soufflé

60 g Butter
40 g Mehl
250 ml Milch
4 Eigelb
3 Eiweiß

Für die Kaviarsauce

300 ml crème fraîche
2 EL Paste von geräuchertem Kabeljaurogen
(Kalles Kaviar) oder
pürierter geräucherter Kabeljaurogen

Zubereitung der Soufflés

Die Butter schmelzen und mit einem Holzlöffel das Mehl einarbeiten; eine Minute bräunen lassen. Die warme Milch zugeben und zum Kochen bringen, dabei ständig rühren. Weitere 2 Minuten simmern lassen. Etwas heiße Sauce unter die Eigelb rühren, dann die Eigelbmischung zur Milch in den Topf geben, nicht mehr erhitzen. Die Matjesfilets in Stücke schneiden und im Mixer pürieren. Zu der Soufflémasse geben und abschmecken.

Vier feuerfeste Ramequins (Porzellanförmchen) von 150 ml Fassungsvermögen ausbuttern. Die Eiweiß mit einer Prise Salz steif schlagen. Etwas von dem Eischnee unter die Soufflémischung rühren, um sie leichter zu machen, dann den Rest vorsichtig mit einem Spatel unterheben. Die Mischung in die Ramequins füllen, Oberfläche glattstreichen, den Rand der Förmchen sauber abwischen.

In einem auf 200–240° C, Gas Stufe 9–10, erhitzten Ofen 10–12 Minuten backen, bis die Soufflés schön aufgegangen, aber in der Mitte noch nicht trocken sind.

Während die Soufflés im Ofen sind, die Sauce bereiten, indem Sie die Kabeljaurogenpaste mit der *crème fraîche* verrühren.

Die heißen Soufflés sofort servieren, begleitet von der kalten Sauce.

Mein Weinvorschlag: Kein Wein, sondern Bier und eiskalter Aquavit.

Ugnsbakad Lax med Apple och Currysås, Gurka och Ostronsvamp

Gebackener Lachs mit Curry-Apfel-Sauce, Gurken»nudeln« und Austernpilzen

Für vier Personen

4 Stücke Lachsfilet, je 200 g
½ Gurke
Salz und frisch gemahlener schwarzer Pfeffer
300 g Austernpilze
2 EL Olivenöl
4 Blätterteigfische (siehe Anmerkung)
4 Zweige Majoran

Für die Curry-Apfel-Sauce

40 g Butter
1 Schalotte
30 g Mehl
100 ml Weißwein
100 ml Fischfond (Seite 161) oder Milch oder Sahne
Salz und frisch gemahlener schwarzer Pfeffer
1 TL Currypulver
2 EL Apfelsaft

Zubereiten der Curry-Apfel-Sauce

30 g Butter schmelzen und die Schalotte darin glasig werden lassen. Mit dem Mehl bestreuen und dieses untermischen, dann den Weißwein und den Fischfond (oder Milch oder Sahne) angießen. Langsam zum Kochen bringen, dabei umrühren. Nach Geschmack würzen.

In einem anderen, kleinen Topf die restliche Butter schmelzen und das Currypulver unterrühren. Etwas abkühlen lassen, dann in die Weinsauce geben und umrühren, bis eine glatte Mischung entstanden ist. Den Apfelsaft zugeben und leise simmern lassen. Die Sauce warm stellen.

Zubereiten der Beilagen und Backen des Fischs

Die Gurke schälen, halbieren und mit einem Teelöffel die Kerne herauskratzen. Mit einem Gemüsehobel (Julienne-Hobel) in feine Streifen schneiden. Diese grünen Gurken»nudeln« 1–2 Minuten in kochendem, leicht gesalzenem Wasser blanchieren; sie sollten noch etwas Biß haben. Warm stellen.

Die Austernpilze in Streifen schneiden. Das Öl erhitzen und die Pilze hineingeben. Bei starker Hitze braten, damit sie nicht in ihrem eigenen, reichlich vorhandenen Saft schmoren – deshalb tragen sie im Französischen den Namen *pleurottes* (etwa: Heulsusen). Mit Salz und Pfeffer würzen und warm stellen.

Die Lachsfilets von beiden Seiten würzen. In einer

feuerfesten Keramikform bei 120° C, Gas Stufe ½, für 5–7 Minuten backen.

Anrichten

Auf die vier vorgewärmten Teller etwas von der Sauce löffeln und je ein Lachsfilet und einen Blätterteigfisch legen. Die Gurken»nudeln« auf einer Seite arrangieren, die gebratenen Austernpilze, garniert mit einem Kräuterzweig, auf der anderen und sofort servieren.

Mein Weinvorschlag: Pouilly-Vinzelles.

Anmerkung: Die Blätterteigfische genauso herstellen wie die *fleurons* auf Seite 168; schneiden Sie mit einem Messer Fischformen aus dem Teig.

Varm Björnbärssoppa med Vaniljglass och Mandelflan

Warme Brombeersuppe mit Eis und Tuiles aux Amandes

Für vier Personen

200 g frische oder tiefgekühlte Brombeeren
150 g Puderzucker
1 l Wasser
½–1 EL Pfeilwurz oder Stärkemehl

Für das Vanilleeis

1 Vanilleschote
100 g Puderzucker
600 ml crème double
4 Eigelb

Für die Tuiles aux Amandes

30 g Butter
2 EL Zucker
2 EL schwerer Zuckersirup (Seite 252)
3 EL Mandelblättchen
1 EL Mehl
2 Eiweiß

Zubereiten des Vanilleeises

Die Vanilleschote spalten und das Vanillemark herauskratzen. Mit ein wenig von dem abgemessenen Zukker mischen. Die Sahne mit der Vanilleschote und der Zuckermischung erhitzen und zum Kochen bringen. Den restlichen Zucker mit den Eigelb verquirlen, bis die Mischung leicht und schaumig ist. Die Vanilleschote herausnehmen und die heiße Sahne auf die Eier gießen, dabei ständig rühren. Die Mischung wieder in den Topf geben und bei sehr geringer Hitze, besser noch über einem Wasserbad, mit einem Holzlöffel rühren, bis die Mischung den Rücken des Löffels bedeckt. Durchseihen und unter gelegentlichem Umrühren abkühlen lassen, dann kalt stellen.
In einem Eisbereiter oder im Gefrierfach einfrieren, mehrmals umrühren, ehe die Mischung fest wird.

Herstellen der Tuiles aux Amandes

Die Butter mit Zucker und Zuckersirup zerlassen; abkühlen lassen. Das Eiweiß, die Mandelblättchen und dann das Mehl einarbeiten. Zwei Backbleche einfetten und die Mandelmischung mit einem Löffel in Kreisen von ca. 5 cm Durchmesser ganz dünn darauf verteilen. Dabei genügend Abstand lassen, denn sie fließen auseinander.
Jeweils ein Blech bei 180° C, Gas Stufe 4, im Ofen bakken, bis die Mandelkekse an den Rändern hellbraun sind, was etwa 7–8 Minuten dauert. Eine halbe Minute ruhen lassen und schnell mit einem Palettmesser vom Backblech nehmen. Solange sie noch weich sind, über ein Nudelholz oder eine Flasche legen, damit sie eine runde Biegung erhalten. Durch diese Form erinnern sie an Dachziegel (franz.: tuiles). Wenn Sie fest geworden sind, auf einem Kuchengitter erkalten lassen. Falls Sie sie im voraus gebacken haben, bewahren Sie sie in einer luftdichten Dose auf.

Kochen der Brombeersuppe

Die Brombeeren in einen Topf geben, Zucker und Wasser zugeben, umrühren und zum Kochen bringen. 10 Minuten köcheln lassen; die Früchte sollen in der Flüssigkeit zerfallen, während diese einkocht. Die Suppe durch ein Sieb gießen, dabei mit einem Holzlöffel die Früchte gut ausdrücken, aber nicht durch das Sieb streichen. Sie sollten etwa 600 ml Flüssigkeit haben.
Überprüfen Sie die Konsistenz; wenn die Suppe nicht dick genug erscheint, rühren Sie den Pfeilwurz mit sehr wenig Wasser zu einer Paste an. Die Brombeerflüssigkeit wieder erhitzen, etwas davon unter den Pfeilwurz rühren, dann mit dem Pfeilwurz wieder in den Topf geben. Lassen Sie die Suppe nicht länger auf dem Herd stehen, wenn sie einmal angedickt ist – Pfeilwurz kann sich bei längerem Kochen wieder trennen.

Anrichten

Servieren Sie die heiße Suppe in Suppentellern, garniert mit einer Kugel Vanilleeis, und reichen Sie die Mandelkekse.

Mein Weinvorschlag: Kosten Sie das reiche Aroma eines Medium Madeira oder roten Portwein oder Sauternes.

Benelux

Ein Land, das dem Meer abgewonnen wurde und das für einfache, liebevoll zubereitete Dinge berühmt ist – wie Muscheln und gutes, süßes flämisches Bier. Denn auf einfache Dinge versteht man sich in den Beneluxländern sehr gut, und die Küche ist heutzutage alles andere als einfallslos.

Pierre Romeyer

PIERRE ROMEYER

Chaussée de Groenendaal 109, 1990 Hoeilaart, Brüssel, Belgien, Telefon: 00 32-2-657 05 81

»Wenn der Krieg nicht gewesen wäre«, sagt dieser virtuose Koch und Saucenkünstler, »und meine Mutter sich nicht solche Mühe gegeben hätte, mich nie hungern zu lassen, dann wäre ich mit ziemlicher Sicherheit nicht Koch geworden.« Das aus der Not geborene Interesse am Essen brachte den Gourmet hervor. Sein erster Mentor war Georges Michel, ein Riese von einem Mann und eine starke Persönlichkeit, der die Auberge Alsacienne in Brüssel leitete und ihm, dem Fünfzehnjährigen, die verschiedenen Küchendisziplinen beibrachte.

Die nächste Sprosse der Leiter war das Savoy in Brüssel unter der Regentschaft von Julien Vermeersch. Dort blieb er bis 1948. Nach der Militärzeit folgte er Vermeersch ins Carlton. Mit fünfundzwanzig Jahren wurde er zum besten Koch Belgiens gewählt und gewann den Prosper-Montagné-Preis. Es wäre nur logisch gewesen, wenn das Carlton das Gericht, das ihn zu Belgiens Spitzenkoch gemacht hatte, auf die Speisekarte gesetzt hätte; es handelte sich aber um ein Saucengericht; und Pierre Romeyer war nicht als Saucier angestellt. So verhinderten die Hausregeln, daß sein Name auf der Karte erschien. Er kündigte. Während der Brüsseler Weltausstellung im Jahre 1958 kochte er für die Großen der Welt und beschloß dann, sein eigenes Restaurant zu eröffnen, zuerst das Val Vert in Groenendaal in Hoeilaart, wo er bald mit einem und dann zwei Michelin-Sternen ausgezeichnet wurde. 1967 zog er in das Maison de Bouche in der gleichen Gegend; ein hübsches Haus, umgeben von Wiesen und Teichen mit Schwänen, das heute seinen Namen trägt. In seinem Eröffnungsjahr errang es gleich drei Michelin-Sterne – gewiß ein Rekord. Er ist auf diese Sterne nur stolz, »weil sie widerspiegeln, daß ich das, was ich tue, gerne gut mache«. Seine Gerichte sind »inspiriert von einem klassischen Stil, tragen aber meine persönliche, sehr leichte Handschrift«.

MENU

HOMARD AUX FINES AROMATES
Hummer in aromatischer Creme

RABLE DE LIEVRE AUX CANON HALL D'OVERYSE-HOEILAART
Hasenrücken mit Trauben

ARLEQUIN A LA MANDARINE NAPOLEON
Orangen-Schokoladenkuchen

Homard aux Fines Aromates

Hummer in aromatischer Creme

Für zwei Personen

2 Hummer, vorzugsweise weibliche Tiere, von je 600 g
1 l ungesalzener Fischfumet (Seite 161)
500 ml Riesling
Salz und frisch gemahlener schwarzer Pfeffer
500 ml Sahne
100 g Butter in Würfeln
Feldsalat oder Sellerieblätter

Für das Mirepoix

Je 100 g gehackte Karotten, Sellerie, Schalotten und Weißes von Lauchstangen
1 Zweig Thymian
2 Lorbeerblätter
Zehen von ½ Knoblauchknolle

Für die gekochte Garnitur

Geklärte Butter (siehe Glossar) zum Fritieren
50 g Karotten in Scheiben
50 g Stangensellerie, zu kleinen Halbmonden geschnitten
50 g Weißes vom Lauch, in Scheiben geschnitten
50 g Perlzwiebeln, in Scheibchen geschnitten
50 g grüne Bohnen, der Länge nach halbiert

Zubereiten der Hummer

Fischfumet, Riesling und Mirepoix in einen großen Topf geben und eine Prise Pfeffer, aber kein Salz zufügen. Wenn die Flüssigkeit kocht, die Hummer mit dem Kopf voran hineingeben, Deckel auflegen und 10 Minuten kochen lassen. Die Hummer aus dem Topf nehmen und die Schwänze und Scheren entfernen. Die Scheren nochmals für 5 Minuten in den Topf geben und garen.

Die Hummerschwänze auf den Rücken drehen und das Corail entfernen, das zwischen dem Schwanzansatz und dem hinteren Beinpaar sitzt. Durch ein feines Sieb streichen und das Püree beiseite stellen.

Alle Beine vom Körper abtrennen und in die kochende Flüssigkeit geben.

Den Hummerschwanz an der Unterseite aufschneiden und die Schalen entfernen. Das Schwanzfleisch in Scheiben schneiden und beiseite stellen.

Wenn die Scheren gar sind, herausnehmen und die Flüssigkeit bei starker Hitze ohne Deckel einkochen lassen, bis sie zu einer sirupartigen Konsistenz reduziert ist. Die Beine herausnehmen und beiseite stellen. Die Sahne angießen und nochmals kochen lassen, bis die Menge stark reduziert und cremig ist. Die Sauce durch ein feines Sieb streichen und andicken, indem Sie das pürierte Corail und dann die Butterwürfel unterrühren. Nach Geschmack würzen.

Inzwischen die Scheren mit einem Hammer aufbrechen und das Fleisch in möglichst großen Stücken herausnehmen.

Bereiten der Garnitur

In einem breiten Topf ungefähr 1,5 cm hoch die geklärte Butter erhitzen und alle Gemüse bis auf die Bohnen darin fritieren. Die Bohnen kurz kochen, damit sie noch Biß haben. Dann die Gemüse auf Küchenkrepp abtropfen lassen und leicht würzen.

Anrichten

Auf dem Rand jedes vorgewärmten Tellers einen Hummerkopf so arrangieren, daß er nach außen schaut. Dahinter vier Beine so anrichten, daß sie einen Ring auf dem Teller bilden.

Sauce in die Mitte löffeln und darauf das Fleisch aus den Scheren und den der Länge nach durchgeschnittenen Schwanz anrichten. Die Gemüse dekorativ arrangieren. Kurz in den sehr heißen Ofen stellen, um das Gericht noch einmal zu erhitzen, dann den Kopf zu beiden Seiten mit Feldsalat oder Sellerieblättern garnieren und sofort servieren.

Mein Weinvorschlag: Ein feiner weißer Burgunder aus Puligny Montrachet, der Finesse mit viel Körper verbindet.

Homard aux fines aromates

Râble de lièvre aux Canon Hall d'Overyse-Hoeilaart

Der Tranchiertisch im Pierre Romeyer

Rable de Lievre aux Canon Hall d'Overyse-Hoeilaart

Hasenrücken mit Trauben

Für vier Personen

2 Hasenrücken
40 Canon-Hall-Trauben
100 ml Cognac de Fine Champagne
Salz und frisch gemahlener schwarzer Pfeffer
30 g Butter
Neue Kartoffeln, in der Schale gekocht

Für die Pfeffercreme

120 g kalte Butter in Würfeln
85 g Mirepoix aus Karotten, Sellerie, Zwiebel und Knoblauch
1 Thymianzweig
1 Lorbeerblatt
1 EL Johannisbeergelee
250 ml Sauce poivrade (siehe rechts)
1 EL belgischer Senf
250 ml crème fraîche

Zubereiten der Hasenrücken

Die Trauben schälen, alle Kerne entfernen. In einen Topf geben und mit dem Cognac übergießen. Auf den Rand des Herdes stellen, damit sie warm werden, aber nicht kochen lassen.

In einer schweren, feuerfesten Form 30 g Butter zerlassen. Die Hasenrücken würzen und auf dem Herd braten. Dabei regelmäßig wenden, bis sie gar, aber in der Mitte noch rosa sind – etwa 15 Minuten. Aus der Form nehmen und auf eine vorgewärmte Servierplatte geben, an einem warmen Ort ruhen lassen.

Zubereiten der Pfeffercreme

Das Mirepoix zum Bratensaft in der Form geben und bei geringer Hitze anschwitzen. Alle Flüssigkeit von den Trauben abgießen und damit den Bodensatz ablöschen. Johannisbeergelee, Thymian und Lorbeerblatt zugeben. Die *crème fraîche* und die gleiche Menge *sauce poivrade* hinzufügen, mit dem Senf abrunden. Zum Kochen bringen und 15–20 Minuten köcheln, die Sauce soll auf ca. 200 ml reduziert werden. Nach Geschmack würzen und durch ein feines Sieb gießen.

Bei sehr geringer Hitze die Butter unterrühren, immer wenige Würfel auf einmal, und neue zugeben, ehe die letzten ganz geschmolzen sind, damit die Sauce eine samtige Konsistenz bekommt.

Anrichten

Die Filets im Ganzen von beiden Seiten der Rehrükken lösen. In dünne Scheiben schneiden und diese blütenförmig auf vier vorgewärmten Tellern arrangieren. Trauben in die Mitte jeder Blüte löffeln und die Pfeffercreme außen rings um das Fleisch löffeln. Reichen Sie dazu kleine neue Kartoffeln, in der Schale gekocht.

Mein Weinvorschlag: Ein roter Burgunder: Bonnes-Mares würde besonders gut mit diesem Gericht harmonieren.

Sauce Poivrade

Pfeffersauce

250 g Knochen und Fleischabschnitte von den Hasen
30 g Zwiebeln, grob gehackt
30 g Karotten, grob gehackt
30 g Stangensellerie, grob gehackt
2 ½ Knoblauchzehen
2 Lorbeerblätter
10 Thymianzweige
6 Wacholderbeeren, zerdrückt
2 EL schwarze Pfefferkörner, zerdrück
500 ml Rotwein (Burgunder oder Bordeaux)
1 EL Öl
30 g Mehl
500 ml brauner Kalbsfond (Seite 178)
120 ml durch ein Sieb gedrückte Tomate (Passata)

Alle Fleischabschnitte von den Hasen, die Gemüse, Kräuter und Gewürze 12 Stunden in Rotwein marinieren. Die Hasenabschnitte und die Gemüse herausnehmen, den Rotwein beiseite stellen. Die Hasenstücke aus den Gemüsen herausnehmen. Die Hasenknochen und die Fleischabschnitte in heißem Öl bei starker Hitze in einer Kasserolle bräunen. Wenn sie braun sind, die gehackten Gemüse, die Kräuter und Gewürze aus der Marinade zugeben und mit dem Mehl bestäuben. Das Mehl unterrühren, dann die Kasserolle zudecken, die Hitze sehr niedrig schalten und die Gemüse 10–15 Minuten anschwitzen lassen. Den Deckel abnehmen, die Hitze erhöhen und die Rotweinmarinade angießen. Kochen, bis die Flüssigkeit um die Hälfte reduziert ist. Den braunen Kalbsfond und die passierte Tomate zugeben und 2 Stunden köcheln lassen, dann durch ein feines Sieb geben – Sie werden etwa 700 ml erhalten.

Arlequin a la Mandarine Napoleon

Orangen-Schokoladenkuchen

Für sechs Personen

Für den Kuchenboden

3 Eier
125 g Zucker
100 g Mehl und 30 g Stärkemehl
1 TL Kakao

Für die Schokoladenmousse

100 g dunkle Schokolade, zerbrochen
1 Eigelb
200 g ganz frische Sahne
2 EL Zucker
2 EL Wasser
½ TL Kirschwasser

Für die Mandarine-Napoléon-Schicht

4 Blatt Gelatine und 3 EL Wasser
60 g Zucker
Geriebene Schale und Saft von ½ Orange
1 EL Mandarine-Napoléon-Likör
2 Eigelb
100 ml Sahne
2 Eiweiß

Für die Garnitur des Kuchens

4 große Orangen
4–5 Erdbeeren
30 ml Weißwein
Saft von ½ Orange
20 g Zucker und 1 EL Zucker
¼ TL Gelatinepulver
60 ml Schlagsahne
1 EL Kakaopulver, gesiebt

Herstellen des Kuchenbodens

Eine Kuchenform von 18 cm Durchmesser und 7 cm Höhe einfetten. Dann den Boden mit Backpapier auslegen und erneut einfetten. Mit Mehl bestäuben. In einer Rührschüssel die Eier und den Zucker vermischen. Die Schüssel über einen Topf mit simmerndem Wasser stellen und schlagen, bis die Mischung leicht und schaumig ist und stark an Volumen zugenommen hat. Mehl und Kakao über die Eier sieben und vorsichtig unterheben. Den Teig in die Form geben und im Ofen bei 180° C, Gas Stufe 4, für ca. 20 Minuten backen. Mit einem Holzstäbchen prüfen, ob der Kuchen durch ist. 2 Minuten abkühlen lassen, dann stürzen, das Backpapier abziehen, den Kuchen abkühlen lassen und kalt stellen.

Herstellen der Schokoladenmousse

Die Schokolade in einem *bain-marie* schmelzen. In eine Schüssel geben, das Eigelb und etwas Sahne unterrühren, bis eine glatte Mischung entstanden ist. Die restliche Sahne steif schlagen, sehr vorsichtig unter die Schokolade heben und mindestens 1 Stunde kalt stellen.
Den Zucker in 2 EL Wasser auflösen, 1 Minute kochen lassen, Kirschwasser unterrühren, abkühlen lassen.
Einen gefalteten Papierstreifen so um den Kuchenboden legen, daß er etwa 7,5 cm hoch übersteht. Den Kuchenboden mit dem Zuckersirup bestreichen. Die Schokoladenmousse darauf verteilen und 1 Stunde kalt stellen.

Herstellen der Mandarine-Napoléon-Schicht

Die Gelatine in 3 EL Wasser einweichen, über heißem Wasser auflösen. 30 g Zucker, Orangenschale und -saft, Likör und Eigelb verquirlen. Die Schüssel über simmerndes Wasser stellen und schlagen, bis die Mischung hell und dick geworden ist – wie Zabaione. Die Gelatine unterrühren. Die Schüssel in eine größere Schüssel stellen, die mit Wasser und Eiswürfeln gefüllt ist, und erkalten lassen.
Die Sahne in einer großen Schüssel schlagen, unter die Likörmischung heben.
Die Eiweiß und den restlichen Zucker in die Schüssel des Mixers geben. Die Schüssel auf den Topf mit simmerndem Wasser stellen, den Topf vom Feuer nehmen (die Wärme wird das Volumen vergrößern). Mit hoher Geschwindigkeit zu einem festen Eischnee aufschlagen.
Den Eischnee unter die Likörmischung heben und diese auf den Kuchen löffeln. Mindestens 4 Stunden kalt stellen.

Garnieren und Glasieren des Kuchens

Den Papierstreifen entfernen. Die Orangen schälen und dabei auch die weiße Haut entfernen. Dann zwischen den Häuten so einschneiden, daß jedes Segment hautfrei entnommen werden kann. Die Orangenschnitze kreisförmig auf den Kuchen legen, in der Mitte die Orangenschicht etwas dicker machen. Die Mitte zusätzlich mit den Erdbeeren garnieren.
Wein, Orangensaft, Zucker und Gelatine für den Tortenguß in einen kleinen Topf geben und unter Rühren zum Kochen bringen. Etwas abkühlen lassen, bis die Mischung dicklich wird. Mehrmals die Früchte damit bestreichen. Die Außenseite des Kuchens dick mit Kakao bestreuen.
Die Schlagsahne mit dem Zucker schlagen und mit der Spritztüte Rosetten auf den Kuchen spritzen.

Mein Weinvorschlag: Muscat Beaumes de Venise.

Arlequin à la mandarine Napoléon im Pierre Romeyer

Christian Ulweling

Auberge du Moulin Hideux

Route de Dohan 1, 6831 Noirefontaine, Belgien, Telefon: 0032-61-46 70 15

Le Moulin Hideux – hideux *heißt scheußlich – ist in Wirklichkeit alles andere als häßlich. Das Gasthaus liegt inmitten eines kleinen Tales im Wald der Ardennen und ist von schönen Seen, Wasserfällen und blühenden Gärten umgeben. Eine kurvenreiche Nebenstraße führt Sie zu dieser ehemaligen Mühle, die einst eine von zweien war, woher auch der Name kommt:* y deux moulins *(der Dialektausdruck für* aux deux moulins*). Le Moulin Hideux war das erste Restaurant außerhalb Frankreichs, das in die Liste der Relais et Châteaux aufgenommen wurde, auf der Hotels von diskretem Luxus mit gutem Essen verzeichnet sind.*

Christian Ulwelings Onkel, Henrion Raymond, war ein bekannter Küchenchef, dem das Val-de-Paix gehörte, und Le Moulin Hideux war seit 1945 im Besitz seiner Familie. Henrion Raymond bildete seinen Neffen aus, der zwanzig Jahre an seiner Seite arbeitete – und er bildete auch den gegenwärtigen Chefkoch aus. Christian Ulweling ist ein spät Berufener; er studierte Elektrotechnik, erkannte dann aber, daß das Kochen ihm besser gefiel. Seine Tante führte das Val-de-Paix, und 1966, als Neunundzwanzigjähriger, begann er dort zu arbeiten. Als Henrion Raymond vier Jahre später ins Le Moulin umzog, übernahm er die Küche im Val-de-Paix und bewahrte den vorhandenen Michelin-Stern. 1971 wechselte er ins Moulin Hideux, wo er zehn Jahre später Chefkoch wurde. Heute ist er Maître Cuisinier Belgiens. Le Moulin Hideux ist ein traditionelles Haus, das nie dem Trend der nouvelle cuisine *gefolgt ist, obwohl die Rezepte immer erfindungsreich sind. Im Herbst werden die verschiedensten Arten von Wild, Pilzen und Beeren aus den umliegenden Wäldern aufgetischt; seine Küche beruht auf den lokalen, oft einfachen Produkten, die in seinen Händen geadelt werden. Er versteht sich als Protagonist »einer Küche von höchster Qualität, die auf die Wahrheit und den Geschmack ausgerichtet ist«.*

MENU

GOUJONNETTES DE TURBOT AU BASILIC
Steinbuttfinger mit Basilikum

CHEVREUIL A LA SAUCE POIVRADE
Reh in Pfeffersauce

MILLE-FEUILLES AUX FRUITS ROUGES
Blätterteigschnitte mit roten Früchten

Goujonnettes de Turbot au Basilic

Steinbuttfinger mit Basilikum

Für vier Personen

600 g Steinbuttfilets, enthäutet
Salz und frisch gemahlener schwarzer Pfeffer
Einige Basilikumblätter, gehackt
Butter zum Einfetten
100 ml Weißwein
100 ml Fischfumet (Seite 161)
Kirschtomaten, grüne Bohnen oder Zuckerschoten, gedünstet

Für den Gemüsefond

1 Karotte, fein gehackt
1 Lauchstange, das Weiße in feine Streifen geschnitten
1 kleine Zwiebel, in feine Streifen geschnitten
½ rote Paprikaschote, entkernt und in feine Streifen geschnitten
1 Selleriestange, in feine Streifen geschnitten

Für die Basilikum-Sauce

½ Zitrone
1 TL Sahne
100 g kalte Butter, gewürfelt

Alle Gemüse für den Gemüsefond in einen Topf geben und mit etwa 120 ml Wasser bedecken. Zum Kochen bringen und 5 Minuten ziehen lassen, dann die Gemüse abseihen.

Garen der Steinbuttfinger

Die Steinbuttfilets in fingergroße Stücke schneiden. Mit Salz, Pfeffer und etwas gehacktem Basilikum würzen und in eine gebutterte, feuerfeste Form legen.
Den Weißwein und den Fischfumet zusammen erhitzen und über den Fisch gießen. Im Ofen bei 200° C, Gas Stufe 6, 3 Minuten garen. Den Fisch aus der Kochflüssigkeit nehmen und warm stellen.

Zubereiten der Butter-Basilikum-Sauce

Die Kochflüssigkeit in einen kleinen Topf geben und auf 2 EL reduzieren. Den Zitronensaft zugeben und nochmals leicht reduzieren. Die Sahne unterrühren, dann nach und nach bei geringer Hitze die Butter zugeben, immer nur wenige Würfel auf einmal, und neue hinzufügen, ehe die letzten völlig geschmolzen sind. Zum Schluß den warmen Gemüsefond zugeben, abschmecken und mit weiterem gehacktem Basilikum würzen.

Anrichten

Die Basilikumsauce auf vier heiße Teller gießen und darauf die Steinbuttfinger arrangieren. Mit Kirschtomaten, grünen Bohnen oder Zuckerschoten hübsch garnieren.

Mein Weinvorschlag: Ein Pouilly Fumé von der Loire von M. O. Bailly; er hat einen leicht rauchigen Geschmack und eine gelbgrüne Farbe, die von der Sauvignon-Traube kommt.

Chevreuil a la Sauce Poivrade

Reh in Pfeffersauce

Für vier Personen

600 g Rehlende
Salz und frisch gemahlener schwarzer Pfeffer
Maronenpüree
Preiselbeerkompott

Für den Rehfond

1 kg Rehnacken, Schulterknochen und sonstige Abschnitte
1 Karotte, gehackt
1 Zwiebel, gehackt
Ein bouquet garni
6 schwarze Pfefferkörner, grob zerdrückt
60 ml Olivenöl
1 l trockener Weißwein plus 2 EL
2 EL Weinessig

Für die Pfeffersauce

1 l brauner Geflügelfond (Seite 57)
1 l Wildfond (Seite 109)
12 schwarze Pfefferkörner, grob zerdrückt
30 g Butter in Würfeln
Salz und frisch gemahlener schwarzer Pfeffer
1 TL Johannisbeergelee (muß nicht sein)

Vorheriges Zubereiten des Fonds

Die Rehknochen und -abschnitte mit den gehackten Gemüsen und den Pfefferkörnern in eine Steingutschüssel geben und das Olivenöl und den Weißwein darübergießen. Über Nacht marinieren lassen.
Am nächsten Tag die Flüssigkeit abgießen. Das Olivenöl abschöpfen, in eine Bratpfanne geben und auf mittlere Hitze stellen. Die Knochen und Gemüse hineingeben und von allen Seiten anbräunen. Mit Weinessig und 2 EL Weißwein ablöschen und reduzieren, bis fast keine Flüssigkeit mehr übrig ist. Dann alles in einen großen Topf geben. Die Marinade, den

Geflügel- und den Wildfond zugeben. Etwa 3 Stunden simmern lassen; die Flüssigkeit wird sich von 3 l auf ungefähr 500 ml verringern. Knochen, Fleischabschnitte und Gemüse abseihen, die Flüssigkeit erkalten lassen. Alles Fett abschöpfen.

Braten des Rehfleischs und Fertigstellen der Sauce

Zwölf zerdrückte Pfefferkörner an den Fond geben und weitere 40 Minuten simmern lassen; die Flüssigkeit sollte auf etwa 200 ml einkochen.
Das Rehfleisch würzen und in einer kleinen, gebutterten Form bei 200° C, Gas Stufe 6, im Ofen 10 Minuten braten. Dann aus der Form nehmen und warm stellen. Das Fleisch soll vor dem Tranchieren 10 Minuten ruhen.
Die Pfeffersauce durch ein Sieb in die Bratform geben. Die gewürfelte Butter nach und nach unterrühren, um die Sauce geschmeidig zu machen. Nach Geschmack mit Salz und Pfeffer würzen; sollte sie etwas zu säuerlich sein, korrigieren Sie das mit etwas Johannisbeergelee.

Anrichten

Das Fleisch in acht Scheiben schneiden und zwei auf jeden der vorgewärmten Teller legen. Servieren Sie dazu Maronenpüree und Preiselbeerkompott und gießen Sie ein wenig Pfeffersauce rund um das Fleisch.

Mein Weinvorschlag: Château Figeac 1975, ein langlebiger St-Emilion mit viel Körper; er wächst auf sehr kieshaltigem Boden und enthält die Merlot- und die Cabernet-Franc-Traube sowie einen geringen Anteil von Cabernet Sauvignon.

Mille-Feuilles aux Fruits Rouges

Blätterteigschnitte mit roten Früchten

Für vier Personen

200 g fertiger Blätterteig
Mehl zum Ausrollen
Etwa 100 g Zucker
250 ml Sahne
200 g Erdbeeren
200 g Himbeeren
200 g rote Johannisbeeren, von den Stengeln gezupft
Einige Minzeblätter
50 g Puderzucker, gesiebt

Für die Rumcreme

175 ml Milch
3 Eigelb
60 g Zucker
20 g Mehl, gesiebt
15 g Butter in kleinen Stückchen
2 EL dunkler Rum

Zubereiten der Rumcreme

Die Milch erhitzen, Eigelb und Zucker verquirlen und das Mehl unterrühren, bis eine glatte Paste entstanden ist. Unter kräftigem Rühren die heiße Milch zugeben, zuerst wenig, dann mehr auf einmal.
Wieder in den Topf geben und bei geringer Hitze unter ständigem Rühren erhitzen. In eine Schüssel umfüllen und mit Butterstücken bestreuen, damit sich keine Haut bildet.

Backen des Blätterteiges

Den Blätterteig auf einer leicht bemehlten Fläche zu einem langen, schmalen Rechteck ausrollen, einen Streifen von 30 × 10 cm zuschneiden. Auf ein kalt abgespültes Backblech legen und mit dem größten Teil des Zuckers bestreuen. Im auf 220° C, Gas Stufe 7, vorgeheizten Ofen 15 Minuten oder so lange backen, bis der Teig schön aufgegangen und golden ist. Vom Blech nehmen, auf ein Kuchengitter legen und erkalten lassen.

Zusammenstellen und Garnieren des Desserts

Die Sahne mit 30 g Zucker nicht zu steif schlagen. Dann vorsichtig unter die Rumcreme heben.
Mit einem scharfen Messer das Teigrechteck horizontal spalten. Zwei Drittel der Rumcreme in einen Spritzbeutel mit großer Tülle geben. Creme auf das untere Teigrechteck spritzen, und zwar bis dicht an den Rand. Einige der schönsten Früchte zum Garnieren aufheben, die restlichen auf der Creme arrangieren, und zwar so, daß beim Aufschneiden auf jedem Stück jede Fruchtsorte vertreten ist. Mit der zweiten Teigplatte bedecken.
Die Abdeckung garnieren, indem Sie mit dem Spritzbeutel die restliche Creme darauf verteilen. Mit den zurückbehaltenen Früchten und den Minzeblättern garnieren und mit etwas Puderzucker bestäuben.

Mein Weinvorschlag: Champagner.

Pierre Wynants

Comme chez Soi

Place Rouppe 23, Brüssel, Belgien, Telefon: 0032-2-5122921

Pierre Wynants war immer comme chez soi *(wie zu Hause) in dem hübschen, hellen Haus mit dem grünen Fachwerk, denn er war der Sohn des Besitzers dieses Restaurants, das seit 1926 in der Familie ist. Mit sechzehn Jahren begann er seine Ausbildung im Savoy in Brüssel. Er lernte Englisch in Cleethorpes und setzte seine Ausbildung im Le Moulin Hideux fort; in Paris folgten das Grand Véfour unter Raymond Olivier und das La Tour d'Argent. 1961, nach seiner Heimkehr nach Belgien, leitete er einen Monat die Küchen im Belvédère für Prinz Albert, den Bruder des Königs. Dann kehrte er ins Comme chez Soi zurück und übernahm nach und nach das Kochen. 1966 erhielt das Restaurant seinen zweiten Michelin-Stern.*

Nach dem Tod seines Vaters im Jahre 1973 übernahmen Pierre und seine Frau Marie-Thérèse, die den Speisesaal leitet, das Lokal. Das Restaurant »hat immer den lockeren Stil eines Bistros gehabt«, sagt der Eigentümer; heute präsentiert es sich im Art-Noveau-Stil von Victor Horta. Pierre Wynants hat zur Erinnerung an seinen Vater und seinen Großvater eine Geschichte des Restaurants veröffentlicht und 1985 auch eine Sammlung seiner eigenen Rezepte. Seine Küche könnte man als herzhaft beschreiben, als belgische Interpretation der französischen nouvelle cuisine. *Er beschreibt sie als »so natürlich wie möglich, mit einem Minimum an Grundsaucen aus der klassischen Küche und einem Maximum an lokalen Produkten«. Er macht sich nichts aus grell zur Schau gestellter Gastlichkeit, sondern hat Freude daran, »einen Hauch von persönlicher Originalität« zu vermitteln – was seit 1979 durch drei Michelin-Sterne und seit 1988 durch vier Kochmützen von Gault Millau seine Anerkennung findet.*

MENU

ROUGETS BARBETS AU COULIS DE TOMATES
ET FEVES DE MARAIS

Rotbarben mit Tomatensauce und dicken Bohnen

JARDINIERE D'AILES DE CAILLES,
FINE CREME DE BOIS

Gartenstrauß mit Wachteln und feiner Waldcreme

L'EMINCE DE POIRE CARAMELISEE EN
FEUILLETTE, SAUCE AUX PISTACHES

Blätterteig mit karamelisierten Birnen und Pistaziensauce

ROUGETS BARBETS AU COULIS DE TOMATES ET FEVES DE MARAIS

Rotbarben mit Tomatensauce und dicken Bohnen

Für vier Personen

500 g Rotbarbenfilets; Sie brauchen 3–4 Filets pro Person; lassen Sie von Ihrem Fischhändler die Haut gut abschuppen, aber nicht entfernen
2 kleine, leuchtend rote, frische Tomaten
4 Stangen Spargel, am besten Machline, nicht zu dick, geschält (außerhalb der Saison können Sie ersatzweise Aubergine oder Gurke verwenden)
Salz und frisch gemahlener schwarzer Pfeffer
80 g dicke Bohnen, enthülst
Eine Prise getrocknetes Bohnenkraut
100 ml weißer Geflügelfond, gut gewürzt (Seite 96)
4 kleine Frühlingszwiebeln
12 Schnittlauchhalme
30 g Butter
Einige Zweige Kerbel oder andere Gartenkräuter zum Garnieren

Für die Tomatensauce

400 g große, leuchtend rote, frische Tomaten (geben Sie 1 TL Tomatenmark zu, wenn die Tomaten nicht rot genug sind)
30 g rote Paprikaschote, grob gehackt
40 g Zwiebeln, grob gehackt
50 g Weißes vom Lauch
175 ml weißer Geflügelfond (Seite 96)
2 kleine Knoblauchzehen, fein gehackt
1 Zweig Thymian
1 Lorbeerblatt
2 TL Koriandersamen, zerdrückt

Vorbereiten der Gemüse

Die kleinen Tomaten 10 Sekunden blanchieren, häuten, halbieren und entkernen. In einer kleinen, feuerfesten Form beiseite stellen.
Die Spargelstangen in Salzwasser 10 Minuten kochen: sie sollen noch Biß haben. Dann in 5 mm große Würfel schneiden. Die dicken Bohnen mit dem Bohnenkraut 8–10 Minuten in Salzwasser kochen und abgießen. 100 ml Geflügelfond erhitzen und die Bohnen hineingeben. Im Mixer pürieren, dann durch ein feines Sieb streichen und würzen.

Zubereiten der Sauce

Die großen Tomaten blanchieren und häuten, dann vierteln und mit der gehackten Paprikaschote, Zwiebel und Lauch in einen Topf geben. Den Geflügelfond angießen. Knoblauch, Thymian und Lorbeerblatt zugeben und zum Kochen bringen. Bei sehr geringer Hitze 20 Minuten köcheln lassen. Thymianzweig und Lorbeerblatt herausnehmen, alles andere im Mixer pürieren und wieder in den Topf geben. Die Koriandersamen zufügen und bei geringer Hitze 5 Minuten ziehen lassen (wenn die Farbe zu blaß ist, jetzt das Tomatenmark zugeben), alles durch ein feines Sieb streichen. Mit Salz und Pfeffer würzen. Wenn die Sauce zu dick ist, verdünnen Sie sie mit ein wenig Wasser.

Zusammenstellen der Garnitur

Die Frühlingszwiebeln auf einheitliche Länge schneiden (6–7 cm). In den grünen Teil so viele schmale Längsschnitte machen wie möglich. ½ Stunde vor dem Servieren in kaltes Wasser legen, so daß sich das Grüne wie eine Quaste öffnet.
Schnittlauchhalme ebenfalls in 7 cm lange Stücke schneiden und in dasselbe Wasser legen.

Zubereiten des Fisches

Die Tomatensauce und das Bohnenpüree erhitzen. Die Fischfilets gut trockentupfen und die Butter in einer beschichteten Pfanne (falls nötig, zwei Pfannen verwenden) erhitzen, bis sie lichtbraun ist. Den Fisch rasch auf jeder Seite 1 Minute braten; die Haut sollte leicht Farbe annehmen. Würzen und warm stellen. In einem auf 200° C, Gas Stufe 6, erhitzten Ofen die kleinen Tomatenhälften 1 Minute erwärmen. Sie sollen nur warm werden, müssen aber roh bleiben.

Anrichten

Die Spargelwürfel in dem Bohnenpüree erhitzen und mit ein wenig von dem Püree in die Tomaten füllen. Die Frühlingszwiebeln abtropfen lassen und mit der Basis nach unten in das Bohnenpüree stecken. Die trockengetupften Schnittlauchstücke zugeben. Auf einer Seite des Tellers arrangieren.
Die Fischfilets fächerförmig ausbreiten. Etwas Bohnenpüree rings um die Tomate und Tomatensauce zwischen die Fischfilets löffeln. Mit einem Kerbelzweig garnieren. Sehr heiß servieren, die restliche Tomatensauce in einer Sauciere dazu reichen.

Mein Weinvorschlag: Sancerre »Clos du Chêne Marchand« von B. Bailly-Reverdy; wählen Sie einen jungen Jahrgang – seine delikate Fruchtigkeit paßt gut zur Frische dieses Gerichts.

Jardiniere d'Ailes de Cailles, Fine Creme des Bois

Gartenstrauß mit Wachteln und feiner Waldcreme

Für vier Personen

6 große Wachteln
30 g Butter
Salz und frisch gemahlener schwarzer Pfeffer
Ihre Auswahl aus: Broccoli- oder Blumenkohlröschen, grünen Bohnen, Spargelstangen, Zucchinischeiben, jungen Karotten, neuen Kartoffeln, Zuckerschoten und Erbsen

Für die Morchelcreme

100 g frische Morcheln
10 g Butter
200 ml brauner Geflügelfond (Seite 57)
150 ml Sahne
100 ml Trüffelsaft
60 ml brauner Kalbsfond (Seite 178)

Die Wachteln in rohem Zustand zerlegen. Die Schenkel abtrennen und die Flügel zusammen mit den Brüsten von der Karkasse lösen.

Vorbereiten des Gemüsestraußes

Kleine Sträuße aus Broccoli- oder Blumenkohlröschen zusammenstellen. Grüne Bohnen oder Spargelstangen auf einheitliche Länge schneiden. Wenn Sie kein junges Gemüse bekommen können, schneiden Sie ältere auf eine einheitliche Größe und Form zurecht (man nennt das Tournieren); achten Sie darauf, daß die Gemüse, die Sie auswählen, geschmacklich und farblich harmonieren.

Zubereiten der Morchel-Trüffel-Creme

Alle erdigen Teile von den frischen Morcheln abschneiden, die Morcheln waschen. Halbieren und auf einem Tuch abtropfen lassen. Dann zerschneiden, die Stiele in lange, schmale Streifen, die Köpfe in größere Stücke.
Bei mittlerer Hitze die Butter zerlassen und die Morcheln hineingeben. Unter ständigem Rühren 2 Minuten anschwitzen. Geflügelfond zugeben, zum Kochen bringen und 5 Minuten leise köcheln lassen. Durch ein feines Sieb geben, die Morcheln beiseite stellen, die Flüssigkeit wieder auf die Kochstelle setzen. Um zwei Drittel einkochen lassen. Die Sahne zugeben und erneut auf die Hälfte reduzieren. Die Morcheln wieder in den Topf geben, den Trüffelsaft und 30 ml braunen Kalbsfond angießen, nach Geschmack würzen und warm stellen.

Zubereiten der Wachteln

Einen breiten, flachen Topf auf ziemlich starke Hitze stellen und die Butter hellbraun werden lassen. Die Wachtelstücke mit der Hautseite nach unten hineinlegen. Bräunen lassen und mit etwas Salz und Pfeffer würzen. Dann wenden und erneut würzen. Die Hitze etwas herunterschalten und 4–5 Minuten weiterbraten. Die Schenkelstücke sind 1 Minute vor den Bruststücken gar. Aus dem Topf nehmen und warm stellen. Den restlichen braunen Kalbsfond in den Topf geben und den Bodensatz damit ablöschen. Die so erhaltene Flüssigkeit zu der Morchelcreme geben, ebenfalls den inzwischen aus den warmgestellten Wachtelstükken ausgetretenen Fleischsaft zufügen. Inzwischen die Gemüse dünsten – alle sollten knackig bleiben.

Anrichten

Die Morchelcreme in die Mitte der Teller gießen. Im Restaurant servieren wir auf den Gemüsen nur die Brüste, damit die Teller nicht überfüllt sind, und reichen die Schenkel im Anschluß daran.

Mein Weinvorschlag: Crozes-Hermitage, Domaine de Thalabert von Paul Jaboulet Aîné – ein großer, reifer Wein mit langem Abklang, würzig und samtig.

Anmerkung: Wachteln gibt es in sehr unterschiedlichen Größen. In Frankreich werden Sie wesentlich größere finden als in Italien oder Großbritannien, wo die Vögel etwa 100 g wiegen. Wenn Sie keine so großen Wachteln haben, könnten Sie acht kleinere nehmen.

L'EMINCE DE POIRE CARAMELISEE EN FEUILLETTE, SAUCE AUX PISTACHES

Blätterteig mit karamelisierten Birnen und Pistaziensauce

Für vier Personen

2 reife Birnen
50 g geschälte Pistazien
etwa 120 g Zucker
2 EL Wasser
½ Zitrone
180 g fertiger Blätterteig
4 Minzeblätter (duftend, wenn möglich)

Für die Sauce

250 ml Milch
2 große Eigelb
40 g Zucker
Einige Tropfen Bittermandelöl

In einem kleinen Topf 300 ml Wasser zum Kochen bringen und die geschälten Pistazien hineingeben. 2 Minuten blanchieren, abgießen und in kaltem Wasser abschrecken. Abtropfen lassen, in einem Tuch trocknen und die Häute abziehen. Auf ein Backblech legen und bei 200° C, Gas Stufe 6 (oder mehr), etwa 2 Minuten backen; sie müssen vollkommen trocken und ganz leicht geröstet sein.

Zubereiten der Sauce

Die Milch nur kurz aufkochen lassen. Die Eigelb in eine Rührschüssel geben, den Zucker zugeben und schlagen, bis die Mischung weiß und dick wird. Unter ständigem Rühren die heiße Milch nach und nach angießen.
Die Milch wieder in den Topf geben und bei geringer Hitze mit einem Holzlöffel ständig rühren, so lange, bis die Sauce den Rücken des Löffels überzieht. Durch ein feines Sieb geben und abkühlen lassen; dabei gelegentlich umrühren. Dann wenige Tropfen Mandelöl zugeben; dieser Geschmack sollte nicht zu sehr dominieren.

Zubereiten des Sirups

In einem ganz kleinen Topf 2 EL Wasser und 10 g Zukker erhitzen, bis der Zucker sich auflöst, abkühlen lassen und den Zitronensaft zugeben.

Herstellen der Teigquadrate

Auf einer leicht bemehlten Fläche den Blätterteig zu einem 3 mm dicken Quadrat ausrollen und dann in vier Quadrate von 6–7 cm Seitenlänge schneiden. Ein Backblech kalt abspülen und die Quadrate darauflegen. Bei 200° C, Gas Stufe 6, etwa 15 Minuten bakken, bis sie aufgegangen und golden sind.

Karamelisieren der Birnen

Die Birnen schälen, halbieren, die Stengel abschneiden. Mit einem Teelöffel das Kerngehäuse entfernen, die Birnenhälften schräg 5- bis 6mal einschneiden. Auf ein Backblech legen und leicht ausfächern, so daß die Scheiben sich ein wenig überlappen. Mit dem vorbereiteten Sirup einpinseln (so werden sie glänzend und verfärben sich auch nicht). 1 EL Zucker über jede Birnenhälfte streuen und dafür sorgen, daß er gleichmäßig verteilt ist.
Unter einem sehr heißen Grill die Zuckerschicht karamelisieren.

Fertigstellen der Blätterteigschnitten

Die Teigquadrate aus dem Ofen nehmen und horizontal halbieren. Mit einer Gabel den nicht gegarten Teig von den Innenseiten abkratzen, dann die Teigquadrate mit den Innenseiten nach oben nochmals 2–3 Minuten in den Ofen stellen, bis sie knusprig und goldbraun sind.
Die Teigquadrate in die Mitte vorgewärmter Dessertteller legen. Mit einem Palettmesser die Birnenhälften diagonal darauf anrichten. Halb mit dem Teigdekkel bedecken. Die Creme rings um die Teigplatten verteilen und mit Pistazien bestreuen. Mit einem Blatt Minze garnieren und sofort servieren.

Mein Weinvorschlag: Clos Labère Sauternes, Société du Château Rieussec, ein schöner junger Jahrgang, fein, zart und elegant, harmoniert er vollkommen mit diesem Dessert.

Pierre Fontaine

Le Bruegel

Damse Vaart Zuid 26, 8350 Oostkerke Damme, Belgien, Telefon: 0032-50-500346

»Ich glaube, ich habe meine kulinarische Begabung von meiner Mutter geerbt. Wenn ich ihr zuschaute, wünschte ich mir, Koch zu werden. Ebenso beeinflußt wurde ich von meinem Vater, der zwei Generationen lang vom Speisezimmer aus die Tradition verteidigte.« Pierre Fontaine absolvierte seine Lehrzeit in Belgien. Er und seine Frau Cécile, die eine aufmerksame Gastgeberin ist, besitzen das Le Bruegel seit 1963. Es ist ein kleines Restaurant, in dem höchstens fünfunddreißig Gäste Platz finden, und bis ins Detail in flämischem Stil gehalten. Es liegt so nahe bei Damme, daß man die Glocken des viereckigen Turms schlagen hören kann. Die flache Landschaft ist eindrucksvoll: eine Szene aus miteinander verbundenen Kanälen und unendlichen Reihen von Pappeln. Das saubere weiße Haus mit seinen beschnittenen Hecken und seinem Garten thront in einer Ecke neben einer Brücke und einer Schleuse an dem Kanal, der Bruges mit der Küste verbindet. Auch die Küche im Bruegel ist eindrucksvoll. »Jeder Koch ist ganz wesentlich ein Individualist«, sagt Pierre Fontaine. »Das ist der wirkliche Grund, warum man den Beruf wählt. Jeden Tag habe ich die Möglichkeit, ewas Neues zu kreieren oder etwas Bestehendes abzuwandeln. Es ist die magische Seite dieses Berufes, daß er einem gestattet, sich immer wieder selbst zu übertreffen.« Der erste Michelin-Stern, ein »Augenblick des Stolzes«, wurde ihm 1973 verliehen, der zweite folgte 1978. Er definiert seinen eigenen Stil als »kreative Küche, die trotzdem gewissenhaft die klassische Grundlage respektiert, die meine Meister mich gelehrt haben. Ich habe die größte Hochachtung vor den Produkten meines Landes und räume dementsprechend den Erzeugnissen der hiesigen Bauernhöfe Vorrang ein.«

MENU

FILET DE BARBUE BRAISE AUX WITLOOF
Gebratene Glattbuttfilets mit Chicorée

BECASSINE ROTIE AU CHOU VERT, COULIS DE TRUFFES ET POMME LIARD
Gebratene Sumpfschnepfe mit Kohl, Trüffelsauce und Kartoffelscheiben

MARQUISE AU CHOCOLAT AVEC CREME AU CAFE ET CARAMEL
Schokoladenmousse mit Kaffee-Karamel-Creme

Filet de barbue braisé aux witloof

Filet de Barbue Braise aux Witloof

Gebratene Glattbuttfilets mit Chicorée

Für vier Personen

4 Glattbuttfilets von je 150–175 g
8 feste Chicoréestangen
60 g Butter
Frisch geriebene Muskatnuß
Salz und frisch gemahlener schwarzer Pfeffer
4 Tomaten
120 ml Weißwein, Coteaux Champenois
oder der Ladoix, der zum Essen serviert wird
2 EL Fischfumet (Seite 161)
250 ml Sahne
1 Eigelb

Die Chicoréestangen in dünne Ringe schneiden. 30 g Butter zerlassen und sie darin anschwitzen, ohne daß sie viel Farbe annehmen. Mit etwas Muskat, Salz und Pfeffer würzen. Die Tomaten nacheinander 10 Sekunden in kochendes Wasser legen. Häuten und vierteln, Kerne und Saft entfernen. Weißwein und Fischfond in einen kleinen Topf geben und auf 60 ml einkochen. Die Hälfte der Sahne zugeben und leicht eindicken lassen. Abschmecken. Die restliche Sahne schlagen und zusammen mit dem Eigelb zugeben und durchwärmen. Von diesem Punkt an darf die Mischung nicht mehr kochen.
Inzwischen die Glattbuttfilets von beiden Seiten würzen und in der restlichen Butter braten, ohne sie braun werden zu lassen. Zum Servieren Chicorée auf vier Teller verteilen. Auf jeden Teller ein Glattbuttfilet legen und mit der Sauce überziehen. Die Tomatenviertel um den Fisch arrangieren. Im Ofen bei 220° C, Gas Stufe 7, 30 Sekunden gratinieren.

Mein Weinvorschlag: Ladoix »Les Grechons«, Domaine Michel Mallard; einer der großen weißen Burgunder, der einen guten Kontrast zu der leichten Bitterkeit des Chicorées bietet.

Becassine Rotie au Chou Vert, Coulis de Truffes et Pomme Liard

Gebratene Sumpfschnepfe mit Kohl, Trüffelsauce und Kartoffelscheiben

Für vier Personen

8 Sumpfschnepfen
1 kleiner Grühnkohl, geputzt etwa 400 g
250 g Bauernbutter
Frisch geriebene Muskatnuß
120 ml weißer Geflügelfond (Seite 96)

Für die Trüffelsauce

120 ml roter Portwein
1 EL Trüffelsaft
75 ml gut reduzierter brauner Kalbsfond (Seite 178)
30 g Trüffeln, fein gehackt

Für die Kartoffelscheiben

2 Kartoffeln von je 200 g, vorzugsweise Bintjes
2 EL Gänseschmalz

Vorbereiten der Gemüse

Den Kohl in feine Streifen schneiden und in reichlich kochendem Salzwasser 5 Minuten blanchieren. In einem großen Topf 100 g Butter zerlassen, den Kohl hineingeben, mit Salz, Pfeffer und Muskat würzen und den Fond angießen. Den Topf zudecken und 30–45 Minuten leise köcheln lassen.
Die Kartoffeln zu großen, extra langen Zylindern zurechtschneiden und dann in Scheiben von der Dicke eines 5-Mark-Stücks schneiden. In einer Pfanne das Gänseschmalz erhitzen und die Kartoffelscheiben hineingeben. Gut wenden, damit sie von allen Seiten mit dem Fett überzogen sind. Dann die Pfanne mit den Kartoffeln gleichzeitig mit den Schnepfen in den 180° C, Gas Stufe 4, heißen Ofen geben und fertig braten.
Die Schnepfen mit 60 g Butter einfetten und gut würzen. Im Ofen 10 – höchstens 12 – Minuten braten, dabei häufig begießen.

Zubereiten der Sauce

Den Portwein in einen kleinen Topf geben und auf 60 ml einkochen lassen. Trüffelsaft und klaren Kalbsfond zugeben, mit etwas Salz und Pfeffer würzen. 5 Minuten kochen lassen. Die Sauce andicken, indem Sie die restliche Butter unterrühren, immer wenige Würfel auf einmal; neue zugeben, ehe die letzten ganz geschmolzen sind, damit die Sauce cremig wird.
Feingehackte Trüffeln zugeben.

Anrichten

Den abgetropften Kohl auf vorgewärmten Tellern halbmondförmig in der unteren Hälfte anrichten, eine kleine Menge gegenüber auf die obere Hälfte der Teller geben. Auf jeden Teller zwei Schnepfen legen, mit den Köpfen zu dem Kohl gewandt, und leicht mit der Trüffelsauce überziehen. Mit den knusprigen Kartoffelscheiben garnieren.

Mein Weinvorschlag: Ein Rotwein aus der Pomerolregion – ein Wein, in dem man häufig einen Hauch von Trüffeln entdecken kann, beispielsweise Château La Conseillante, Château L'Evangile, Château Trotanoy oder Château Petrus.

Marquise au Chocolat avec Creme au Cafe et Caramel

Schokoladenmousse mit Kaffee-Karamel-Creme

Für sechs Personen

250 g Butter
250 g Puderzucker, gesiebt
120 g Kochschokolade
3 Eigelb
60 ml Kirschwasser
1 EL geriebene, frische Kokosnuß
1 Vanilleschote
3 Eiweiß
24 Schokoladenkaffeebohnen zum Garnieren

Für die Kaffee-Karamel-Creme

250 ml Milch
200 ml sehr starker, frisch aufgebrühter Kaffee
3 Eigelb
1 EL Karamelsauce (siehe rechts)

Die Butter, die Zimmertemperatur haben sollte, in kleine Stücke schneiden und dann in einer Rührschüssel mit dem Puderzucker verrühren. Die zerbrochene Schokolade in einem *bain-marie* schmelzen. Gut rühren, darauf achten, daß sie nicht zu heiß ist, und unter Butter und Zucker rühren. Die Eigelb, Kirschwasser und Kokosnuß zugeben und untermischen. Die Vanilleschote längs spalten und das Mark herauskratzen. In die Mischung geben.
Die Eiweiß steif schlagen. Zuerst nur einen kleinen Teil des Eischnees unterrühren, um die Mousse leichter zu machen, dann den Rest vorsichtig unterheben. Eine rechteckige Backform von 850 ml Inhalt – sie sollte lang und schmal sein – einfetten und die Mousse hineinlöffeln. 3–4 Stunden kalt stellen.

Zubereiten der Kaffee-Karamel-Creme

Milch und Kaffee in einen Topf geben und zum Kochen bringen. Die Eigelb verquirlen und dann unter ständigem Rühren die kochende Flüssigkeit darübergießen. Zurück in den Topf geben (oder über ein Wasserbad) und bei geringer Hitze unter ständigem Rühren leicht andicken lassen, bis die Creme den Rücken eines Löffels überzieht. Von der Wärmequelle nehmen und einen großen Löffel Karamelsauce zugeben. Erkalten lassen.

Anrichten

Mit einem Messer auf der Innenseite der Form entlangfahren, die Schokoladenmousse stürzen. In Scheiben schneiden – zwölf, wenn Sie eine schmale Form benutzt haben. Auf jeden Teller etwas von der Creme löffeln und die Scheiben darauf anrichten. An vier Ecken mit Schokoladenkaffeebohnen garnieren. Da dies eine Komposition in Brauntönen ist, geben wir im Restaurant noch andere Farben und Formen dazu – Minzeblätter natürlich, grob gemahlene kandierte Rosenblütenblätter, kleine Häufchen von mit Zucker vermischter geriebener Orangenschale, geröstete Mandelblättchen und etwas von den Kokosraspeln, die auch in der Mousse sind.

Mein Weinvorschlag: Ein rosa Champagner erfrischt Ihren herausgeforderten Gaumen und gibt dem Tisch auch zusätzliche Farbe; ich schlage Ihnen einen Dom Ruinart vor.

Karamelsauce

250 g Zucker
2–3 EL Wasser

In einem kleinen Topf mit schwerem Boden Zucker und Wasser kochen, bis der Zucker karamelfarben wird. Sofort vom Feuer nehmen und 120 ml Wasser angießen. Wieder zum Kochen bringen, Karamel durch Umrühren auflösen, dann abkühlen lassen.

Bécassine rôtie aux chou vert, coulis de truffes et pomme liard im Le Bruegel

Marquise au chocolat avec crème au café et caramel im Le Bruegel

Cas Spijkers

DE SWAEN

De Lind 47, 5061 HT Oisterwijk, Niederlande, Telefon: 0031-4242-19006

»Koche mit Leib und Seele, sei eins mit den Produkten, die du verwendest. Sei Meister deiner Technik. Aber denke auch daran, daß es keinen einzelnen, bestimmten Augenblick gibt, in dem ein Koch seinen Höhepunkt erreicht.« Diese Prinzipien stehen hinter einer kulinarischen Renaissance im Süden Hollands, die von Cas Spijkers initiiert wurde. Sein Vater war Schneidermeister, und das Speisen in guten Restaurants war ein Steckenpferd der Familie. Sein Vater unterstützte ihn bei der Auswahl der besten Küchen für seine Ausbildung: das Chalet Royal, das Prinses Juliana Hotel und das Hotel Negresco in Nizza. 1976 wurde Cas Spijkers schlagartig berühmt, als er den höchsten Preis der Niederlande gewann, den Chef's Silver Cap.

1978 trat er als Chefkoch in das neue Team des De Swaen ein und errang innerhalb von drei Jahren einen Michelin-Stern. Ein Buch folgte, Cas Spijkers en De Swaen. *Das De Swaen, ein weißes Gebäude mit vielen Fenstern und einer langen Loggia, hat seine eigene Bäckerei und räuchert selbst Fisch, Fleisch und Wild. Cas Spijkers ist ein großer Mann mit riesigen Händen – seine Küche ist für ihre leichten, subtilen Geschmacksnuancen bekannt. 1983 bekam er einen zweiten Michelin-Stern verliehen. »Kochen ist die höchste Form der Selbstbeherrschung, beginnend mit der Kunst, jeden Tag mit dem Besten, das der Markt zu bieten hat, nach Hause zu kommen«, sagt er. »Wenn er sich seine Rohmaterialien genau ansieht, spielt sich im Koch etwas ab: Das ist die Inspiration!« Sein Vorbild ist Alain Chapel, »weil er seine Gerichte auf das Wesentliche beschränkt – eine so durchdachte, so wunderbar schlichte Küche. Die Dinge in ihrer Essenz so lassen, wie sie sind: natürlich. Die meisten Köche tun zuviel oder zuwenig«.*

MENU

TURBOT FARCI D'HUITRES AU MARCHAND
DU VIN ROUGE

Steinbutt mit Austernfüllung und Rotweinsauce

PALETTE DE CANARD A LA SAUGE

Ente mit Salbei

PECHE BLANCHE POCHEE DE SAUTERNES, MOUSSE
D'AMANDE ET COMPOTE DE FRAMBOISES

Weiße Pfirsiche, pochiert in Sauternes,
mit Mandelmousse und Himbeerkompott

Turbot Farci d'Huitres au Marchand du Vin Rouge

Steinbutt mit Austernfüllung und Rotweinsauce

Für vier Personen

4 Steinbuttfilets, zusammen 500 g, von einem Fisch von etwa 1 kg Gewicht
1 Eiweiß
4 Austern
30 g Butter
Salz und frisch gemahlener weißer Pfeffer
150 ml Sahne

Für die Rotweinsauce

500 g Gräten und Kopf des Steinbutts
500 g Geflügelkarkasse, zerkleinert
1 Flasche Mas de Gourgonnier (75 cl)
1 Zwiebel, grob gehackt
1 Lauchstange (nur das Weiße), grob gehackt
1 Karotte, grob gehackt
1 Thymianzweig
2 Lorbeerblätter
1 TL Pfeilwurz oder Stärkemehl

Für die Gemüsegarnitur

Ihre Auswahl aus Spargelspitzen, frisch enthülsten Erbsen und gewürfeltem Tomatenfleisch als Farbklecks

Füllen des Steinbutts

Die Steinbuttfilets enthäuten: Mit der Hautseite nach unten legen, den Schwanz mit eingesalzenen Fingern festhalten und mit einem Messer das Fleisch ablösen. Vier Portionen von je 100 g schneiden. Jedes Filet der Länge nach in zwei möglichst dünne Scheiben schneiden.

Für die Füllung die Abschnitte des Steinbutts mit dem Eiweiß verrühren und 60 ml Sahne untermischen. Die Masse durch ein Sieb streichen. Mit einem Spritzbeutel auf vier Steinbuttfilets je einen Streifen Füllung drücken.

Die Austern öffnen; ein Messer zwischen die Schalenhälften schieben und das Fleisch herausnehmen. Eine Auster auf jedes der vier farcierten Filets legen, darauf 7 g Butter geben. Mit einer zweiten Filetscheibe bedecken und diese leicht andrücken, so daß saubere Sandwiches entstehen. Die Steinbuttfilets auf den eingefetteten Einsatz eines Dampfkochtopfes legen und mit Salz und Pfeffer würzen.

Zubereiten der Rotweinsauce

Fischgräten und -kopf unter fließendem Wasser waschen. Abtropfen lassen und mit der Geflügelkarkasse in einen Topf geben, mit dem Rotwein bedekken. Langsam zum Kochen bringen und alle aufsteigenden Unreinheiten abschöpfen. Die würzenden Gemüse und Kräuter zugeben, den Topf zudecken. 1½ Stunden leise köcheln lassen, die Gräten und Gemüse ausseihen und die Flüssigkeit durch ein mit Mull ausgelegtes Sieb in einen sauberen Topf gießen. Zum Kochen bringen: Sie sollten etwa 175 ml Flüssigkeit haben.

Pfeilwurz mit etwas Wasser verrühren und in die Flüssigkeit geben; langsam wieder zum Kochen bringen und rühren, bis die Mischung leicht angedickt ist. Nach Geschmack würzen. Nach Bedarf wieder erhitzen; lassen Sie ab jetzt diese Sauce aber nicht mehr zu lange köcheln, da Pfeilwurz bei längerem Kochen seine Bindefähigkeit wieder verlieren kann.

Vorbereiten der Gemüse

Dünsten Sie die von Ihnen gewählten Gemüse und richten Sie es so ein, daß diese fertig sind, wenn der Fisch gar ist.

Spargelspitzen können Sie auf einem Einsatz dämpfen; die Erbsen brauchen einen flachen Behälter; rechnen Sie mit 20–25 Minuten. Geben Sie das gehackte Tomatenfleisch 1–2 Minuten vor Ende der Garzeit zu, damit es heiß wird, ohne seine Konsistenz zu verlieren.

Inzwischen den Fisch in einem geschlossenen Dampftopf 5 Minuten dünsten.

Anrichten

Je ein gefülltes Steinbuttfilet auf den vorgewärmten Tellern anrichten und mit der Rotweinsauce umgeben. Die Gemüse, ohne sie zu vermischen, ringsum arrangieren und jeden Teller mit einem Löffel geschlagener Sahne garnieren – als Farbkontrast zur Hauptsauce.

Mein Weinvorschlag: Chinon »Clos de l'Echo« Couly Dutheil 1983: ein feiner, frisch-fruchtiger Loire-Wein, der zu Fisch in einer Rotweinsauce paßt, oder ein weißer Hermitage.

Palette de Canard a la Sauge

Ente mit Salbei

Für vier Personen

4 Barbarie-Enten (Innereien aufheben)
60 g Entenleber
70 g Butter
Salz und frisch gemahlener schwarzer Pfeffer
4 schöne Wirsingblätter
2 Schalotten, fein gehackt
2 Knoblauchzehen, zerdrückt
200 ml Trüffelsaft
1 TL Armagnac
4 dünne Streifen aus einer langen Lauchstange
400 g kleine, gekochte weiße Rübchen, erhitzt in
100 ml Sahne
200 g Pfifferlinge, gebraten in
40 g Butter
20 g Trüffeln, in Scheiben geschnitten

Für die Rotweinsauce

1 Zwiebel, 1 Lauchstange und 1 Karotte, fein gehackt
2 Fleischtomaten, gehackt
1 Flasche Mas de Gourgonnier (75 cl)
200 g Pilze
100 ml braune Geflügelbrühe (Seite 57)
2 Salbeiblätter
¼ Sellerieknolle, fein gehackt
1 Zweig Thymian
1 Lorbeerblatt

Für die Bierpfannkuchen

120 g Mehl
5 Eier
120 ml Pilsner
300 ml Milch
65 g zerlassene Butter zum Braten

Mägen, Herzen und Lebern aufbewahren. Die Enten innen salzen und bei geringstmöglicher Ofenhitze (60° C) 10 Stunden braten. Dann die Enten auf der Seite liegend auf einer Platte im Kühlschrank kalt stellen. Den Bratensaft beiseite stellen; die Beine abschneiden (sie werden in diesem Rezept nicht verwendet) und die Brustfilets auslösen.

Zubereiten der Rotweinsauce

Die gehackten Karkassen in einer Bratform im Ofen mit den Gemüsen bei 180° C, Gas Stufe 4, anbräunen. Die Tomaten zugeben. In einen Topf umfüllen, den Satz in der Bratform mit dem Rotwein ablöschen. Die Pilze, Salbeiblätter, Sellerie, Thymian, Lorbeerblatt und Pfeffer zugeben und zugedeckt 4 Stunden simmern lassen.

Vorbereiten der Kohlpäckchen

Die Mägen aufschneiden, säubern und häuten. Die Herzen öffnen und waschen. In Brühe simmern, bis sie weich sind – etwa 1 Stunde. Inzwischen alle fünf Lebern säubern und in kleine Stücke schneiden. Gut würzen und in Butter braten, bis sie weich sind. Die Wirsingblätter 1 Minute blanchieren, auf einem Tuch abtropfen lassen und die harten Rippen herausschneiden. Herzen und Mägen abtropfen lassen und wie die Lebern hacken. Alles vermischen, auf die vier Kohlblätter verteilen und diese zu Päckchen rollen.

Zubereiten des Entenflügelragouts

Die Flügel in 40 g Butter in einer Kasserolle braun braten. Schalotten, Knoblauch, Trüffelsaft und Armagnac zugeben. Durch ein Sieb Rotweinsauce angießen (etwas davon zum Servieren zurückbehalten), bis alles bedeckt ist; dabei den Inhalt des Siebes gut ausdrücken. Zudecken und im Ofen bei 180° C, Gas Stufe 4, 20 Minuten garen, bis sie weich sind.
Dann die Entenflügel herausnehmen und alles Fleisch von den Knochen lösen; fein hacken. Alles Fett von der Sauce abschöpfen und diese einkochen lassen, bis sie dick ist; dann den beiseite gestellten Bratensaft der Ente zugeben und das Fleisch der Flügel wieder zugeben.

Zubereiten der Bierpfannkuchen

Die Zutaten für den Teig vermischen. In einer kleinen Pfanne in Butter vier dünne Pfannkuchen aus jeweils etwa 1½ EL Teig braten.
Das Ragout darauf verteilen. Die Ränder hochziehen und mit den Lauchstreifen zusammenbinden.
Die Rübchen und die Pfifferlinge garen.
Die Kohlpäckchen und die Teigtaschen auf ein gebuttertes Backblech legen. Die Entenbrüste häuten, das Brustfleisch in Streifen schneiden und zugeben. Im Ofen bei 190° C, Gas Stufe 5, 6 Minuten erhitzen. Die Haut in feine Streifen schneiden und in 30 g Butter knusprig braten.

Anrichten

Ein Kohlpäckchen, garniert mit Trüffelscheiben, auf jeden Teller legen, dazu eine Teigtasche und Streifen von den Entenbrüsten, garniert mit knuspriger Haut. Ringsum etwas erwärmte Rotweinsauce löffeln, die Rübchen und Pfifferlinge auf den Tellern anrichten.

Mein Weinvorschlag: La Romanée-St-Vivant, Marey Monge 1971, ein feiner, vollmundiger Wein.

Peche Blanche, Pochee de Sauternes, Mousse d'Amande et Compote de Framboise

Weiße Pfirsiche, pochiert in Sauternes, mit Mandelmousse und Himbeerkompott

Für vier Personen

4 weiße Pfirsiche
1 Flasche Sauternes (75 cl)
200 g Zucker
1 Vanilleschote
½ Zimtstange
Schnitze von 1 Orange
Schnitze von 1 Zitrone

Für die Mandelmousse

65 g Makronen
30 g Marzipan
45 ml heiße Milch
5 g Gelatine in Pulverform
2 EL Wasser
325 ml Schlagsahne
4 TL Cointreau

Für das Himbeerkompott

20 g Rosinen
1 EL Cointreau
150 g Himbeeren

Für die Garnitur aus Teigblättern

60 g Butter in Würfeln plus Butter zum Einfetten
85 g Zucker
75 g Eiweiß (von 2 großen Eiern)
60 g Mehl plus Mehl zum Bestäuben
Das Mark von ¼ Vanilleschote

Pochieren der Pfirsiche

Die Pfirsiche ganz kurz in kochendem Wasser blanchieren und häuten. Halbieren und die Kerne herausnehmen.
Sauternes, Zucker, Vanilleschote und Zimtstange mit den Zitrusschnitzen in einen Topf geben. Zum Kochen bringen und die Pfirsiche hineingeben. Zugedeckt simmern lassen, bis die Pfirsichhälften weich sind, was etwa 5–6 Minuten dauert, dann in der Flüssigkeit erkalten lassen.

Zubereiten der Mandelmousse

Makronen und Marzipan zerbröseln, in die heiße Milch geben und zu einer glatten Mischung verrühren. Die Gelatine in den 2 EL heißem Wasser in einer Tasse kurz einweichen und dann über heißem Wasser auflösen. In die Mischung rühren. Die Schüssel in eine größere stellen, die mit Eiswürfeln gefüllt ist, und rühren, bis die Mischung dick und kalt ist.
Die Sahne nicht zu steif schlagen und mit einem Spachtel vorsichtig unterheben. Mit Cointreau würzen. Vier Ramequins oder kleine Formen, die mindestens 120 ml fassen, oder eine große Form von 500 ml Inhalt mit Folie auslegen und dann mit der Mousse füllen. Kalt stellen.

Bereiten des Himbeerkompotts

Die Rosinen in Cointreau einweichen. Die Pfirsichhälften mit einer Schaumkelle aus dem Sauternes-Sirup nehmen und diesen zum Kochen bringen. Kochen lassen, bis die Menge auf ein Viertel reduziert ist. Die Himbeeren hineingeben und 2 Minuten simmern lassen. Erkalten lassen und dann die Rosinen zugeben.

Herstellen der Teigblätter

Nehmen Sie ein Stück Pappe von etwa 1 mm Dicke, zeichnen Sie darauf eine Blattform von etwa 10 cm Länge und schneiden Sie diese mit einem scharfen Messer heraus. Die Ränder des Ausschnitts sollen sauber und glatt sein und als Schablone dienen.
Alle Zutaten für den Teig in einer großen Schüssel vermischen; nicht zu kräftig rühren – Sie können auch den Mixer benutzen. Ein großes Backblech buttern und leicht mit Mehl bestäuben. Die Schablone darauflegen und mit einem Palettmesser die Blattform mit Teig füllen. Wiederholen Sie das viermal.
Die Biskuits im Ofen bei 200° C, Gas Stufe 6, 7–8 Minuten backen, bis sie hellbraun sind.
Nacheinander mit einem Spachtel oder einem Palettmesser vom Backblech nehmen und sofort um ein Nudelholz legen, damit sie eine attraktive, gerundete Blattform annehmen. Wenn sie fest geworden sind, auf einem Drahtgitter erkalten lassen und in einem luftdichten Behälter aufbewahren.

Anrichten

Die Mandelmousse aus den Formen nehmen, in Scheiben schneiden, falls Sie nur eine einzige große Form benutzt haben, und mit je einem abgetropften Pfirsich anrichten. Himbeer-Rosinen-Kompott auf eine Seite des Tellers löffeln, die andere Seite mit einem Teigblatt garnieren.

Mein Weinvorschlag: Château Raymond Lafon 1975; die Geschmacksnuancen von Pfirsichen und Himbeeren passen vollendet zu diesem sehr feinen Sauternes.

Tony Tintinger

CLAIREFONTAINE

9 Rue de Clairefontaine, L – 1341 Luxemburg, Telefon: 00352-462211

Tony Tintingers erster Kontakt mit der Welt der Küche war das Schreiben über Essen und nicht das Kochen. Er wurde in Pétange geboren, einer kleinen Stadt Südluxemburgs, studierte in Belgien und Deutschland und ließ sich dann in Frankfurt nieder, um eine Karriere als Journalist zu beginnen. Seine Sprachbegabung – er spricht sechs Sprachen – brachte ihn dazu, sich auf die Bereiche Reisen und Tourismus zu konzentrieren, und so lernte er Hotels und Küchen rund um die Welt kennen. Sein Interesse an letzteren nahm immer mehr zu und wurde angeregt durch den Umgang mit berühmten Küchenchefs, den er jetzt verstärkt suchte.

Mit seiner Frau Margot eröffnete er sein erstes kleines Lokal in Esch-sur-Alzette, als er fünfundzwanzig war. Zuerst schenkten sie nur Bier und Wein aus, doch bald führte er leichte Gerichte zu den Getränken ein, die er liebevoll zubereitete. Inzwischen hatte er sich vorgenommen, Koch zu werden, und ein Externenkurs an der Hotelfachschule und kurze Arbeitsaufenthalte bei einer Reihe großer Küchenchefs erweiterten seine Erfahrung. Voller Optimismus wandelte er 1975 sein kleines Bistro in ein Restaurant um. Im Jahr darauf konnte er für einige Wochen bei Roger Vergé in der Moulin de Mougins seine Kenntnisse vertiefen. Noch im selben Jahr wurde sein Restaurant als bestes seiner Heimatstadt anerkannt.

1984 konnte er endlich seinen Traum verwirklichen und in ein neues, luxuriös ausgestattetes Restaurant im Herzen der Hauptstadt umziehen, wo er eine treue Kundschaft von Bankiers, Ministern und Geschäftsleuten hat. Da viele regelmäßig kommen, wechseln die Tagesgerichte auf der Speisekarte häufig, und er ist spezialisiert auf leichte, kreative Mittagsgerichte für Liebhaber guten Essens.

MENU

DUO DE TURBOT ET DE SAUMON EN ROBE
VERTE AU BEURRE DE CIBOULETTE

Steinbutt und Lachs im grünen Mantel
mit Schnittlauchbutter

TOURNEDOS D'AGNEAU A L'ARDENNAISE

Tournedos vom Lamm nach Ardenner Art

GRATIN DE MANGUES ET DE PAPAYES

Mandel-Papaya-Gratin

Duo de Turbot et de Saumon en Robe Verte au Beurre de Ciboulette

Steinbutt und Lachs im grünen Mantel mit Schnittlauchbutter

Für vier Personen

400 g Steinbuttfilet
400 g Wildlachs von der gleichen Dicke wie die Steinbuttfilets
2 große, unbeschädigte Spinatblätter (oder Mangoldblätter)
1 Tomate, blanchiert, gehäutet und entkernt
Etwas geschmolzene Butter
1 Zucchini zum Garnieren (muß nicht sein)

Für die Schnittlauchbutter

85 ml Champagner
1 Schalotte
120 g kalte Butter, gewürfelt
50 ml Schlagsahne
60 ml crème double
Salz und frisch gemahlener schwarzer Pfeffer
1 Bund Schnittlauch, fein gehackt

Vorbereiten des Fisches

Aus den Fischfilets vier lange Dreiecke vom Steinbutt und die gleiche Anzahl vom Lachs schneiden. Die Dreiecke von beiden Fischen sollen aufeinandergelegt ein größeres, längliches Dreieck bilden. Die Spinat- oder Mangoldblätter blanchieren. Mit kochendem Wasser übergießen, abtropfen lassen und sofort in kaltem Wasser abschrecken. Herausnehmen und auf einem Geschirrtuch trockentupfen.
Je zwei Fischdreiecke (von jeder Sorte eines) auf ein halbes Spinatblatt legen und dieses um zwei Drittel des Fischs falten, so daß das spitze Ende eingehüllt ist und am breiten Ende rosa und weißer Fisch herausschaut.
Einen großen Dampftopf bereitstellen, der breit genug ist, um alle vier Päckchen aufzunehmen. Das Tomatenfleisch zu Diamantformen schneiden, um die Teller zu garnieren.

Zubereiten der Schnittlauchbutter

Den Champagner und die gehackte Schalotte in einen kleinen Topf geben und kochen, bis alle Flüssigkeit verdampft ist. Die *crème double* in den Topf geben und um die Hälfte einkochen lassen. Bei sehr geringer Hitze die kalten Butterwürfel nach und nach in die Sauce rühren; neue Würfel zugeben, ehe die letzten geschmolzen sind, damit die Sauce eine cremige Konsistenz erhält. Dann die Schlagsahne zugeben, was die Sauce leichter macht. Von diesem Punkt an darf sie nicht mehr kochen. Würzen und den gehackten Schnittlauch zugeben.
In der Zwischenzeit die Fischpäckchen in den oberen Teil des Dampftopfes geben, Deckel auflegen und 6–7 Minuten dünsten. Dann die Päckchen herausnehmen, auf Küchenkrepp abtropfen lassen, trokkentupfen.

Anrichten

Die grünen Päckchen auf vier vorgewärmte Teller legen, mit zerlassener Butter bepinseln, damit sie schön glänzen.
Etwas Sauce neben das breitere Ende des Fischdreiecks löffeln und auf der anderen Seite drei Diamantformen aus rotem Tomatenfleisch so arrangieren, daß sie auf das Dreieck weisen. Im Restaurant verwenden wir Zucchinischeiben, um einen »Fischschwanz« für das schmale Ende jedes Dreiecks herzustellen. Falls Sie ihn machen möchten, benutzen Sie Zucchini mittlerer Größe, die längs halbiert und auf etwa 1,5 cm Dicke zurechtgeschnitten werden. Aus jeder Hälfte eine Rautenform schneiden und diese längs mit Einschnitten versehen, um acht schmale Streifen zu bilden, die oben noch zusammenhängen. Jeden zweiten Streifen nach hinten falten und die anderen wie einen Fischschwanz auseinanderbreiten. Kurz im Ofen erhitzen.

Mein Weinvorschlag: Clos Koeppchen, ein Luxemburger Mosel-Riesling von Domaines Manthes, 1983 Commune de Wormeldange, einer der größten Weine Luxemburgs: golden in der Farbe, weich und zugleich spritzig mit langem Abgang.

Tournedos d'Agneau a l'Ardennaise

Tournedos vom Lamm nach Ardenner Art

Für vier Personen

1 Lammrücken von 1,4 kg, der entbeint und von allem Fett befreit 2 Lammfilets von 500 g ergibt
200 g Schweinenetz, in Wasser eingeweicht (Seite 165)
Salz und frisch gemahlener schwarzer Pfeffer
10 Scheiben geräucherter Schinkenspeck ohne Schwarte
15 g Butter
1 EL Öl

Für die Füllung

2 EL Petersilie
1 Knoblauchzehe, fein gehackt
2 EL Brösel von einem einen Tag alten Brötchen
1 EL Olivenöl
1 EL Dijon-Senf

Für die Sauce

1 Schalotte, gehackt
30 g Butter
1 EL Johannisbeeressig
75 ml vollmundiger Rotwein
250 ml Lammfond (Seite 164)
1 EL rosa Pfefferkörner
1 EL grüne Pfefferkörner

Für die Garnitur

150 g Tagliatelle
1 Prise Safranpulver
1 TL gehackte Trüffeln
4 Broccoli-Röschen
8 Blütenformen, aus Karottenscheiben geschnitten
Butter

Zubereiten der Filets

Jedes Filet der Länge nach zu zwei Dritteln durchschneiden. Petersilie, Knoblauch, Semmelbrösel und Öl vermischen. Die Innenseiten der Filets mit Pfeffer würzen, mit Senf bestreichen und die Füllung auftragen. Das Schweinenetz abtropfen lassen, gut trockentupfen und dann flach ausbreiten. Die Speckscheiben leicht überlappend so auf dem Schweinenetz auslegen, daß ein Rechteck von der Länge der Lammfilets entsteht. Die gefüllten Lammfilets zusammenklappen und nebeneinander so auf den Speck legen (mit dem Einschnitt nach oben), daß Sie sie darin einwikkeln können. Das Lammfleisch pfeffern, dann in den Speck und in das Schweinenetz einrollen. Mit Küchengarn zusammenbinden.
Die Fleischrolle von allen Seiten in einer ofenfesten Bratform in Butter und Öl braun braten. Die Rolle mit Folie bedecken und im Ofen bei 240° C, Gas Stufe 9, 5 Minuten braten. Mit dem Bratensaft begießen, (zugedeckt) 10 Minuten ruhen lassen.

Vorbereiten der Garnitur

Die Tagliatelle mit dem Safran in kochendem Salzwasser garen, abgießen und mit etwas gehackten Trüffeln in Butter wenden. Die Broccoliröschen und Karottenblüten kurz kochen und anschließend in Butter wenden.

Zubereiten der Sauce

Die Schalotte in der Hälfte der Butter braten. Mit Johannisbeeressig und Rotwein ablöschen und kochen lassen, bis die Flüssigkeit fast verdampft ist. Den Lammsud zugeben und um ein Drittel reduzieren. Durchseihen, dann in einem Mixer mit 15 g Butter verschlagen, um die Sauce anzudicken. Grüne und rosa Pfefferkörner zugeben und einige Minuten ziehen lassen. Leicht würzen.

Anrichten

Die Filets in vier Scheiben schneiden. Sauce auf vier Teller geben, die Filetscheiben darauf anrichten und auf einer Seite mit einem Nest aus Tagliatelle, auf der anderen Seite mit den Gemüsen garnieren.

Mein Weinvorschlag: Château Latour 1976, ein für seinen hohen Tanningehalt bekannter Jahrgang.

GRATIN DE MANGUES ET DE PAPAYES

Mango-Papaya-Gratin

Für vier Personen

2 reife Mangos, geschält und in Scheiben geschnitten
2 reife Papayas, geschält, entkernt und in Scheiben geschnitten
180 ml Sahne, geschlagen

Für die Konditoren-Creme

250 ml Milch
1 Vanilleschote, längs gespalten
3 Eigelb
75 g Zucker
20 g Stärkemehl
30 g Butter

Zubereiten der Konditoren-Creme

Die Milch mit der Vanilleschote zum Kochen bringen. Die Eigelb mit dem Zucker verquirlen, bis sie hell werden, dann das Stärkemehl unterschlagen.
Die Vanilleschote aus der Milch nehmen und diese unter ständigem Rühren über die Eigelb gießen. Wieder in den Topf geben und zum Kochen bringen. Unter ständigem Rühren 1 Minute kochen lassen. Die gewürfelte Butter untermischen und unter gelegentlichem Umrühren erkalten lassen.
Die Früchte auf vier feuerfesten Tellern arrangieren. Die Sahne unter die Creme heben, über die Früchte gießen und bei maximaler Hitze im Ofen bräunen. Heiß servieren.

Mein Weinvorschlag: Gewürztraminer, Sélection Grains Nobles Domaine Hugel.

Glossar

Technischen Jargon haben wir in diesem Buch versucht zu vermeiden. Im folgenden einige hilfreiche Anmerkungen zu Zutaten, einige Grundrezepte und ein paar Tips und Anleitungen zum Kochen.

Abschrecken
Nach kurzem, heftigem Kochen werden Gemüse in Eiswasser getaucht (oder, im Haushalt häufiger, unter fließendes kaltes Wasser), um den Garprozeß zu stoppen und die Farbe zu erhalten.

Amuse-geule
Kleine Häppchen vor der Mahlzeit – in französischen Restaurants werden sie zum Apéritif gereicht. Der französische Ausdruck bedeutet »Gaumenkitzel«.

Anschwitzen
Gemüse braten, ohne daß sie Farbe annehmen, bis sie weich sind. Sie geben Wasser ab, daher der Name, werden biegsam und verlieren an Volumen.

Aspik
Ein mit Knochen hergestellter Fond geliert, wenn er genügend reduziert wird. Sehr langsames Simmern und sorgfältiges Abschäumen ergeben ein klares Gelee – Raymond Blanc bevorzugt diese Methode. Die meisten Fonds sind jedoch trübe und müssen für Aspik erst geklärt werden (Beschreibung auf Seite 105). Für eine Terrine sollten Sie prüfen, ob der Aspik fest genug ist, um die Zutaten zu stützen, indem Sie eine kleine Menge auf einem Teller in den Kühlschrank stellen. Ist er nicht fest genug, können Sie Gelatine zugeben oder den Fond weiter reduzieren und dann nochmals testen. Die Konsistenz ist ebenfalls wichtig – Aspik soll nicht gummiartig sein. Spülen Sie die Form vor dem Füllen mit kaltem Wasser aus, um das Stürzen zu erleichtern.

Bain-marie
Wasserbad. Zarte Eier-Sahne-Mischungen oder aufgeschlagene Saucen erfordern eine Hitze unter dem Siedepunkt (75–85° C). Die Schüssel bzw. der Topf hängt/steht in einem zweiten Behälter mit heißem, simmerndem Wasser. Die Mischung oder Sauce muß während des Erwärmungsprozesses ständig gerührt werden. Terrinen (z. B. *foie gras*) werden im Wasserbad im Backofen gegart. Man stellt eine Form aus Porzellan oder Steingut in eine mit simmerndem Wasser gefüllte Bratform. Für diesen schonenden Garprozeß schaltet man den Ofen auf 120–150° C ein.

Brunoise
Diese kleinsten Würfel aus gehacktem Gemüse – von Pfefferkorngröße – werden zur Garnierung verwendet. Wenn Sie die Geschwindigkeit sorgfältig kontrollieren, können Sie diese Würfel auch mit der Küchenmaschine herstellen, aber Tomaten müssen von Hand gehackt werden.

Butter, geklärte
Die Butter muß so lange bei milder Hitze erwärmt werden, bis sie flüssig ist und das Kasein sich trennt. Es setzt sich in weißen Partikeln auf dem Boden des Topfes ab. Einige Augenblicke abkühlen lassen, die flüssige Butter abgießen und den Satz im Topf lassen. Diese geklärte Butter kann stark erhitzt werden, ohne daß sie verbrennt. Ersatzweise kann man fertig gekauftes Butterschmalz verwenden.

Buttersaucen
Es gibt zwei Hauptarten: Bei der ersten wird eine kleine Menge Butter zugegeben, um die Sauce glänzend zu machen, und dann gekocht, um sie zu emulgieren.
Die zweite Art ist »montierte Butter«, die als schnellere und leichtere Art, Saucen anzudicken, die Butter-Mehl-Mischung ersetzt hat. Diese Methode wendet man vor allem mit sehr gut reduzierten, sirupartigen Fonds an. Eiskalte Butterwürfel werden bei geringer Hitze oder zuerst auf und später neben der Hitzequelle in die würzige Flüssigkeit eingerührt. Die Butter wird dabei weich, ohne völlig zu schmelzen, und gibt auf diese Weise der Sauce eine reiche, cremige Beschaffenheit.

Corail
Der Rogen der Krusten- und Schaltiere. Das Corail (von französisch corail = Koralle) finden Sie beim Hummer zwischen dem Schwanzansatz und dem hinteren Beinpaar. In fast rohem Zustand ist es glänzend grünschwarz und verfärbt sich beim Garen korallenrot. Man kann es zur Dekoration benutzen oder als fantastische Würze von Saucen. Dafür verknetet man das Corail mit weicher Butter im Verhältnis 1:2; man kann auch die Leber des Tieres untermischen. Diese Würzbutter muß in der Sauce geschmolzen und mitgegart werden.

Court Bouillon
Wörtlich eine kurz gekochte Brühe; gewöhnlich handelt es sich um einen Fischsud, der nicht länger als 20 Minuten gekocht wurde, weil eine längere Kochzeit ihn bitter machen würde. Court Bouillon kann auch aus Gemüsen gemacht sein – Seite 13.

Crème double
Diese Sahne ist von sehr viel dickerer Konsistenz als die in Deutschland handelsübliche »süße Sahne« und eignet sich daher besser zum Binden von Saucen. Sollten Sie in Ihren ortsansässigen Geschäften keine *crème double* bekommen, können Sie (annähernd) Ersatz schaffen, indem Sie süße Sahne dick einkochen.

Deglacieren
Eine Methode, um alle Bratensäfte auszunutzen, die während des Garens ausgetreten sind. Schöpfen Sie alles Bratfett ab und geben Sie Wein oder Wasser in den Topf. Lassen Sie die Flüssigkeit kochen, um sie zu reduzieren und zu konzentrieren. Damit in einem großen oder flachen Topf nichts anbrennt, nehmen Köche diesen oft vom Feuer, sobald die Flüssigkeit starke Blasen wirft, und setzen ihn mehrmals wieder auf, bis die Flüssigkeit fast verkocht ist.

Entfetten
Geben Sie einen Eßlöffel kaltes Wasser in die heiße Flüssigkeit, damit das Fett nach oben steigt, ehe Sie das Fett mit einem Löffel abschöpfen. Das letzte Fett entfernen, indem Sie Streifen von Küchenkrepp über die Oberfläche der Flüssigkeit ziehen.

Fischfond (Fumet)
Ein Rezept steht auf Seite 161. Die Köche gehen unterschiedlich vor. Einige, wie Eckart Witzigmann und John Burton-Race, braten die Schalen bzw. Gräten in Butter, andere lassen die Pilze weg. Gräten von Seezungen und Steinbutt sind unbestrittene Favoriten. Auch über die Fischabfälle gehen die Meinungen auseinander: Raymond Blanc entfernt die Kiemen von einem Fischkopf, wenn er ihn benutzt. Hummermägen werden niemals benutzt.

Foie gras (d'oie oder de canard)
Frische Gänse- oder Entenstopfleber findet man in Delikatessen-Geschäften und inzwischen auch in ambitionierten Feinkostabteilungen großer Kaufhäuser. Eine *foie gras* von der Ente wiegt ca. 400–500 g, eine von der Gans ca. 1 kg. Bevor Sie die *foie gras* zubereiten, müssen Sie sie von allen Äderchen und Sehnen befreien. Dazu brechen Sie die beiden Leberlappen auseinander und reinigen das Innere gründlich mit einem schmalen, scharfen Messer. Das zarte Häutchen, das die Leber umgibt, zieht man ab, soweit es sich nicht allzu schwer löst. Gebratene Scheiben von *foie gras* sautiert man nur kurz, da sie sonst als teures Fett auslaufen würde. Meistens wird die *foie gras* im Ganzen in einem *bain-marie* gegart. Die Leber wird vorher mariniert, entweder wie bei Haeberlin mit Cognac und Port oder mit einer halben Flasche Sauternes und einem Schuß Armagnac oder Cognac.

Fond
Hühner-, Fleisch-, oder Fisch*fonds* finden Sie unter den Rezepten bei mehreren Küchenchefs (siehe Register). Soll der Fond später zu einem Aspik reduziert werden, müssen Knochen mitverwendet werden (z. B. ein Kalbsfuß). Da man oft für ein Rezept nur relativ geringe Mengen braucht, empfiehlt es sich auf jeden Fall, *Fonds* auf Vorrat herzustellen. Am besten geben Sie bereits reduzierten *Fond* in kleine Behälter (z. B. für Eiswürfel), und lassen ihn gefrieren. Bewahren Sie die Würfel in Gefrierbeuteln tiefgekühlt auf. So haben Sie immer *Fond* in kleinen Portionen griffbereit.

Galantine
Eine Geflügelbrust oder ein ganzer Vogel, gefüllt. Sie kann heiß oder kalt serviert werden.

Gelatine
Blattgelatine wird bevorzugt, weil die Gefahr von Klümpchenbildung gering ist. Weichen Sie die Blätter ein und geben Sie sie dann direkt in eine heiße Flüssigkeit, oder schmelzen Sie sie in 3–4 Eßlöffeln Wasser und geben Sie sie in eine kalte Flüssigkeit. 1 Eßlöffel Gelatinepulver entspricht 2 Blatt Gelatine.

Gelierter Fleischfond
In Frankreich benutzt man als *glace de viande* nicht den gelierten Bratensaft, sondern braunen Kalbsfond, der um die Hälfte eingekocht wird, bis er geliert. Ein Fleischfond mit Knochen, Seite 68, kann ebenfalls benutzt werden.

Julienne
Kurze, streichholzgroße Gemüsestreifen von gleicher Größe und Länge. Für Julienne von Zitrusfrüchten die Schale in dünnen Streifen abschälen, diese aufeinanderlegen und dann in möglichst feine Streifen schneiden. Um die Schalen eßbar zu machen, werden diese in reichlich Wasser gekocht, damit die Bitterkeit verschwindet. Dann schreckt man sie in kaltem Wasser ab. Dieser Vorgang soll mindestens zweimal wiederholt werden.

Kalbsbries
Das ovale oder runde Bries aus der Nähe des Herzens (die Nuß) ist ein wesentlich besserer Kauf als das

lange, hängende vom Hals, obwohl sie oft als Paar verkauft werden. Es sollte fest und weiß sein, keine Flekken und keinen Geruch haben. Stücke von 200 g sind eine gute Größe, obwohl die Restaurants diese gern aufkaufen; große haben das doppelte Gewicht. Kalbsbries muß vor der Zubereitung gewässert und blanchiert werden, wie auf Seite 178 beschrieben. Das Kalbsbries muß immer sorgfältig enthäutet und geputzt werden.

Kochmütze
Die hohe, weiße Mütze des Kochs wird von dem Restaurantführer Gault Millau als Auszeichnungssymbol benutzt, französisch *toque.*

Mirepoix
Grob gehackte oder gewürfelte Gemüse, oft mit Speck. Man verwendet es als Gemüsebett, auf dem das Fleisch gegart wird.

Nage
Der Name dieser Kochflüssigkeit für Krustentiere ist poetischen Ursprungs – die Flüssigkeit, in der das Tier schwamm. Heutzutage ist er ein modischer Begriff, der Gemüsefond ebenso wie Fischfond umfaßt und auch die Sauce eines Gerichts oder sogar Suppe sein kann.

Pommes Maxime
Raymond Blancs vielseitige und feine Kartoffelküchlein. Schälen Sie vier Kartoffeln und schneiden Sie sie in Zylinder von 4 cm Durchmesser, diese dann in 2 mm dicke Scheiben. Vier Tortenförmchen mit geklärter Butter einpinseln, die Kartoffelscheiben darin arrangieren, würzen und mit Butter bepinseln. Im heißen Ofen (220° C, Gas Stufe 7) 3–4 Minuten bräunen, dann mit einem Palettmesser wenden. Mit weiterer geklärter Butter beträufeln und nochmals 4 Minuten garen.

Reduzieren
Durch Einkochen konzentriert man das Aroma einer Kochflüssigkeit. Besonders wichtig ist diese Methode für die Zubereitung feiner Fleischsaucen – salzen Sie sie nicht vor dem Reduzieren. Es gehört zum Erbe der *nouvelle cuisine,* daß die Säfte des Gerichts reduziert werden, um den Geschmack zu verstärken, statt neue oder überdeckende Aromen hinzuzufügen.

Sirup
Der Zuckergehalt wird mit einer Zuckerwaage gemessen, einem Röhrchen, auch Saccharimeter genannt; Sirup von 30° zum Beispiel ist schwerer Sirup, bestehend aus 250 g Zucker, gelöst in 250 ml Wasser. Für den schwersten Sirup verwendet man 500 g Zucker und 250 ml Wasser.

Tournierte Gemüse
Mit einem kleinen Gemüsemesser auf identische Größe und Form geschnitten, sehen Gemüse auf dem Teller schöner aus; diese Methode ermöglicht aber auch präzisere Garzeiten.

REGISTER

Ziffern in *Kursiv* beziehen sich auf Abbildungen